Anke Weidinger

Mein Anker an der guten Seite des Lebens
Das Leben der Johanna von Bismarck

Otto und Johanna von Bismarck

ANKE WEIDINGER

Mein Anker an der guten Seite des Lebens

Das Leben der Johanna von Bismarck

SCM Hänssler

SCM

Stiftung Christliche Medien

Bestell-Nr. 395.185
ISBN 978-3-7751-5185-6

Internet: www.scm-haenssler.de
E-Mail: info@scm-haenssler.de
Umschlaggestaltung: OHA Werbeagentur GmbH, Grabs, Schweiz;
www.oha-werbeagentur.ch
Titelbilder: Johanna und Otto von Bismarck: aus zeitgenössischer Quelle
Landschaft: istockphoto.com
Satz: Satz & Medien Wieser, Stolberg
Druck und Bindung: CPI – Ebner & Spiegel, Ulm
Printed in Germany

Gott ist die Liebe;
und wer in der Liebe bleibt,
der bleibt in Gott,
und Gott in ihm.
1. Johannes 4,16

Vorwort

»Hier saß immer der alte Diener Martin und erzählte von der Zeit, als Bismarck zu Besuch kam«, erklärte mir meine Tante, als wir durch den Park des ehemaligen Gutshauses von Rottnow gingen. Oder vielmehr durch das, was früher einmal der Park gewesen war. An einer Ecke der Umzäunung waren zwei Bretter quer festgenagelt, auf denen man bequem sitzen konnte. Das war eigentlich alles, was noch an das Haus erinnerte, in dem mein Vater Joachim von Blanckenburg im heute polnischen Hinterpommern geboren wurde. Ach so, Bismarck, dachte ich. Wie bitte? Was hatte der denn mit uns zu tun?

Nach und nach erfuhr ich die ganze Geschichte: In den Vierzigerjahren des 19. Jahrhunderts hatte Bismarck das – auch heute noch verständliche – Bedürfnis »nach einer tiefen Verankerung seiner Existenz, die ihm so fragwürdig, fast gleichgültig geworden war«. So formulierte es der Historiker Lothar Gall in seiner Bismarck-Biografie. Sein Streben nach Erkenntnis führte Bismarck aber »unter Lesung von Schriften wie die von Strauß, Feuerbach, Bruno Bauer, nur tiefer in die Sackgasse des Zweifels«.

In dieser Existenzkrise geriet er durch seinen Jugendfreund Moritz von Blanckenburg, meinen Ururgroßvater, in die Kreise der pommerschen Erweckungsbewegung. Wichtige Protagonisten dieser Erweckung waren damals besonders die Gutsherren: Adolf von Thadden aus Trieglaff, Ernst Senfft von Pilsach aus Rottnow und Heinrich von Puttkamer aus Reinfeld sind nur einige Beispiele. Besonders verbunden war Bismarck der Verlobten seines Freundes, Marie von Thadden aus Trieglaff. Nach Analyse Lothar Galls begegnete Bismarck in ihr »einem Menschen mit einer Lebenszuversicht und einer inneren Sicherheit, wie er sie zu diesem Zeitpunkt vor allem für sich selbst ersehnte«.

Marie dagegen beschrieb Bismarcks innere Verfassung als »volle Glaubenslosigkeit« und »völlige Gleichgültigkeit gegen Freud' und Schmerz«. Er habe gegen »stete bodenlose Langeweile und Leere« zu kämpfen. Bismarck brachte es in einem Gespräch auf den Punkt: »Wie kann ich denn glauben, da ich nun doch einmal keinen Glauben habe; der muss entweder in mich hineinfahren oder ohne Zutun oder Wollen in mir aufschießen.«

Die Erweckungsbewegung des 18. und 19. Jahrhunderts verstand sich als eine Bußbewegung, die zum Glauben an die Bibel als Wort Gottes zurückzuführen versuchte. Ob der Glaube noch in Bismarck »hineingefahren« oder in ihm »aufgeschossen« ist, ist schwer zu sagen. Aber eines ist sicher: Diese Begegnungen haben Bismarcks Leben nachhaltig verändert, ihm Orientierung und Halt gegeben. Und das lag auch daran, dass er auf der Hochzeit von Marie und Moritz seine Frau Johanna von Puttkamer kennenlernte. In ihr hatte er eine Frau von Maries Format zur Seite, die ihn unterstützte und prägte.

In Schwaben und Franken sind die Auswirkungen der Erweckungsbewegung noch heute greifbar. In Pommern haben Flucht und Vertreibung die Spuren dieser Zeit in alle Winde zerstreut. Dank Anke Weidinger und ihrer sorgfältig recherchierten, aber auch glaubhaft interpretierten Romanbiografie bleiben von dieser Zeit mehr als zwei am Zaun festgenagelte Bretter.

Sigmar von Blanckenburg
Hamburg, im Januar 2010

Prolog
Friedrichsruh, Sommer 1894

»Mein Liebchen, was schaust du so trübsinnig vor dich hin? Was grämt dich? Sieh nur hinaus, ist es nicht ein herrlicher Sommerabend? Komm, lass uns ein wenig hinausgehen. Die frische Luft wird dir guttun, sonst sagst du es doch immer zu mir, dass ich hinausgehen soll – hier, nimm meinen Arm.«

Johanna sah dankbar lächelnd zu ihrem Gatten auf, der den zuvor angebotenen Arm ihr reichend vor ihr stand. Liebevolle Besorgnis stand in sein sonst so streng, ja hart und unnachgiebig dreinblickendes Gesicht geschrieben. Eine Besorgnis, die ausschließlich ihr und ihrer fragilen Gesundheit galt und die ihr bisweilen heimlich Angst machte. Sie wusste wohl, dass es nicht gut um sie stand, dass ihr die Luft immer öfter knapp wurde und jeder neue Asthmaanfall sie geschwächter zurückließ als der vorige. Aber sie wagte inzwischen kaum noch zu hoffen, dass sie ihre goldene Hochzeit, von der ihr Mann gerade wieder zu sprechen angefangen hatte, in zwei Jahren wirklich noch würden feiern können. Wenn ihr Arzt sie manches Mal so ernst ansah, dann wusste sie, dass wenigstens er genauso wenig Hoffnung hatte. Bismarck freilich wollte davon nichts hören. Er wehrte sich mit Macht gegen das Unvermeidliche: dass das Leben auf Gottes Erde für alle Menschen irgendwann ein Ende hatte, auch für sie, und dass er sie eines Tages würde loslassen müssen – vielleicht früher, als er ahnte, und ganz sicher früher, als er wollte.

Johanna seufzte. Was würde er tun, wenn sie einmal nicht mehr wäre? Würde er wirklich nicht ohne sie leben können? Das hatte er in der Vergangenheit jedenfalls oft genug behauptet und er weigerte sich überhaupt, vom Sterben zu sprechen – jedenfalls, wenn es um *ihr* Sterben ging. Ja, wenn er es könnte, würde er es ihr sogar ganz und gar verbieten zu sterben. Ein Lächeln huschte über ihr eben noch so ernstes Gesicht. Ja, wahrhaftig, das würde er – wenn er es könnte. Aber ihr Leben lag nun einmal in Gottes

Hand und nicht in seiner. Und das war auch gut so, fand sie. Das war sehr gut so.

»Was seufzt du so schwer? Komm, mein Herz, lass das Grübeln sein, es hilft ja doch nichts, im Gegenteil, es macht dich nur umso schwermütiger.«

Bismarck hielt ihr noch immer den Arm hin. »Geht es so oder soll ich noch Hilfe holen?«

Johanna schüttelte den Kopf, machte aber andererseits auch keine Anstalten, sich aus ihrem Sessel zu erheben. Sie wollte hier sitzen und vor sich hinträumen, konnte er das denn nicht verstehen? Sie wollte nur in Ruhe seine alten Liebesbriefe lesen, sich in eine Zeit zurückversetzt fühlen, in der es keine Schmerzen und kein Leid, sondern nur Glück und Sonnenschein gegeben hatte.

Eine Zeit, in der das Leben, die Ehe noch wie ein großes Abenteuer vor ihnen gelegen hatte. Eine Zeit, in der sie jung und naiv und voller süßer Ahnungslosigkeit gewesen war. Wenn nur ihr Bismarck sie liebte, wenn er nur immer an ihrer Seite bliebe, so hatte sie geglaubt, könnte sie alles ertragen. Dass sie einmal solch furchtbare Schmerzen, solche entsetzliche Angst ertragen musste, hatte sie nicht ahnen können.

Trotzdem war Johannas Herz voller Dankbarkeit. Hatte sie nicht alles erreicht, war ihr nicht vieles geschenkt und auch so manches erspart worden? Sie beide waren immer glücklich gewesen – wirklicher Schmerz, so sagte sie oft, war nur gewesen, wenn sie getrennt waren. Doch auch dann hatte sie zumeist wenigstens ihre Eltern gehabt, hatte sich mit den Kindern zu ihnen nach Reinfeld flüchten können, wo sie sich stets geborgen und getröstet wusste. Sie hatten drei gesunde Kinder bekommen und keines verloren. Was wollte sie mehr?

Sie konnte doch in Ruhe hier sitzen und warten, bis der Herr sie heimholte. Solange wie es noch möglich war, wollte sie die kostbare Zeit mit ihrem geliebten Mann verbringen. Jeder Tag, das wusste Johanna, war ein Geschenk.

Abermals entfuhr ihr ein leiser Seufzer. »Ach, Ottochen, ich weiß nicht, ob das eine gute Idee ist. Lass uns doch noch ein kleines Weilchen herinnen bleiben. Bring mir die Schachtel mit den Briefen, ich möchte so gern darin lesen. Tust du mir den Gefallen? Und eine Tasse Tee wäre schön, mit viel Honig, das tut meinem Hals wohl.«

»Gerne, mein Nannchen, sobald wir wieder drin sind. Ich sage Thea gleich Bescheid. Jetzt aber erstmal ein paar Schritte hinaus in den Garten. Du siehst, ich lasse nicht locker. Flora, komm, sei deinem Frauchen eine Stütze – gemeinsam werden wir's wohl schaffen, meinst du nicht?«

Er lässt wirklich nicht locker – wie immer, dachte Johanna und stützte sich kopfschüttelnd auf den Rücken der silberfarbenen Dogge, die gehorsam wartend vor ihrem Sessel stand und langsam den Schwanz hin- und herbewegte, fast, als wolle sie sagen: Nun denn, Frauchen, ich habe Zeit.

Als sie endlich stand, umschloss sie Bismarcks Arm mit ihrer dünnen Hand und sah zu ihm auf, bemüht, sich die Anstrengung nicht zu sehr anmerken zu lassen. »Also, mein Liebster, hast du wieder einmal gewonnen, wie immer.«

»Aber nur bis zur Bank unter dem Birnbaum wollen wir gehen, dann setzen wir uns, und du erzählst mir ein wenig von deinem Besuch im Berliner Schloss. Wie hat er sich dir gegenüber nun geäußert, dieser dumme Junge? Reut es ihn schon, dich vergrault zu haben?«

Der »dumme Junge« war der junge Kaiser Wilhelm II., auf dessen Drängen hin Bismarck im März 1890 sein Entlassungsgesuch eingereicht hatte. Kurz darauf hatte er sein Amt als preußischer Ministerpräsident und als Reichskanzler niedergelegt.

Zwar hatte man ihn danach noch zum Herzog von Lauenburg ernannt, doch darauf hätte seine zornige und zutiefst enttäuschte Frau gern verzichtet. Johanna hatte geschworen, dem Kaiser auf ewig böse zu sein. Wie konnte er – oder überhaupt irgendjemand – es wagen, ihrem über alles geliebten Bismarck zu widersprechen, ja, seine Arbeit nicht zu würdigen? Was wäre schließlich aus Deutschland geworden ohne Bismarck?

Teil I

Junge Liebe
Die Jahre 1844–1851

Nicht auf den ersten Blick

Die Einladung zur Hochzeit seines Freundes und Nachbarn Moritz von Blanckenburg kam nicht überraschend, er hatte es lange gewusst und verstand sich selbst nun umso weniger: War nicht Zeit genug gewesen, sich an den Gedanken zu gewöhnen, dass es eines Tages so kommen würde? Dass Moritz einmal Marie heiraten würde, sie, die Liebe seines Lebens, und er selbst hilflos, ja, womöglich noch lächelnd ihm dabei zusehen müsste? Sie waren ein schönes Paar, so sagte man, und Moritz würde sie gewiss glücklich machen. Er war ein ehrbarer, rechtschaffener und angesehener Mann, vor allem aber, und das war dem alten Thadden, Maries Vater, wichtig, gehörte er zu dem Kreis der pommerschen Pietisten, dem auch die Blanckenburgs und die von Puttkamers seit Generationen angehörten.

Die Pietisten waren nicht nur fromme, bibeltreue Christen, sie übten auch in nicht geringem Maße Einfluss auf die Politik des Landes aus, stammten doch die meisten ihrer Mitglieder aus alten Adelsgeschlechtern, deren Bestreben es war, die alten Strukturen zu erhalten. Sie waren treue Monarchisten und glühende Patrioten, die fest an eine Gott gegebene Ordnung glaubten. Die adligen Gutsherren waren nach Abschaffung der Feudalherrschaft zwar nicht mehr reich, dennoch lebten die meisten von ihnen recht gut, und gefeiert wurde auch in diesen Kreisen – besonders unter den jungen Erwachsenen wurde gespielt, getanzt und geflirtet, wann immer man auf einem der Rittergüter aufeinandertraf. Schließlich erhoffte sich manch junge Dame, bei einer dieser Zusammenkünfte auf einen standesgemäßen Edelmann zu treffen, der sie dann mit auf sein Gut nehmen würde. Besonders die Mitglieder der Gruppe um den eher konservativen Adolph von Thadden blieben gern unter sich. Deswegen war es durchaus erwünscht, dass man auch untereinander heiratete.

Von diesem Blickwinkel aus betrachtet, war es eine durch und durch vernünftige Heirat: Moritz liebte Marie, sie erwiderte seine Gefühle durchaus, und sie waren eins im Geist. Vielleicht war es gerade das, was Bismarck so missmutig stimmte. Verärgert warf er die Einladung auf den Tisch, goss sich noch ein Glas Burgunder nach und leerte es in einem Zug. Sollten sie doch glücklich werden! Das, was ihn und Marie von Thadden verband, würde diese Heirat nicht zerstören können. Er würde sie immer lieben, das musste sie wissen – Blanckenburg vermutlich auch, wenn er nur einmal die rosa Scheuklappen, die er seit der Verlobung trug, ablegen würde. Er, Otto von Bismarck, wusste außerdem, dass sie ihn immer lieben würde. Ihn, den sie schließlich zuerst geliebt hatte.

Nachdem er sein Essen ohne Appetit, aber in Windeseile hinuntergeschlungen hatte, pfiff er nach seinen Doggen und verließ das Haus. Er stapfte schweren Schrittes und Herzens zum Stall, rief nach dem Knecht, der wahrscheinlich wieder irgendwo in der Mittagssonne lag und schlief, und sattelte sein Pferd schließlich selbst.

Kurz darauf lenkte Bismarck es in scharfem Galopp über die im Sonnenschein liegenden Wiesen und Felder um den elterlichen Gutshof östlich der Oder, der sein Zuhause war, solange er denken konnte. Die pommersche Landschaft, inmitten derer sich Kniephof befand, war seine Heimat, hier fühlte er sich wohl, hier konnte er unbeschwert in den Tag hineinleben und tun und lassen, was er wollte. Allerdings nicht an diesem Morgen, der ihm durch die Ankunft der Post gründlich verleidet war. Sonst konnte er nichts Schöneres finden, als morgens auf seinem Pferd durch Wald und Flur zu streifen, die Hunde munter bellend um sich herum, die Jagdflinte am Sattel, den Tag vor sich liegend wie ein noch unbeschriebenes Blatt Papier. Heute jedoch würde dieses Blatt Papier leer bleiben, leer und ohne jeden Sinn. Nichts Schönes, nichts, was es wert wäre, niedergeschrieben zu werden, konnte ihm heute widerfahren. Selbst die Sonne schien nur ihm zum Hohne zu lachen.

Ach, Marie!, entfuhr es ihm im Stillen, wenn du wüsstest, wie mich dies trifft! Lang erwartet, ja, gewusst, und dennoch – und dennoch …

Wenige Wochen darauf, an einem strahlenden Herbsttag im Oktober, fand die Hochzeitsfeier auf dem Gut der Familie von Thadden-Trieglaff statt. Bismarck, trotz des Grolls, den er aus verletzter Eitelkeit gegen die beiden Jungvermählten hegte, gab sich redliche Mühe, sich seine Verstimmung nicht anmerken zu lassen. Er hatte es sogar fertiggebracht, die Braut zu küssen und mit dem Bräutigam anzustoßen, hatte mit dem alten, sichtlich stolzen Thadden ein wenig geplaudert und sich schließlich mit einem zweiten Glas Champagner in den Roten Salon zurückgezogen, wo er ein wenig Ruhe zu finden hoffte.

Leider war er auch dort bald wieder in seinen melancholischen Gedanken gestört worden; Blanckenburg machte ihn mit Hans von Kleist-Retzow bekannt und überließ die beiden gleich darauf sich selbst. Eben noch hatte Bismarck den jungen Mann für gar nicht so uninteressant befunden, als seine Aufmerksamkeit durch das Eintreten eines jungen Mädchens in gänzlich andere Bahnen gelenkt wurde.

Sie war nicht hübsch im eigentlichen Sinne, ja, vielleicht wirkte sie im Vergleich zu den anderen jungen Frauen, die sich auf dem Fest vergnügten, in ihrem schlichten, weißen Kleid sogar ein wenig farblos, aber etwas in ihrem zarten, ovalen Gesicht ließ ihn unwillkürlich innehalten.

Bismarck wusste wohl, dass er sie anstarrte und dass er, wollte er sich nicht hilflos den Spötteleien Blanckenburgs ausgesetzt finden, der unbemerkt neben ihn getreten war, rasch den Blick von ihr würde abwenden müssen. Doch in eben diesem Augenblick sah die junge Frau zu ihm herüber. Ihre Blicke begegneten sich und Bismarck fühlte, wie sich etwas in seinem Herzen zusammenzog, als er der tiefblausten Augen gewahr wurde, die er je gesehen hatte.

»Nun, Bismarck, was sagst du? Gefällt sie dir? Gewiss, sie ist nicht annähernd so hübsch wie meine Marie, aber –«

»Das ist wohl keine!«, entfuhr es Bismarck, bevor er es verhindern konnte. »Und das weißt du. Aber diese …«

»Diese«, unterbrach ihn Blanckenburg sogleich mit scherzhaft erhobenem Zeigefinger, »ist Johanna von Puttkamer, eine gute Freundin Maries – und deine Tischdame für den heutigen Abend. Marie hat es so beschlossen, und du weißt, wenn Marie etwas beschließt …«

»… dann ist es beschlossen, ich weiß, ich weiß«, erwiderte Bismarck, der, noch immer in Johannas Richtung starrend, gar nicht so viel dagegen einzuwenden hatte, wie es nach außen hin den Anschein machte. Blau, dachte er, als ihn Blanckenburg und Kleist verlassen hatten und auch Johanna im Getümmel verschwunden war, veilchenblau …

Veilchenblau war der Himmel über dem nahe gelegenen Dorf einige Stunden später nicht, eher bengalisch rot: Während die Hochzeitsgesellschaft mit den angemessenen »Aaahs« und »Ooohs« das zu Ehren der Brautleute entzündete Feuerwerk bewunderte, war im Dorf unten ein echtes Feuer ausgebrochen. Eines, das in dem Moment, in dem die Hochzeitsgesellschaft seiner gewahr wurde, die Feier auf recht dramatische Weise beendete. Der Wind hatte die Funken der Raketen unbemerkt auf die Strohdächer der Häuser im Dorf weitergetragen, die jetzt lichterloh in Flammen standen. Nachdem der Bräutigam als einer der ersten ins Dorf hinabgeritten war, um zu helfen, schwang Bismarck sich ebenfalls auf eines der Pferde, die im Hof angebunden standen. Die Tatsache, dass er noch im Frack war, schien ihn dabei nicht im Mindesten zu stören.

»Was steht ihr hier herum und haltet Maulaffen feil?«, schrie er die ängstlich dreinschauenden jungen Frauen an, die im Hof standen und nicht wussten, was sie tun sollten. »Packt gefälligst an und helft mit! Seht doch, wie es im Dorfe brennt – es gibt bestimmt mehr als genug zu tun! Wenn der Bräutigam selbst sich nicht zu schade ist, werdet ihr es wohl auch nicht sein! Und sagt euren Männern Bescheid – die Feier ist vorerst beendet!«

»Aber wir tun ja schon etwas, Herr von Bismarck!«, rief eine der Damen mit recht zaghafter Stimme. Sie hielt eine kleine, vom vielen Lesen bereits zerfledderte Bibel in die Höhe. »Wir wollten uns gerade in den Salon zurückziehen und beten!«

»Beten! Ha!« Bismarck lachte laut auf. »Das könnt ihr immer noch – jetzt ist die Zeit für Taten! Meine Damen?« Er deutete eine leichte Verbeugung an, wobei er seinem Pferd schon die Sporen gab. »Meine Herren? – Ich empfehle mich!«

Nachdem endlich auch der letzte Gast begriffen hatte, dass die Lage ernst war und die Braut selbst sich anschickte, die Pferde anzuschirren, brach plötzlich ein hektisches Treiben auf dem Hof aus: Die Männer schleppten Leitern und Eimer voller Wasser, die Spritze wurde mit vereinten Kräften in Gang gebracht, und selbst die Brautjungfern machten sich nützlich. Allein die Alten standen im Weg herum und erteilten mehr oder weniger nützliche Ratschläge.

Gegen Mitternacht rückte die Greifenhagener Feuerwehr an und brachte das Feuer alsbald unter Kontrolle. Der Schaden war erheblich, aber Dank der Geistesgegenwart einiger hatte es keine Verletzten gegeben und zumindest das Gutshaus samt Kirche war gerettet. Bismarck, selbst müde und erschöpft, übernahm später noch die undankbare Aufgabe des Protokollschreibens, als viele der anderen Gäste bereits gegangen waren. Johanna sah ihm bewundernd dabei zu, wie er, auf einer blauen Wassertonne sitzend, bis zum frühen Morgen mit den Bauern verhandelte, um die Entschädigungen festzusetzen.

»Das ist ein Mann der Tat, der Bismarck«, raunte Marie ihrer Freundin zu und versuchte dabei, ihr schmutzig gewordenes Brautkleid zu glätten. »Den solltest du unbedingt noch näher kennenlernen, wenn du kannst. Ich weiß, er scheint wie ein wilder Junker, aber im Grunde seines Herzens ist er ein ehrlicher, aufrechter Kerl.« Etwas lauter fügte sie hinzu: »Wir schreiben einander, nicht wahr, Hanna? Sobald wir von der Hochzeitsreise zurück sind, schreibe ich dir!«

Johanna drückte die Freundin und versuchte dabei, nicht zu Bismarck hinüberzusehen. »Ich schreibe dir auch, Marie! Werde glücklich – ich weiß, du bist es schon! Leb denn wohl, bis bald!«

Johanna konnte aber nicht umhin, noch einen letzten Blick auf Bismarck zurückzuwerfen, bevor sie in den bereitstehenden Wagen stieg. Erschöpft und müde sah er aus, aber mit sich und der Welt zufrieden. Er hob den Blick und begegnete ein letztes Mal in dieser Nacht dem ihren, und für einen winzigen Moment war ihr, als stünde die Welt um sie herum still.

Dann war der Moment vorüber, Bismarck nickte ihr noch einmal freundlich zu – oder war es spöttisch? – und sprang dann von seinem unbequemen Sitz, um mit raschen, weit ausgreifenden Schritten auf das Haus zuzugehen, in dem er gleich darauf verschwand.

Johanna seufzte. Ob sie ihn je wiedersehen würde? Würde er sich dann überhaupt noch an sie erinnern? Ein Landjunker wie er, der sicher viel herumkam und in Kreisen verkehrte, von denen sie nicht einmal zu träumen wagte, kannte bestimmt auch die Frauen. Und Johanna wusste, dass sie gegen solche Damen, wie er sie kannte, keinerlei Chance hatte. Bestimmt fand er sie furchtbar langweilig. Nett vielleicht, aber langweilig. Und vielleicht, dachte sie bei sich, als sich der Wagenschlag hinter ihr schloss, ist es auch besser so.

Auch Bismarck dachte in den folgenden Wochen viel an Johanna – mehr, als er sich selbst eingestehen wollte, und ganz bestimmt mehr, als ihm lieb war. Als dann auch noch ein Brief von Moritz von Blanckenburg eintraf, in dem er ganz unverhohlen über seine und Maries Absichten sprach, ihn, Bismarck, alsbald mit der frommen, naiven kleinen Dame aus Hinterpommern zusammenzubringen, wurde er regelrecht wütend. Was dachten sich die beiden dabei! Er konnte doch wohl selbst nach einer Braut Ausschau halten und bedurfte dabei nicht der Hilfe seiner Freunde – abgesehen davon, dass er vorhatte, sich mit der Familiengründung noch ein wenig Zeit zu lassen. Erst einmal musste er den Verlust seiner Jugendliebe verkraften und war sich nicht einmal sicher, ob die daraus entstandenen Wunden jemals heilen würden. Davon hatte sein guter Freund Blanckenburg natürlich keine Ahnung.

»Willst du sie nicht, so nehme ich sie zu meiner zweiten Frau!«, schrieb Moritz.

Der hatte gut reden! Da pries er Johanna fortwährend als ein »durch und durch geistreiches, liebreizendes und gescheites Mädchen« – als ob er das nicht selbst bereits festgestellt hatte! – und ahnte dabei nicht, in welche emotionale Misere er den Freund damit brachte. Was wollte er nun – seine Freiheit behalten, der Frau hinterhertrauern, die er nun einmal nicht hatte haben können? Oder sich auf das Abenteuer Johanna von Puttkamer einlassen?

War es Zufall gewesen, dass er sie ausgerechnet an dem Tage kennenlernte, an dem er Marie an Moritz von Blanckenburg verlor, oder nannte man so etwas Schicksal? Marie hätte es gewiss noch anders ausgedrückt, aber mit ihrer frommen Denkweise hatte er trotz aller Gemeinsamkeiten nie viel anfangen können. Gottes Wille! War es Gottes Wille, dass er im Alter von dreißig Jahren noch immer alleine auf Kniephof saß und auf die Frau wartete, die vielleicht niemals kommen würde?

Oder war sie schon gekommen, er aber wollte es nicht sehen, weil er in seinen Erinnerungen an eine Zeit, die vorbei war und nie wiederkommen würde, gefangen war? War er einfach nur blind?

Bismarck stand kopfschüttelnd am Fenster und sah in den Novemberregen hinaus. Trübe, trübe Zeit!

Da fiel sein Blick auf ein kleines Stück rosafarbenen Karton, auf dem er in Maries elegant geschwungener Handschrift las: »Ein einziges Gemüt zum Glücklichmachen hat das schwarze Mädchen, eine warme, tiefe, starke, unerschütterliche Kraft der Liebe!«

Er konnte sich durchaus vorstellen, dass sie so war – leidenschaftlich, selbstlos und innigst lieben, ja, das konnte sie bestimmt, die Kleine mit den veilchenblauen Augen. Aber konnte sie auch seine intellektuellen Bedürfnisse befriedigen, geistreiche Unterhaltungen mit ihm führen, ihm Kontra geben, wo es nötig war, ohne ihn je wirklich von seiner Meinung abzubringen? Konnte sie ihm das sein, was Marie ihm gewesen war oder –?

Abrupt drehte er sich auf dem Absatz um, zog sich rasch den Mantel über und die schweren Stiefel an die Füße und stürmte nach draußen, wo er nach dem Stallknecht rief, er möge ihm seinen Hengst satteln. Im strömenden Regen ritt er Stunde um Stunde durch den Park und den angrenzenden Wald, als kümmere es ihn herzlich wenig, bis auf die Haut durchnässt zu werden. Es kümmerte ihn ebenso wenig, dass er dabei fortwährend im Kreis herumritt – er wollte einfach nur draußen sein, den Wind in seinem Gesicht spüren und die frische Luft einatmen, die hoffentlich auch ein wenig Ordnung in seine aufgewühlten Gedanken bringen würde.

Als er drei Stunden später, durchnässt und noch immer hin- und hergerissen von sich scheinbar widersprechenden Gefühlen, wieder ins Haus trat, ging er sogleich in sein Arbeitszimmer, setzte sich an seinen Schreibtisch und schrieb einen langen Brief an Heinrich von Puttkamer, den Vater des »schwarzen Mädchens«, wie die jungen Blanckenburgs Johanna ihm gegenüber zu nennen pflegten. Allerdings konnte er, abgesehen von dem ebenholzglänzenden Haar und den dunklen Augen – die bei näherem Hinsehen ja blau waren und nicht schwarz – nichts Schwarzes oder gar Tristes an ihr finden, allenfalls einen Anflug von Melancholie in ihrem Blick. Aber das mochte auch getäuscht haben, da er an jenem Abend selbst so melancholisch gestimmt gewesen war. Und wer weiß, mit ein wenig Liebe und Aufmerksamkeit mochte es durchaus gelingen, den von Marie und Moritz erwähnten »natürlichen Liebreiz« noch mehr in ihr herauszubringen und ihr dadurch eine Schönheit zu verleihen, die von innen kam, aus tiefstem Herzen.

»Er sehnt sich nach einem vertrauten, familiären Kreise wie dem unsrigen und sieht wohl, wie wichtig es sei, einander in Gespräch und Gebet zu unterstützen, füreinander da zu sein und den rechten, gottesfürchtigen Umgang miteinander zu pflegen. So ein Heuchler! Das glaubt er doch selbst nicht. Gottesfürchtiger Umgang miteinander, was versteht einer wie er denn schon davon? Und dann schreibt er noch, dass er sich schäme, selbst ein so gottloses, eigensüchtiges Leben zu führen – gottlos und eigensüchtig, das sind seine Worte! Immerhin sieht er es ein. Aber vergiss nicht, Litte, er ist ein Diplomat. Die haben es leicht, so zu reden, und die Leute glauben ihnen. Aber ich falle nicht darauf herein, ich nicht!«

Zornig warf Heinrich von Puttkamer den am Morgen eingetroffenen Brief Bismarcks auf den Tisch, an welchem er mit seiner Frau Luitgarde, die nur er zärtlich ›Litte‹ nennen durfte, bei Kerzenschein saß. Das Feuer im Kamin war fast heruntergebrannt, im Zimmer war es kalt geworden, und mehr als einmal hatte seine Frau schon darauf gedrängt, ins Bett zu gehen. Die Betten wurden auf Gut Reinfeld in der kalten Jahreszeit mit einem heißen Ziegelstein, den man an das Fußende unter die Decke schob, vorgeheizt, sodass man beim Hineinsteigen in das Bett die Kälte nicht allzu sehr fühlte.

»Ach, Heinrich, nun ereifere dich doch nicht gleich so. Was will er denn uns mit diesem Brief sagen? Will er hier etwa einziehen? Oder ist er am Ende an unserer Hanna interessiert? Geh, sei vernünftig, an ihr kann doch ein Otto von Bismarck keinen Gefallen finden. Nicht, dass sie nicht schön wäre – und lieb und gescheit und alles noch dazu. Aber für Otto von Bismarck kann sie doch nichts weiter als ein hübsches Mädchen vom Lande sein. Der kennt sich aus mit den Frauen! War er nicht schon mehr als einmal verlobt gewesen und ist doch nie etwas draus geworden?«

»Verlobt, ach – zig Male! Von drei Verlobungen hat man bis hierher gehört. Jedes Mal war er es, der die Verbindung wieder löste. Er schien dabei nie die geringste Reue zu empfinden. Dazu ist er wahrscheinlich gar nicht fähig. Aber was will man von einem Mann erwarten, der schon zum Frühstück Austern schlürft, überhaupt nie vor zehn Uhr aufsteht, am Nachmittag bereits sturzbetrunken ist und wie von Sinnen Fasane schießt – wenn er denn noch treffen kann. Um Himmels willen, Litte! Der will am Ende noch unser Kind!«

»Unser Kind«, gab Luitgarde sehr ruhig zu bedenken und schob dabei ihre Lesebrille hoch, »ist schon lange kein Kind mehr. Sie wird im April einundzwanzig, vergiss das nicht. Sie ist nun fast eine erwachsene Frau. Und wenn wir sie verlieren müssen, dann werden wir es ohnehin kaum verhindern können. Du weißt, Gottes Wege –«

»Ja, ja!«, unterbrach Puttkamer seine Frau recht unwirsch und begann, im Raum auf und ab zu gehen.

»Gottes Wege hin oder her, sie ist zu jung, Luitgarde, viel zu jung und zu naiv. Auf einen charmanten Landjunker wie Bismarck kann sie allemal so leicht hereinfallen wie jede andere auch. Wir müssen alles tun, um das zu verhindern, meine Liebe. Beten allein wird da freilich nicht viel helfen, wenn sie sich schon einmal in ihn verliebt hat. Und das steht zu befürchten, wenn du bedenkst, welcher Glanz in ihre Augen trat, als sie uns von ihrer Begegnung mit Bismarck auf Marie Thaddens Hochzeit erzählte. Erinnerst du dich?«

»Ja, Heinrich, ich erinnere mich noch gut. Aber bedenke auch, dass sie sehr aufgeregt war – es war die Hochzeit ihrer besten Freundin, und dann ereignete sich diese Katastrophe mit dem Feuer! Das war auch ein wenig zu viel für sie gewesen. Bismarck hatte, wenn man den Berichten Glauben schenken darf, alles sehr bald unter Kontrolle, wahrscheinlich mehr als der Bräutigam selbst, der für das Feuer und den dadurch verursachten Schaden schließlich verantwortlich war. Da musste Bismarck in ihren Augen ja wie ein Held dastehen. Wer weiß, wer von den unverheirateten weiblichen Gästen ihn dafür noch bewundert hat außer ihr. Komm, Heinrich, lass uns schlafen gehen, die Uhr hat eben zehn geschlagen. Es bleibt uns doch nichts anderes als abzuwarten.«

Doch damit wollte der alte Puttkamer sich nicht zufriedengeben. Immer noch unruhig auf- und abgehend, murmelte er: »Er hat den Brief gewiss nicht umsonst geschrieben. Er will sich unsere Tochter holen, gedenke meiner Worte! Und wenn wir nichts unternehmen, um ihn daran zu hindern, werden wir im nächsten Winter vielleicht schon ganz alleine hier sitzen.«

Seufzend klappte Luitgarde von Puttkamer das Buch zu, in dem sie las. »Ja, Heinrich, wenn du meinst. Aber nun lass uns gehen. Ich jedenfalls gehe. Gute Nacht, mein griesgrämiger alter Ritter!«

Nachdem sie ihm noch einen Kuss auf die Stirn gedrückt hatte und mit ihrer Kerze und ihrem Buch hinausgegangen war, ließ sich ihr Mann in den frei gewordenen Sessel am Kamin fallen und rieb sich müde mit dem Handrücken über die Stirn.

Was, wenn er recht hatte? Konnte er den Gedanken ertragen, seine einzige Tochter, ja, sein einziges Kind an einen Mann wie Bismarck zu verlieren? Oder hatte seine Frau, die stets besonnene, in jedem Menschen das Gute sehende Luitgarde, wieder einmal recht und er sah Gespenster, wo sie sonst keiner sah?

Nur die Zeit würde ihm die Antwort geben können. Nur die Zeit. Vorsichtshalber würde er dem verrückten Junker einen Brief schreiben, dessen Inhalt sämtlichen Absichten, seien sie nun in Wahrheit vorhanden oder nicht, entgegenstehen würde. Otto von Bismarck würde ihnen nicht die Tochter rauben.

Wiedersehen in Cardemin

Es vergingen etliche Monate, bevor der Kreis um Marie von Blanckenburg und den übrigen pommerschen Pietisten sie an Pfingsten des folgenden Jahres wieder zusammenbrachte. In Cardemin, dem Gut der Familie Blanckenburg, fand alljährlich ein Scheibenschießen statt, zu dem etliche Freunde und Nachbarn eingeladen waren, darunter auch Otto von Bismarck und Johanna von Puttkamer.

Sobald Bismarck Marie erblickte, eilte er auf sie zu, küsste sie auf beide Wangen und stellte mit Erstaunen fest, dass sie ihm, wenn auch nicht weniger lieb, so doch schon ein wenig fremder geworden war, seit er sie das letzte Mal gesehen hatte. Sie war schwanger und suchte vergebens, den wohlgerundeten Bauch unter einem weiten Seidenkleid zu verbergen. Ansonsten fand er sie schön wie immer, natürlich, anmutig und erfrischend selbstbewusst.

»Wenn du Johanna suchst, sie ist hinten im Obstgarten«, flüsterte Marie ihm leise zu, kaum, dass sie die üblichen Begrüßungsfloskeln ausgetauscht hatten und er eben im Begriff war, ein bedeutungsvolleres Thema zu suchen, über das er dann, wie in alten Zeiten, angeregt mit ihr diskutieren konnte.

»Aber ich …«, begann er hilflos, doch Marie legte ihm einen Finger auf den Mund, eine sehr vertrauliche und intime Geste, die ihn hoffnungslos verlegen machte und – zum Schweigen brachte. Was immer er noch hatte einwenden wollen, es blieb ihm förmlich im Halse stecken.

»Geh nur, das Essen findet frühestens in einer Stunde statt, und ein Glas Bowle kannst du dir auf dem Weg dorthin abholen. Moritz hat auf der hinteren Terrasse anrichten lassen.«

Bismarck fand Johanna auf einer Bank unter einem mit Rosen umrankten, schmiedeeisernen Pavillon sitzen, einen Fächer in der Hand, mit dem sie sich bisweilen frische Luft zuzuwedeln suchte. Es war ungewöhnlich heiß für diese Jahreszeit, auch zu windstill – wenn sie Pech hatten, würde das diesjährige Scheibenschießen noch vorzeitig durch ein Gewitter beendet werden, bevor der Tagessieger feststand.

Johanna bemerkte Bismarcks Herankommen nicht, so sehr schien sie in ihre Gedanken versunken zu sein. Als sie seiner stattlichen Gestalt endlich gewahr wurde, stand er bereits vor ihr und sah, einen grünen Weidenstock in der Hand, den er sich unterwegs abgebrochen hatte, mit beinahe nachsichtigem Lächeln auf sie herab.

»Verehrtes Fräulein von Puttkamer, darf ich Sie in Ihren Gedanken stören und mich ein wenig zu Ihnen setzen?«

Sie errötete leicht, beeilte sich aber zu nicken und rutschte hastig ein Stück zur Seite, sodass er neben ihr auf der Bank Platz finden konnte.

Kaum, dass er saß, begann er das Gespräch, indem er nach ihren Eltern fragte, nach dem Winter und ob sie im Frühjahr auch mit Überschwemmungen zu kämpfen gehabt hätten wie in Schönhausen an der Elbe.

»Nein, das nicht«, entgegnete sie. »Aber ein langer, harter Winter ist's gewesen. Sehr kalt. Ist es auf Kniephof, wo Sie wohnen, auch so kalt und zugig?«

»Es geht. Es hängt immer davon ab, in welchem Raum man sich aufhält, wie man sich kleidet und bewegt und wie gut man isst und trinkt.« Hierbei zwinkerte er ihr verstohlen zu, doch sie tat, als ob sie es nicht bemerke und fragte stattdessen, was er denn auf seinem Landgut den lieben langen Tag so treibe.

»Ach«, meinte er und wurde sichtlich verlegen dabei. »Eigentlich nicht viel. Man steht auf, frühstückt, zeitungt, zieht sich an und sattelt sein Pferd. Dann geht es zur Jagd oder sonst wie hinaus ins Grüne, die Hunde haben ihre Freude daran und ich meistens auch. Ein müßiges Leben, das man als Landjunker in der heutigen Zeit so führt. Im Moment macht es mir noch Freude, aber den Rest meines Lebens wird es mich wohl nicht ausfüllen.«

»Nun«, sagte sie und sah dabei mit scheuem Lächeln zu ihm auf. »Das kann wohl auch für einen Mann Ihrer Bildung nicht alles sein – Sie haben doch bestimmt ein höheres Ziel. Sagten Sie nicht, Sie hätten die Rechte studiert?«

»Ach!«, rief er abermals und winkte ab. »Das ist Schnee von gestern, wie man so schön sagt. Die Juristerei ist nichts für mich. Ich werde mir wohl ein Amt suchen, wenn nicht heute, dann morgen, aber im Moment ist mir das alles einerlei. Sehen Sie, Fräulein von Puttkamer, ich genieße das Leben, wie es gerade so kommt.«

»Denken Sie denn manchmal an das, was danach kommt – ich meine …« Sie nestelte verlegen an der Schärpe ihres hellblauen Seidenkleides. »Ich dachte – also, Sie sprechen ja nie darüber und man hört so einiges, aber ich weiß nicht … Sind Sie ein frommer Mann, Herr von Bismarck?«

Bismarck zog scharf die Luft ein, ehe er antwortete. »Eine direkte Frage, die eine direkte Antwort verdient. Nein, verehrtes Fräulein, ich bin kein frommer Mann und würde auch, so fürchte ich, vor den Augen Ihres Herrn Vaters nicht bestehen. Mein Vater ist ein guter Mann, der mich so gut es ging zum Landjunker und Ehrenmann erzogen hat. Meine Mutter legte viel Wert auf Bildung – aber fragen Sie nicht nach meiner Schulzeit, es war die grässlichste Zeit meines Lebens. Sie können froh sein, nie eine solche Anstalt besucht zu haben wie ich –, aber mit Glauben hatten wir nie etwas zu tun. Jedenfalls nicht mit einem solchen Glauben, wie Sie und Ihre Familie – und auch unsere lieben Freunde, die Blanckenburgs – ihn pflegen. So wie mein Vater stets darauf vertraut hat, dass Gott barmherzig ist, so will ich es auch tun. Das soll mir zum Leben genügen – bis heute bin ich jedenfalls ganz gut damit gefahren und gedenke es auch weiterhin so zu halten.«

Johanna schwieg eine Weile, bevor sie erneut einen Vorstoß wagte. »Aber, erlauben Sie mir diese eine Frage noch, warum streben Sie kein höheres Amt an – das eines Ministers zum Beispiel? Sie sind doch klug und redegewandt, und gute Beziehungen haben Sie auch. Würde es Ihnen nicht gefallen, in der Politik etwas zu sagen zu haben?«

»Vielleicht«, räumte er ein und fing an, die Rinde des Weidenstöckchens zu schälen. »Aber ob es mir auf die Dauer Befriedigung schafft, irgendeinen Ministerposten zu bekleiden und mich vor der Obrigkeit zu ducken, die mir die Freiheit nicht mehr zugesteht, die ich bisher gewohnt bin? – Nein, danke, zum Sklaven derer da oben will ich mich nicht machen lassen, eher soll der Deiwel mich holen!«

Erschrocken ließ Johanna ihren Fächer fallen. Zu ihrem Entsetzen begann dieser ungehobelte Kerl, den sie bis eben noch bewundert, ja, regelrecht angehimmelt hatte, nun auch noch zu lachen. »Verzeihen Sie mir,

Fräulein von Puttkamer, dass ich nicht so recht in Ihr Idealbild eines Edelmannes passen will. Ich zweifle ja nicht an Gottes Existenz. Aber meine Freiheit ist mir wichtiger – wichtiger als alles im Leben!«

»Nun«, sagte sie leise und bückte sich, um den Fächer aufzuheben. »Wenn es so ist, dann will ich Sie nicht länger mit meinen Fragen belästigen. Aber erlauben Sie mir, für Sie zu beten, ja?«

Er lächelte und legte eine Hand auf die ihre, die sie nicht zurückzuziehen wagte. »Das dürfen Sie, mein liebes Kind. Beten Sie nur! Vielleicht hilft's ja doch. Und nun kommen Sie, lassen Sie uns zu den anderen zurückgehen. Das Scheibenschießen wird gleich beginnen, und mein Magen knurrt auch schon ganz unehrenhaft. Da, hören Sie's?«

Er erhob sich, Johanna hakte sich bei dem großen Mann unter und ging gesenkten Kopfes an seiner Seite den Weg entlang zur vorderen Terrasse, auf der die Gäste mit ihren Bowlegläsern beieinanderstanden und sich lachend und scherzend unterhielten. Auch wenn sie nach außen hin ruhig und gefasst aussah, tobte in ihrem Herzen doch ein wilder Streit der Gefühle, den sie nur mit allergrößter Mühe unter Kontrolle zu bringen vermochte. Was war das nur für ein Mann – und weshalb übte er noch immer eine so unwiderstehliche Anziehungskraft auf sie aus? Er hatte Gott gelästert mit seiner Äußerung und das war doch unverzeihlich, oder? Sie sollte gar nicht hier sein, an seiner Seite, sondern sich von seinesgleichen fernhalten, die nicht nur eine Gefahr für ihr junges, unerfahrenes Herz, sondern auch für ihre Seele darstellten.

Erst als sie Marie erblickte, die etwas abseits stand und müde aussah, schaffte Johanna es, sich von Bismarcks Arm zu lösen und eilte nach einem hastig gemurmelten »Entschuldigen Sie mich bitte« auf die Freundin zu, froh, der ihr plötzlich so unangenehm gewordenen Situation entkommen zu können.

»Aber, Johanna, wie konntest du dich so von ihm einschüchtern lassen!«, tadelte die Freundin sie, nachdem sie ihr von dem seltsamen Gespräch im Rosengarten erzählt hatte. »Du hättest ihn nicht so einfach gehen lassen dürfen. Jetzt ist er zum Schießstand, hörst du, wie der Scheibenjunge ruft? Achtzehn, er hat mitten ins Zentrum getroffen. Auch du hast ins Zentrum getroffen – Bismarck ist schon verliebt, man sieht es ihm deutlich an. Du musst ihn nur noch für Gott gewinnen, das ist das

Einzige, woran es ihm fehlt, ansonsten ist er ein feiner Kerl. Außerdem bist du die Einzige, die er anhören wird. Glaube mir, ich versuche es schon seit Jahren, aber ich bin einfach nicht die Richtige für diese Aufgabe. Du bist es, Johanna – du bist für ihn die Richtige und du bist es auch für unseren Herrn Jesus. Willst du denn seinen Auftrag nicht erfüllen? – ›Geht in die Welt, erzählt den Menschen von Gottes Liebe und machet sie zu Jüngern, dass sie umkehren und sich taufen lassen.‹ Das ist es, was Bismarck fehlt. Er muss umkehren – und du kannst ihm dabei helfen, auf den rechten Weg zu kommen. Heute ist Pfingsten, Johanna – kann es denn einen besseren Tag für einen Neuanfang geben?«

»Da magst du wohl recht haben, aber …« Johanna senkte den Blick. »Er ist so – wie soll ich es sagen? So stolz, Marie! Stolz und irgendwie … nun ja, Respekt einflößend. Wie redet man mit einem solchen Mann? Und über ein so heikles Thema! Nein, ich glaube, das kann ich nicht. Du könntest es, du kennst ihn besser und hast mehr Mut als ich.«

Marie lachte. »Nein, Johanna, so kommst du mir nicht raus! Du hast gesagt, du kannst ihn gut leiden. Es ist offensichtlich, dass er auch schon Gefallen an dir gefunden hat, und darum musst du diejenige sein, die ihn auf den rechten Weg bringt. Und auf den muss er gebracht werden – je eher, desto besser! Bestimmt bietet sich später noch einmal die Gelegenheit zu einem Gespräch, was meinst du?«

Als Johanna Bismarck am späteren Nachmittag noch einmal im Garten traf, sah sie ihn erneut mit seinem Weidenstöckchen – oder war es ein neues? – herumhantieren. Sie fasste sich ein Herz und trat zu ihm.

»Herr von Bismarck, verzeihen Sie, dass ich Sie so anspreche, aber da ist noch etwas, das ich Ihnen sagen wollte. Werden Sie mir zuhören?«

Er sah auf, blickte ihr offen ins Gesicht und neigte den Kopf, als wolle er sagen: Nun, ich höre.

Ihr Herz raste vor Aufregung und sie bat Gott innigst, ihr den Mut und auch die rechten Worte zu schenken. »Herr von Bismarck«, begann sie mit zitternder Stimme und ebenso zitternden Knien, »wissen Sie, was heute für ein Tag ist? Pfingsten! Die Geburtsstunde der Kirche – dreitausend Menschen kamen zum Glauben an Jesus Christus, als sie Petrus predigen hörten. Dreitausend Leute, Herr von Bismarck! Wollen Sie nicht auch – ich meine …«

Sie brach ab, sah an ihm vorbei zu den Obstbüschen hin und fragte sich, ob es richtig gewesen war, ihn noch einmal auf dieses heikle Thema anzusprechen. Wenn er sie nun wieder auslachte! Marie hatte gut reden, sie kannte Otto von Bismarck und wusste mit ihm umzugehen – sie wusste auch mit Worten besser umzugehen als sie, Johanna. Was konnte sie schon ausrichten bei einem Mann wie Bismarck, der ohnehin seine feste Meinung von allem hatte. Und von ihr, Johanna, hatte er bestimmt auch schon längst eine feste Meinung: dass sie langweilig war, unscheinbar, nicht zu vergleichen mit einer Frau wie …

»Ich glaube nicht, Johanna – ich meine, verehrtes Fräulein von Puttkamer«, unterbrach Bismarcks Stimme ihre Gedanken. Zu ihrer grenzenlosen Erleichterung bemerkte sie ein Lächeln in seinen sonst so kalten, blaugrauen Augen, als sie seinem Blick voller Scheu begegnete. »Ich glaube nicht. Unsere Freundin Marie hat es oft genug versucht, mich zu bekehren, der gute Moritz auch, aber ich fürchte, ich bin ein hoffnungsloser Fall. Vielleicht kommt er eines Tages, dieser Glaube, und Sie dürfen ja auch gerne für mich beten, wie ich vorhin schon sagte, aber bis dahin …« Immer noch lächelnd, bot er ihr seinen Arm. »Kommen Sie, lassen Sie uns ein Stück gehen, am besten in die Sonne. Sie werden mir sonst zu kalt, meine Liebe!« Er nahm ihre Hand. »Gute Güte, Ihre Hand, sie ist ja bereits eiskalt! Darf ich?«

Ohne eine Antwort abzuwarten, nahm er ihre kleinen, schmalen Hände in seine großen und drückte sie, damit sie warm würden.

»Besser?«, fragte er schließlich, als sie eine Weile so dagestanden hatten. Er hielt noch immer ihre Hände in den seinen und machte keine Anstalten, sie loszulassen.

Rasch schlug sie die Augen nieder, als sie fühlte, wie sie unter seinem Blick errötete. Dann nickte sie, unfähig etwas zu erwidern. Dabei war da noch so viel, was sie ihm sagen wollte, und doch nicht konnte, weil ihr der rechte Mut dazu fehlte. Und als hätte er sie mit seinen – wenngleich freundlichen, so doch nicht weniger bestimmten – Worten über den Glauben noch nicht genug beschämt, musste er sie jetzt auch noch auf andere Weise in Verlegenheit bringen. Wenn sie nicht sehr achtgab, würde sie sich am Ende doch noch in ihn verlieben. Und das wollte sie nicht – nicht, wenn er sich nicht zu Gott bekannte!

Sie hielt inne. Aber konnte sie das zur Bedingung machen? Stand es ihr zu, das so in Worte zu fassen? Wenn es tatsächlich ihre Aufgabe sein sollte, ihn zu bekehren, dann brauchte sie mehr Zeit. Viel mehr Zeit. Sie würde gleich heute Abend anfangen, für Otto von Bismarck zu beten, beschloss sie, während sie sich von ihm den Weg entlang der Himbeeren und der Bienenkörbe führen ließ. Und dann lag es in Gottes Hand, was daraus wurde – aus Bismarck und aus ihr.

Zurück auf dem Kniephof, musste Bismarck in den darauffolgenden Tagen immer wieder an Johanna von Puttkamer denken. Weshalb zog ihn dieses Mädchen auf so eigenartige Weise in seinen Bann – und stieß ihn im nächsten Augenblick wieder ab, wenn sie so fromm und bieder daherkam, dass er sie am liebsten auslachen würde? Aber die Angst, sie zu verletzen, hinderte ihn daran, zu lachen. Sie war ein so zartes, sensibles Geschöpf, und dabei so naiv und scheu, dass er sich, wann immer er in ihrer Nähe war, wie ein großer, starker Beschützer vorkam. Bismarck gefiel sich in dieser Rolle sehr gut. Ja, er wollte Johanna von Puttkamer beschützen, er wollte, dass sie sich in seiner Gegenwart wohlfühlte und fröhlich lachte, so wie sie es bei ihrer ersten, für ihn so bedeutungsvollen, Begegnung getan hatte. Sie war außerdem unvergleichlich viel hübscher, wenn sie lachte.

Im Herbst desselben Jahres starb Bismarcks Vater, Karl Wilhelm Ferdinand von Bismarck, und hinterließ seinem zweiten Sohn und jüngstem Kind – Bismarck hatte noch einen älteren Bruder, Bernhard, und zwei Schwestern – Schloss Schönhausen an der Elbe.

Da sich das seit Generationen im Besitz der Bismarcks befindliche Schloss in einem geradezu jammervollen Zustand befand, als Otto von Bismarck im Frühjahr 1846 dort einzog, gab es zunächst einmal auch hier allerhand für ihn zu tun. Außerdem hatte er endlich einen verantwortungsvollen Posten übernommen, nämlich den des Deichhauptmannes an der Elbe, der ihn letztendlich auch dazu bewogen hatte, sein geliebtes Pommern zu verlassen.

Jetzt, so dachte Bismarck bei sich, während er inmitten seiner Koffer und Kisten in einem der vielen geräumigen, elegant eingerichteten, aber leider unangenehm modrig riechenden Schlafgemächern des Schlosses saß und sinnierte, *fehlt mir eigentlich nur noch die rechte Frau.*

Sein Blick wanderte zu der Kiste, in der sich, wie er wusste, seine Schreibutensilien befanden, und er beschloss, nicht lange zu warten, sondern gleich an seinen Freund Blanckenburg zu schreiben, ob der ihm nicht ein Wiedersehen mit der süßen, aber eigensinnigen Johanna arrangieren könnte. Natürlich würde er es geschickt anstellen müssen – denn eine weitere Einmischung vonseiten der wohlmeinenden Freunde wollte er tunlichst vermeiden. Schließlich hatte ein von Bismarck auch seinen Stolz. Aber es konnte ja nicht schaden, sich unauffällig zu erkundigen, ob in diesem Sommer irgendein Fest, eine Landpartie oder vielleicht sogar eine gemeinsame Reise geplant wäre, und ob er sich ihrem Kreise in diesem Fall wohl anschließen dürfe. Schließlich verband die Pietisten nicht nur ihr Glaube an Christus, sondern auch die Gemeinschaft und Bismarck wusste, dass es besonders in der Sommerzeit nicht an Ausflügen und gemeinsamen Unternehmungen mangelte.

Umso erfreuter war Bismarck, als ihn wenige Wochen später die Nachricht ereilte, dass tatsächlich etwas für den Sommer geplant sei: Ein gewisser Pastor Wangemann habe einige der pietistischen Freunde für eine Reise in den Harz gewinnen können; außer ihm und zwei Damen, die Bismarck nicht oder nur flüchtig kannte, gehörten auch Marie, Moritz sowie dessen Schwester Hedwig und Johanna von Puttkamer mit einigen ihrer Cousinen dazu. Ob er sich ihnen wohl gerne anschließen würde?

Der Schönhausener griff ohne zu zögern zur Feder und schrieb zurück. Und ob!

Harzreise mit Folgen

Seit der »Pfingstaffäre« in Cardemin hatte Johanna Otto von Bismarck nicht mehr gesehen. Ihrer Freundin Marie Blanckenburg hatte sie sich wohl noch am selben Abend anvertraut und ihr gegenüber geäußert, dass sie den »Speziellen«, wie sie Bismarck heimlich zu nennen pflegte, jetzt wohl gehörig verärgert habe. Doch Marie, die insgeheim anders dachte, hatte nur gelacht und gemeint, es gehöre schon mehr dazu als das, um Otto von Bismarck zu verärgern. Gleichwohl hatte sie mit ihrem Gatten darüber gesprochen, und als die Monate einer nach dem anderen verstrichen, ohne dass die beiden »füreinander Bestimmten« sich wiedersahen oder überhaupt etwas voneinander hörten, war auch Marie langsam unruhig geworden. Was, wenn ihr schöner Plan am Ende nicht aufging? – Umso erfreuter nahm sie die Nachricht zur Kenntnis, dass Bismarck sich ihrer Reisegesellschaft in den Harz anschließen würde – nur um dann in Enttäuschung den Kopf zu schütteln, als es hieß, Johanna dürfe nur in Begleitung ihres Vaters reisen und dann plötzlich gar nicht mehr.

»So bekommen wir sie nie und nimmer zusammen«, schimpfte Marie, wohl mehr zu sich selbst als zu ihrem Gatten, der soeben in ihr Zimmer getreten war.

»Kommt sie nun doch nicht mit? Wie schade!«, rief Moritz und ergriff die schlanke Taille seiner Frau mit beiden Händen. »Dann werden wir eben eine andere List ersinnen müssen. Dir fällt doch bestimmt etwas ein – ich muss los, mein Vater wartet. Komm, gib mir einen Kuss! Wir sehen uns nachher beim Diner mit Zitzewitz und Kleist.«

Schon war er wieder hinausgeeilt, kaum, dass Marie angesetzt hatte, ihm zu antworten. Nachsichtig lächelnd schüttelte sie den Kopf und nahm erneut Johannas Brief zur Hand.

Eine andere List, ja, die werden wir wohl ersinnen müssen. Aber rasch, sonst vergisst Johanna ihren Speziellen am Ende noch oder schlägt ihn sich womöglich ganz aus dem Kopf, weil sie glaubt, keine Chance bei ihm zu haben. Die hatte sie, das wusste keine so gut wie Marie. Aber die Zeit drängte. Bismarck liebte sein freies, ungebundenes Leben, und er liebte die Liebe, konnte trotz aller Beteuerungen, sich zu bessern, nicht ohne sie sein. Es sollte doch jetzt wohl keine andere Frau mehr dazwischenfunken? Gewiss hatte ihn das Erbe von Schönhausen in den Augen der weiblichen Landaristokratie zu einem noch attraktiveren Kandidaten gemacht, zudem hatte er sein Amt und sagte ja selbst, ihm fehle nur noch die Frau dazu. Diese durfte keine andere als Johanna sein!

Entschlossen wandte Marie sich vom Fenster ab und verließ den Raum.

Bismarck funkte keine andere Frau dazwischen, wohl aber der Typhus den übertriebenen Vorsichtsmaßnahmen der alten Puttkamers, die ihr Töchterchen nicht hatten ziehen lassen wollen. Und um die geliebte Tochter vor einer möglichen Ansteckung zu schützen, wurde kurzerhand beschlossen, sie aus dem Krisengebiet zu entfernen, bis das Schlimmste vorüber war. Da kam die Einladung der Blanckenburgs nun doch wie gerufen. Die Koffer wurden in Windeseile gepackt, und wenige Tage später traf Johanna bei Marie ein, die vor Freude beinahe jubelnd um sie herumtanzen wollte.

Johanna war so in das Gespräch mit ihrer Lieblingscousine Franziska vertieft, dass sie weder hörte, wie man die Reisenden aufforderte, in den Zug einzusteigen, noch Bismarcks schwere Schritte, die sich ihr genähert hatten. Plötzlich hörte sie seine Stimme dicht an ihrem Ohr. »Leider, mein gnädiges Fräulein, wartet der Zug nicht. Erlauben Sie mir deshalb, dass ich sie Ihrer Freundschaft entreiße – aus reinem Egoismus, Sie sonst im Harz vermissen zu müssen!«

Erschrocken und verlegen unterbrach Johanna ihr Gespräch, warf ihre Arme um den Hals der Cousine und flüsterte: »Leb wohl, liebste Franziska, leb wohl! Ich schreibe dir!«

An Bismarck gewandt, sagte sie: »Sie haben mich ganz gehörig erschreckt, wissen Sie das? Sich so einfach von hinten an eine Dame anzuschleichen, gehört sich doch nicht!« Seinem belustigten Blick mit Mühe standhaltend, fügte sie hastig hinzu: »Nicht, dass ich Ihnen nicht dankbar wäre. Ich hätte den Zug wahrhaftig verpasst, wenn Sie mich nicht geholt hätten.«

»Und das wäre doch sehr bedauerlich gewesen«, bemerkte er und reichte ihr den Arm. »Darf ich bitten, Verehrteste?«

Als Franziska den beiden hinterherblickte, dachte sie bei sich: *Da geht sie hin, meine süße, unschuldige, ahnungslose Cousine, an der Seite des Mannes, der sie liebt – wie romantisch!*

Sehr lustig ging es auf der Fahrt zu. Es wurde gescherzt und gelacht, Butterbrote wurden hin und her gereicht, und Johanna gab bereitwillig von ihrem Brot an Bismarck ab, der mit einem sehnsuchtsvollen Blick behauptete, so gute Wurst gäbe es nur in Pommern, die sei bestimmt hausgemacht. Natürlich wusste er, dass man in Reinfeld – wie fast überall auf dem Land – die Wurst selbst herstellte, aber er wollte Johanna auf diese Weise wohl auch spüren lassen, dass er sie gern hatte.

»Köstlich!«, rief er, kaum, dass er den ersten Bissen hinuntergeschluckt hatte. »Einfach köstlich! Hier, Moritz, das musst du unbedingt kosten, so etwas Gutes hast du deinen Lebtag noch nicht gegessen. Mutter Puttkamers Leberwurst – mmmh!«

Johanna und Marie sahen sich an und kicherten, während Moritz eifrig nach dem ihm angebotenen Brot griff und hineinbiss. »Das ist in der Tat das beste Leberwurstbrot, das ich je gegessen habe. Von deinen natürlich abgesehen, mein Liebstes!«, fügte er schnell hinzu, als er den strengen Blick seiner Frau bemerkte. Dann gab er das Brot Bismarck zurück. »Da ich ja eine Frau habe, die so rührend um mein Wohlergehen besorgt ist, kann ich dir dieses Brot aber gerne überlassen. Hast du auch hart gekochte Eier dabei, Marie?«

»Einen Moment, ich sehe nach«, antwortete Marie und hob den Deckel ihres Weidenkorbes an, der zu ihren Füßen stand. Heimlich versetzte sie ihrer Freundin einen kleinen Schubs mit dem Fuß, was so viel heißen sollte wie: *Lass ihn das Brot essen, Liebe geht durch den Magen!* Wie sehr das auf einen Mann wie Bismarck zutraf, wusste keine besser als Marie.

Am nächsten Morgen unternahm die fröhliche Gruppe ihre erste Wanderung durch das Ilsetal.

Hoch ragten links und rechts des schmalen Weges die mit Fichten bewachsenen Felswände auf, und der Fluss sprudelte vergnügt über Geröll und Granitblöcke hinweg, als wollte er ihnen Gesellschaft leisten.

»Hörst du, was er sagt?«, fragte Marie, die ihren Mann mit dem Pastor und Bismarck hatte vorausgehen lassen, und hakte sich bei Johanna ein. »Nimm den Bismarck, der hat Schneid!«

Sie warf lachend den Kopf in den Nacken, sodass das dichte, braune Haar nur so flog, und blieb dann stehen, um Johanna ernst anzusehen. »Du musst ein bisschen freundlicher zu ihm sein, ihn ermutigen. So bekommst du niemals einen Mann, wenn du immer so abweisend bist und so altklug daherredest. Genieße deine Freiheit und lebe mal ein bisschen, das tut dir gut – und ihm auch.«

Johanna versuchte, ein gekränktes Gesicht aufzusetzen, aber sie wusste, dass die Freundin es gut mit ihr meinte und nur wollte, dass sie glücklich wurde. Sie war aber nun einmal nicht so temperamentvoll und leidenschaftlich wie Marie. Entweder mochte Bismarck sie so, wie sie war, oder er war eben nicht der Richtige.

»Nun«, sagte sie, »ich finde, er muss mich schon richtig kennenlernen, wenn er mich wirklich will. Dann kann er sich hinterher auch nicht beschweren.«

»Damit hast du recht!«, rief Marie lachend, nahm ihre Hand und lief mit ihr voraus, auf die kleine, wackelige Holzbrücke zu, die die Männer soeben überquert hatten. Elisabeth und Hedwig gingen wie immer ganz hinten, tief in ihre Gespräche verwickelt.

»Halt! Wartet auf uns! Wir trauen uns nicht allein über dieses wackelige Ding, ihr müsst uns schon helfen. Bismarck, nehmen sie Fräulein von Puttkamers Hand. Moritz, du hilfst mir, wie es sich für einen treu sorgenden Ehemann gehört.«

Moritz, der sehr genau wusste, dass seine Frau die Brücke ohne Weiteres allein überqueren könnte, wenn sie wollte, schmunzelte, kehrte aber um und tat, wie ihm geheißen. Bismarck kam auf Johanna zu und reichte ihr seine Hand. Zufrieden sah Marie den beiden zu, wie sie – immer noch Hand in Hand – den Weg gemeinsam fortsetzten. Na bitte, schien der Blick zu sagen, den sie ihrem Mann zuwarf, es geht doch. Man muss manchmal nur ein wenig nachhelfen.

Kurz vor dem Schlafengehen traten die Freunde noch einmal vor das Gasthaus, in dem sie für diese Nacht Quartier gefunden hatten, um den aufgehenden Mond zu bewundern.

»Es ist so romantisch, dem Mond zuzusehen, wie er langsam höher steigt und voller wird, ganz besonders hier, wo der Himmel so weit ist wie sonst nirgendwo auf der Welt. Sagt selbst, ihr Männer, ist das nicht überirdisch?«, seufzte Marie und schmiegte sich dabei enger an ihren Mann.

Johanna warf ihr einen warnenden Blick zu: Übertreibe es doch bitte nicht so! Dann hörte sie einen Kuckuck rufen und zählte mit geschlossenen Augen seine Schläge. Acht! Oder waren es neun gewesen? Mit gerunzelter Stirn wollte sie sich an Marie wenden, doch die war plötzlich spurlos verschwunden, ebenso alle anderen.

»Wo sind sie denn hin?«

Mit dieser Frage wandte sie sich an Bismarck, der als Einziger noch neben ihr stand.

»Nun«, begann er und wusste nicht, ob er angesichts einer solch kindlichen Naivität lachen oder den Kopf schütteln sollte, »ich würde sagen, sie haben etwas anderes entdeckt, das ihre Aufmerksamkeit forderte. Oder aber sie wollten uns beide allein lassen, damit wir ungestört den aufgehenden Mond betrachten und die Schläge des Kuckucks zählen können. Es waren übrigens neun.«

»Neun was?«, fragte Johanna und wurde sich im selben Moment darüber klar, wie dumm ihre Frage klingen musste. Natürlich meinte er den Kuckuck!

Lachend legte er ihr einen Arm um die Schulter, als sei dies die selbstverständlichste Sache der Welt. »Neun was – Kuckucksschläge natürlich, mein liebes Fräulein. Wo sind Sie nur mit Ihren Gedanken?«

Als er ihr in die dunklen Augen sah, die ihm wie zwei Onyxe entgegenleuchteten, spürte er, wie sich etwas in seiner Brust zusammenzog. Wenn er nichts dagegen unternahm, würde er sich bald hoffnungslos in dieses süße, unschuldige Mädchen verlieben. Und, was ist daran so schlimm, schien eine Stimme in seinem Inneren zu fragen. *Nichts eigentlich,* antwortete er dieser Stimme, *ich weiß nur nicht, ob ich denn der Richtige für sie wäre, ob ich sie glücklich machen könnte.*

Bismarck widerstand der Versuchung sie zu küssen und fragte stattdessen: »Ist Ihnen kalt? Soll ich Ihnen einen Mantel holen?«

»Nein, nein«, versicherte sie ihm, »danke, es geht schon. Bleiben Sie bei mir – bitte!«

Er ließ seinen Arm, wo er war, und stand schweigend mit ihr inmitten der mondhellen Nacht, dankbar für das Geschenk des Augenblicks.

In Bad Harzburg trat sich Johanna einen Stein in den Fuß und konnte nicht mehr mitwandern. An ihrer Stelle ging an diesem Tag Marie an Bismarcks Seite und konnte es natürlich nicht lassen, ihn geradeheraus nach seinen Gefühlen für das »schwarze Mädchen« zu befragen.

»Sie ist sehr hübsch und auch liebreizend genug. Ich glaube schon, dass man sich in sie verlieben könnte«, gab Bismarck zu. »Aber bevor du laut juchhu schreist und damit zu deiner Freundin läufst, bedenke bitte, dass ich ein alter Ketzer bin, von dem man nicht zu viel auf einmal verlangen darf. Habt Geduld mit mir, Marie – gut Ding will Weile haben.«

Es fiel Marie schwer, ihm dies Versprechen zu geben, aber sie wusste, wie viel jetzt von ihrer Verschwiegenheit abhing. Das Glück ihrer beiden Freunde durch unbedachtes Geplapper in Gefahr zu bringen, wäre dumm und der Sache in keiner Weise förderlich.

Am nächsten Tag erreichten sie den Brocken. Da es dort oben auf der kahlen, öden Fläche sehr windig war, bereitete Bismarck für alle im Unterkunftshaus einen Grog zu, dem nicht nur die Freunde, sondern auch andere Gäste, die hier Unterschlupf gesucht hatten, gern und zum Teil reichlich zusprachen. Schnell breitete sich eine heitere, ausgelassene Stimmung aus. Marie stellte mit Erstaunen fest, dass ihre Freundin, ungeachtet des verletzten Fußes und ihres frommen Elternhauses, sowohl den Grog trank als auch tanzte – mit niemand anderem als Bismarck natürlich, der es geradezu meisterhaft verstand, sie aus dem Schneckenhaus ihrer Schüchternheit herauszulocken.

»Ein verletzter Fuß ist keine rechte Entschuldigung, verehrtes Fräulein von Puttkamer, um hier nicht wenigstens ein klitzekleines Tänzchen zu wagen. Sehen Sie, der Hexentanzplatz ist nur einen Besenritt entfernt. Seien Sie meine kleine Hexe – kommen Sie, ich halte Sie sicher im Arm, so kann Ihnen gar nichts geschehen. Bitte, Johanna!«

Johanna zögerte. Sie wusste, dass sie eigentlich ablehnen sollte – nicht nur wegen des Fußes, sondern wegen der durch und durch unchristlichen Umgebung, auf die Bismarck gerade noch in so ungenierter, ja, respektloser Weise hingewiesen hatte. *Der Hexentanzplatz ist nur einen Besenritt entfernt!* Und: *Seien Sie meine kleine Hexe!* – Wusste er denn nicht, dass es falsch war, so zu sprechen? Und wenn es ihm schon nichts ausmachte, da er selbst keinen Glauben hatte, konnte er nicht wenigstens den ihren respektieren?

Sie sah ihn unverwandt an und bemerkte ein schelmisches Funkeln in seinen Augen. Nein, das konnte er nicht. Er fand wahrscheinlich überhaupt nichts Böses daran. Schließlich waren sie im sagenumwobenen Harz, da konnte ja leicht einmal die Fantasie mit einem durchgehen, wenn man nicht aufpasste. Und mit einem wie Bismarck allemal, dachte sie nachsichtig und lächelte still in sich hinein.

»Gern«, erwiderte sie endlich und reichte ihm ihre Hand. Grenzenlose Erleichterung machte sich auf Bismarcks Gesicht breit und er verbeugte sich formvollendet, bevor er sie auf die Tanzfläche geleitete.

Wie im Traum schwebte Johanna mit ihm über die Tannenbretter – nicht nur einen Tanz, gleich mehrere schenkte Johanna dem charmanten Junker, an den sie spätestens jetzt ihr Herz verloren hatte.

Im Bodetal, in welches man am nächsten Tag herabstieg, fanden die beiden erneut zueinander. Bismarck hatte es sich nun – bewusst oder unbewusst – zur Aufgabe gemacht, die junge Frau zu beschützen, und ließ sie nicht eine Sekunde lang aus den Augen. Als Johanna am wilden Strudel des Bodekessels die Furcht packte, schmiegte sie sich an ihren Begleiter, der sie sofort in seine Arme zog und beruhigend streichelte.

»Es kann Ihnen nichts passieren«, versicherte er ihr, nun in ganz vertraulichem Ton. »Das Wasser ist weit, weit unter uns, der Weg ist fest und sicher. Kommen Sie, hier entlang, wir müssen noch ein ganzes Stück aufwärts gehen, wenn wir die berühmten Hufabdrücke sehen wollen. Kennen Sie eigentlich die Geschichte von der Prinzessin Brunhilde und dem Riesen Bodo, die sich hier zugetragen haben soll? – Der Sage nach natürlich.«

»Nein, die kenne ich nicht. Wollen Sie sie mir erzählen?«

»Gern. Ich hoffe, ich erinnere mich richtig. – Es war einmal eine schöne Prinzessin namens Brunhilde, die hier in diesem Tal lebte zu der Zeit, als es noch Riesen gab. Einer der Riesen, ein grässlicher Bursche namens Bodo, wollte sie unbedingt zur Frau nehmen, doch sie weigerte sich, ihn zu heiraten. Eines Tages, Brunhilde war hoch zu Ross im Wald unterwegs, traf sie dort auf Bodo, der sogleich versuchte, sie in seine Gewalt zu bringen. Brunhilde gab ihrem Pferd die Sporen und floh. Der Riese hatte sie fast eingeholt, als die Prinzessin sich plötzlich an einer tiefen Schlucht wiederfand. Was nun?«

Mit klopfendem Herzen hatte Johanna ihm zugehört und zupfte ihn nun ungeduldig am Ärmel. »Ja, was nun? Erzählen Sie weiter, schnell!«

Bismarck genoss es, so von der jungen Dame bewundert zu werden und kostete den Moment voll aus. Außerdem war sie auf diese Weise abgelenkt von den steilen Felswänden, die grau und schroff unter ihnen hinabfielen. Das Rauschen der Bode konnte man längst nicht mehr hören; sie waren schon zu hoch oben, aber es lag auch noch ein ganzes Stück Weg vor ihnen.

»Ja, was nun? Der Prinzessin blieb nicht viel Zeit, erst lange zu überlegen, denn der Riese war dicht hinter ihr, also sah sie nur einen Ausweg: Sie gab ihrem Pferd die Sporen und sprang in einem tollkühnen Satz über die Schlucht hinweg auf die andere Seite des Tales.«

»Nein!«, entfuhr es Johanna. Sie blieb abrupt stehen und hob erschrocken ihre Hand an den Mund. Dabei geriet sie ins Straucheln und fand sich plötzlich gefährlich nahe dem Abgrund. Bismarck zog sie rasch zurück. »Vorsicht, junge Dame, sonst verlieren Sie noch das Gleichgewicht – und ich kann Ihnen nicht garantieren, dass das tapfere Pferd der Brunhilde auftaucht und Sie sicher auf die andere Seite bringt. – Wo war ich stehen geblieben? Ah ja, der Sprung.«

Er nahm sie fest bei der Hand und führte sie sicher des Weges, immer weiter bergauf und immer eng am Abgrund entlang.

»Wie durch ein Wunder erreichten Pferd und Reiterin sicher die andere Seite. Beim Aufprall auf dem gegenüberliegenden Felsen hinterließ der Huf ihres Pferdes einen tiefen Abdruck im Gestein – das sind die Abdrücke, die wir heute noch dort sehen können. Nur ihre goldene Krone verlor die Prinzessin bei ihrem waghalsigen Sprung. Der Riese hingegen war mitsamt seinem Pferd zu schwer gewesen und in den Gebirgsfluss hinabgestürzt, dem wir dieser Sage wegen den Namen Bode verdanken. In einen schwarzen Hund verwandelt soll der Riese Bodo noch heute am Grund des Flusses sitzen und die Krone der Prinzessin bewachen. Viele tapfere Männer haben seither versucht, diese Krone zu bergen, doch das schwere Gold sank immer wieder in die Fluten zurück. Wer zu oft nach dem Schatz der

Prinzessin tauchte – ich glaube, beim dritten Mal –, wurde von Bodo in der Tiefe zerrissen, sodass sich das Wasser der Bode vom Blut des Tauchers rot färbte.«

Johanna schauderte es und sie schmiegte sich noch enger an ihren Begleiter. »Was für eine schreckliche Geschichte – und was für eine mutige Prinzessin!«

»Ja, das ist wahr. Aber ich glaube, Johanna, Sie sind auch so eine Prinzessin, die den Sprung wagen würde. Stimmt 's?«

»Nun«, gab sie zurück, »es käme auf den Riesen an.«

Unruhig warf Johanna sich in ihrem Bett hin und her. So sehr sie es auch versuchte, sie konnte einfach keinen Schlaf finden. Die Nacht war schwülwarm, die Luft im Zimmer zum Schneiden dick, und das Ticken der Wanduhr tat sein Übriges, um sie am Einschlafen zu hindern. Immer wieder wanderten ihre Gedanken in den Harz und zu Bismarck – dem Speziellen, wie sie ihn Marie gegenüber nannte.

War es wirklich schon einen ganzen Monat her, dass sie sich zuletzt gesehen hatten?

Sie waren noch zusammen bis nach Magdeburg gefahren, wo er mit Moritz von Blanckenburg ausgestiegen war, um nach Schönhausen weiterzureisen. Doch dann waren die Männer ihr und Marie kurz entschlossen nach Berlin gefolgt, wo sie noch zwei unvergesslich schöne Tage erlebt hatten. Bismarck war mit ihnen in die Kirche gegangen – zur heimlichen Verwunderung ihrer pietistischen Freunde – und hatte sie und Marie anschließend in die Hofoper eingeladen. »Wenn wir schon einmal beim Sündigen sind«, hatte er scherzhaft gemeint und sie auch noch in die Zelte an der Spree entführt, wo man bei Musik und Eis bei Kerzenlicht zusammensaß. Nie zuvor hatte sie sich von einem Mann so umschmeichelt und umworben gefühlt, und sie hatte jeden Augenblick genossen.

Seufzend wandte Johanna jetzt den Kopf auf dem Kissen und sah zum Fenster hinüber. Blitze zuckten am tiefschwarzen Nachthimmel, das Donnergrollen, das eben noch leise aus der Ferne herübergeklungen hatte, war lauter und drohender geworden, fast ängstigte es sie. Jetzt war an Schlaf nicht mehr zu denken. Johanna tastete nach der Zündholzschachtel auf ihrem Nachttisch und setzte sich im Bett auf, um die Kerze anzuzünden. Dann griff sie nach ihrer Bibel und kuschelte sich in die weichen Decken zurück.

Aber selbst beim Lesen in den Psalmen, die ihr so viel bedeuteten, wanderten ihre Gedanken immer wieder zu Bismarck. Sie konnte an nichts anderes mehr denken als an ihn und so faltete sie schließlich ihre Hände zum Gebet und fragte Gott, ob der »Spezielle« denn auch der Richtige für sie sei und ob er es ihr zeigen möge. Im Vertrauen darauf, dass Gott ihr helfen würde, schlief sie schließlich – die Kerze war längst heruntergebrannt – doch noch ein, die Bibel noch offen auf ihrer Decke liegend.

Johanna konnte nicht ahnen, dass Bismarck drüben in Schönhausen wenigstens genauso oft an sie dachte und sich fragte, ob und wann er es wagen sollte, den ersten entscheidenden Schritt zu machen.

Wer wagt, gewinnt

Am Sonntag vor Weihnachten fasste Bismarck den Entschluss, es endlich zu wagen und setzte sich beim Schein der Öllampe hin, um an Heinrich von Puttkamer zu schreiben und die alles entscheidende Frage zu stellen. Ob und wie der alte Herr darauf reagieren würde, wusste Bismarck nicht und wagte es auch nicht, es sich auszudenken, besonders dann nicht, wenn er ihm, wie er insgeheim befürchtete, eine Absage erteilen würde. Aber geschrieben werden musste dieser Brief, sonst würde es nie eine Antwort geben. Und damit konnte Bismarck noch viel weniger leben, ebenso schlecht wie mit der nagenden Ungewissheit, die er jetzt empfand.

Seit der Harzreise schon trug er sich mit dem Gedanken, Johanna zu heiraten. Als dann Marie im Herbst plötzlich verstorben war – sie hatte zuerst die an Hirnhautentzündung erkrankte Mutter bis zum Tode gepflegt und sich dabei tragischerweise angesteckt –, hatte er endlich den Mut gefunden, Johanna zu fragen. Er wusste, dass dies auch Maries sehnlichster Wunsch gewesen wäre: Als er und Johanna in verzweifeltem Schweigen an ihrem Sterbebett gesessen hatten, hatte Marie ihrer beider Hände ineinandergelegt, als hatte sie sagen wollen: *Ihr beiden gehört zusammen, so erkennt es doch endlich!* So oder ähnlich hätte Marie es wahrscheinlich ausgedrückt, hätte sie dazu noch die Kraft gehabt. Doch schon am nächsten Tag war sie tot gewesen …

Der frühe, unerwartete Tod seiner Frau hatte Blanckenburg in ein großes tiefes Loch gerissen – und umso mehr rührte es Bismarck, dass sein guter Freund sich so viel Mühe gab, ihm zu helfen, Johanna – und vor allem ihre Eltern – für sich zu gewinnen. Johanna hatte seinen Antrag ohne zu zögern angenommen, als er sie im November nochmals getroffen hatte. *Süße, herzgeliebte Johanna!* – Nein, sie hätte nicht *Nein* sagen können, er wusste ja, dass er ihr lieb war, sonst hätte er sie nicht gefragt. – Was nun aber ihre Eltern daraus machen würden, darüber war er sich nicht so sicher. Schließlich war Johanna ihre einzige Tochter, ja, das einzige Kind der alten Puttkamers …

Er und Blanckenburg hatten viele ernsthafte Gespräche darüber geführt, wie ein solcher Brief zu verfassen sei, damit Bismarcks Anliegen beim Brautvater auch im rechten Sinne ankam, und er, wenn möglich, auch gleich die erlösenden Worte zur Antwort bekäme.

Verehrtester Herr von Puttkamer!

Ich beginne dieses Schreiben damit, dass ich Ihnen von vornherein seinen Inhalt bezeichne, es ist die Bitte um das Höchste, was Sie auf dieser Welt zu vergeben haben, um die Hand Ihres Fräulein Tochter.

Ich verhehle mir nicht, dass ich dreist erscheine, wenn ich, der ich erst neuerlich, und durch sparsame Begegnungen Ihnen bekannt geworden bin, den stärksten Beweis von Vertrauen beanspruche, den Sie einem Manne geben können. Ich weiß aber, dass ich, auch abgesehen von allen Hindernissen in Raum und Zeit, welche Ihnen die Bildung eines Urteils über mich erschweren können, durch mich selbst niemals imstande sein kann, Ihnen solche Bürgschaften für die Zukunft zu geben, dass Sie den Einsatz eines so teuren Pfandes von Ihrer Seite rechtfertigen würden, wenn Sie nicht durch Vertrauen auf Gott das ergänzen, was das Vertrauen auf Menschen nicht leisten kann. Was ich selbst dazu tun kann, beschränkt sich darauf, dass ich Ihnen mit rückhaltloser Offenheit über mich selbst Auskunft gebe, soweit ich mir selber klar geworden bin. Über mein äußerliches Auftreten wird es Ihnen leicht sein, mit einer Darstellung meines inneren Lebens, welches jenem zugrunde lag, und besonders meines Standpunktes zum Christentum. Ich muss dazu weit ausholen.

So weit, so gut, dachte Bismarck, *und wo fange ich nun an?* Er sah auf den Federkiel in seiner Hand herunter, bemerkte einen Faden, der sich in dem Spalt der Schreibspitze verfangen hatte, und fing umständlich an, daran herumzuziehen, bis schließlich die Feder brach. Schimpfend zog er eine Schublade in seinem Schreibtisch auf, um nach einer neuen Feder zu suchen, fand keine und goss sich stattdessen erst einmal ein Glas Wein ein.

Nachdem er dieses geleert hatte, ging er in sein Schlafzimmer, wo er im Nussbaumsekretär nach längerem Suchen doch noch eine neue Feder fand, mit der er fröhlich pfeifend in sein Arbeitszimmer zurückkehrte. Alsdann setzte er seinen Brief fort.

Ich bin meinem elterlichen Hause in frühster Kindheit fremd und nie wieder völlig darin heimisch geworden und meine Erziehung wurde von Hause her aus dem Gesichtspunkt geleitet, dass alles der Ausbildung des Verstandes und dem frühzeitigen Erwerb positiver Kenntnisse untergeordnet blieb. Nach einem unregelmäßig besuchten und unverstandenen Religionsunterricht hatte ich bei meiner Einsegnung durch Schleiermacher an meinem 16. Geburtstage keinen anderen Glauben als einen nackten Deismus, der nicht lange ohne pantheistische Beimischungen blieb. Es war ungefähr um diese Zeit, dass ich, nicht aus Gleichgültigkeit, sondern in Folge reiflicher Überlegung, aufhörte, jeden Abend, wie ich von Kindheit her gewohnt gewesen war, zu beten, weil mir das Gebet mit meiner Ansicht von dem Wesen Gottes in Widerspruch zu stehen schien, indem ich mir sagte, dass entweder Gott selbst in seiner Allgegenwart alles, also auch jeden meiner Gedanken und Willen, hervorbringe und so gewissermaßen durch mich zu sich selbst bete, oder dass, wenn mein Wille ein von dem Gottes unabhängiger sei, es eine Vermessenheit enthalte und einen Zweifel an der Unwandelbarkeit, also auch an der Vollkommenheit des göttlichen Ratschlusses, wenn man glaube, durch menschliche Bitten darauf Einfluss zu üben.

Noch nicht voll 17 Jahre alt, ging ich zur Universität nach Göttingen. In den nächsten acht Jahren sah ich mein elterliches Haus selten, mein Vater ließ mich nachsichtig gewähren, meine Mutter tadelte mich aus der Ferne, wenn ich meine Studien und Berufsarbeiten vernachlässigte, wohl in der Meinung, dass sie das übrige höherer Führung überlassen müsse. Sonst blieben mir Rat und Lehre anderer buchstäblich fern.

Eine einsame Zeit, an die er sich nicht gut und noch weniger gern erinnerte. Seine Mutter war eine hübsche, kluge Frau gewesen, die viel Wert auf Bildung und Etikette gelegt hatte. Bismarck selbst hätte sich als Junge gerne mehr Zuneigung und Zeit zum Spielen gewünscht.

Als Student hatte er dann versucht, diese verlorene Zeit gleichsam aufzuholen, indem er sich, statt sich ernsthaft seinen eigentlichen Studien zu widmen, lieber mit diesen und jenen anderen Vergnügungen beschäftigt hatte, die ihm die im Brief erwähnten Ermahnungen seitens der Mutter eingebracht hatten.

Zum anhaltenden Nachdenken [hierüber] wurde ich aber erst durch die Einsamkeit gebracht, als ich nach dem Tode meiner Mutter, vor 6 bis 7 Jahren, nach Kniephof zog. Wenn hier anfangs meine Ansichten sich nicht erheblich änderten, so fing doch bald die innere Stimme an, in der Einsamkeit hörbarer zu werden und mir manches als Unrecht darzustellen, was ich früher für erlaubt gehalten hatte. Immer indes blieb mein Streben nach Erkenntnis in den Zirkel des Verstandes gebannt und führte mich [...] nur tiefer in die Sackgasse des Zweifels.

Es stellte sich bei mir fest, dass Gott dem Menschen die Möglichkeit der Erkenntnis versagt habe, dass es Anmaßung sei, wenn man den Willen und die Pläne des Herrn der Welt zu kennen behaupte, dass der Mensch in Ergebenheit erwarten müsse, wie sein Schöpfer im Tode über ihn bestimmen werde, und dass uns auf Erden der Wille Gottes nicht anders kund werde, als durch das Gewissen, welches er uns als Fühlhorn durch das Dunkel der Welt mitgegeben habe.

Dass ich bei diesem Glauben nicht Frieden fand, brauche ich nicht zu sagen; ich habe manche Stunde trostloser Niedergeschlagenheit mit dem Gedanken zugebracht, dass mein und anderer Menschen Dasein zwecklos und unersprießlich sei, vielleicht nur ein beiläufiger Ausfluss der Schöpfung, der entsteht und vergeht, wie Staub vom Rollen der Räder.

Etwa vor 4 Jahren kam ich, seit meiner Schulzeit zuerst wieder, in nähere Berührung mit Moritz Blanckenburg und fand an ihm, was ich bis dahin in meinem Leben nicht gehabt hatte, einen Freund, aber der warme Eifer seiner Liebe suchte vergeblich mir durch Überredung und Disputation das zu geben, was mir fehlte, den Glauben. Durch Moritz wurde ich indes mit dem Trieglaffer Hause und dessen weiterem Kreise bekannt und fand darin Leute, vor denen ich mich schämte, dass ich mit der dürftigen Leuchte meines Verstandes Dinge hatte untersuchen wollen, welche so überlegene Geister mit kindlichem Glauben für wahr und für heilig annahmen. Ich sah, dass die Angehörigen dieses Kreises in ihren äußeren Werken fast durchgehend Vorbilder dessen waren, was ich zu sein wünschte. Dass Zuversicht und Friede bei ihnen wohnte, war mir nicht überraschend, denn dass diese Begleiter des Glaubens seien, hatte ich nie bezweifelt, aber der Glaube lässt sich nicht geben und nehmen, und ich meinte, in Ergebung abwarten zu müssen, ob er mir werden würde.

Ich fühlte mich bald heimisch in jenem Kreise und empfand ein Wohlsein, wie es mir bisher fremd gewesen war, ein Familienleben, das mich einschloss, fast eine Heimat. –

Sehr gut, beglückwünschte er sich selbst, froh, nun doch noch die passenden Worte gefunden zu haben. Eine Heimat, das war es, was jeder Mann brauchte. Und eine Familie. Das würde dem alten Puttkamer sicherlich gefallen, entsprach es nicht nur dem biblischen Familienideal, sondern außerdem noch der Wahrheit: Er, Bismarck, sehnte sich nach einer eigenen Familie, nach einem richtigen Zuhause und nach der Gemeinschaft mit Gleichgesinnten, auch wenn er nicht in allem mit den pommerschen Pietisten übereinstimmte. Aber es musste ja schließlich auch nach der Hochzeit noch Gesprächsanlässe geben. Gegen eine gelegentliche Debatte unter Standesgenossen konnte Puttkamer, der ja selbst Kreis- und Landtagsabgeordneter war, sicherlich nichts einzuwenden haben.

Mit sich zufrieden setzte Bismarck die Feder wieder zum Schreiben an und fuhr fort:

Ich wurde inzwischen von Ereignissen berührt, bei denen ich nicht handelnd beteiligt war, und die ich als Geheimnisse anderer nicht mitteilen darf, die aber erschütternd auf mich wirkten. Ihr faktisches Resultat war, dass das Bewusstsein der Flachheit und des Unwertes meiner Lebensrichtung in mir lebendiger wurde als je. Durch Rat anderer wie durch eigenen Trieb wurde ich darauf hingeführt, konsequenter und mit entschiedener Gefangenhaltung einstweilen des eigenen Urteils in der Schrift zu lesen. Was in mir sich regte, gewann Leben, als sich bei der Nachricht von dem tödlichen Erkranken unserer verstorbenen Freundin in Cardemin das erste inbrünstige Gebet, ohne Grübeln über die Vernünftigkeit desselben, von meinem Herzen losriss. Gott hat mein damaliges Gebet nicht erhört, aber er hat es auch nicht verworfen, denn ich habe die Fähigkeit, ihn zu bitten, nicht wieder verloren, und fühle, wenn nicht Frieden, doch Vertrauen und Lebensmut in mir, wie ich sie sonst nicht mehr kannte.

Welchen Wert Sie dieser erst zwei Monate alten Regung meines Herzens beilegen werden, weiß ich nicht; nur hoffe ich, soll sie, was auch über mich beschlossen sein mag, unverloren bleiben, eine Hoffnung, die ich

Ihnen nicht anders habe bekräftigen können, als durch unumwundene Offenheit und Treue in dem, was ich Ihnen, und sonst noch niemandem, hier vorgetragen habe, mit der Überzeugung, dass Gott es den Aufrichtigen gelingen lasse.

Ein plötzlicher Windzug ließ Bismarck auffahren. Verärgert legte er den Federkiel zur Seite und ging zum Fenster hinüber, dessen hölzerne Läden sich im Sturm gelöst hatten und klapperten. Draußen trieb der Wind Schnee über die kahle Landschaft, es war bitterkalt und schon seit vier Uhr nachmittags war es stockdunkel, sodass man nicht mehr ohne Licht schreiben konnte. Fröstelnd kehrte er zu seinem Schreibtisch zurück. Grausiger Winter!

Wenn nur Johanna schon bei ihm sein könnte, wie viel gemütlicher könnte er es dann haben.

Ich enthalte mich jeder Beteuerung über meine Gefühle und Vorsätze in Bezug auf Ihr Fräulein Tochter, denn der Schritt, den ich tue, spricht lauter und beredter davon, als Worte vermögen. Auch mit Versprechungen für die Zukunft kann Ihnen nicht gedient sein, da Sie die Unzuverlässigkeit des menschlichen Herzens besser kennen als ich, und meine einzige Bürgschaft für das Wohl Ihres Fräulein Tochter liegt nur in meinem Gebet um den Segen des Herrn.

Historisch nur bemerke ich, dass, nachdem ich Fräulein Johanna wiederholt in Cardemin gesehen hatte, nach unserer gemeinschaftlichen Reise in diesem Sommer, ich nur darüber im Zweifel gewesen bin, ob die Erreichung meiner Wünsche mit dem Glück und Frieden Ihres Fräulein Tochter verträglich sein werde, und ob mein Selbstvertrauen nicht größer sei als meine Kräfte, wenn ich glaubte, dass sie in mir finden könne, was sie in ihrem Mann zu suchen berechtigt sein würde. In der jüngsten Zeit ist aber mit dem Vertrauen auf Gottes Gnade auch der Entschluss in mir fest geworden, den ich jetzt ausführe, und ich habe in Zimmerhausen nur deshalb gegen Sie geschwiegen, weil ich mehr zu sagen hatte, als ich mündlich zusammenfassen kann. Bei der ernsten Wichtigkeit der Sache und der Größe des Opfers, welches Sie und Ihre Frau Gemahlin durch die Trennung von Ihrem Fräulein Tochter dereinst zu bringen haben würden, kann ich kaum hoffen, dass Ihre Entscheidung ohne Weiteres günstig für meinen Antrag ausfallen werde, und bitte nur, dass Sie mir die Gelegenheit nicht versagen wollen, mich über solche Gründe, die Sie zu einer abschlägigen Antwort bestimmen könnten, meinerseits zu erklären, ehe Sie eine definitive Ablehnung aussprechen.

Es ist gewiss noch vieles, was ich in diesem Schreiben nicht, oder nicht vollständig genug gesagt habe, und ich bin natürlich bereit, Ihnen über alles, was Sie zu wissen verlangen werden, genaue und ehrliche Auskunft zu geben; das Wichtigste glaube ich gesagt zu haben.

Ich bitte Sie, Ihrer Frau Gemahlin meine ehrerbietige Empfehlung darzubringen und die Versicherung meiner Liebe und Hochachtung mit Wohlwollen aufzunehmen.

Bismarck.

Er setzte das Siegel unter den Brief und schob Papier und Federkiel beiseite, um sich endlich noch ein Glas Wein einzuschenken. Er nahm einen kräftigen Schluck, dann noch einen, bevor er sich in seinem Stuhl zurücklehnte und mit einem erleichterten Seufzer die Augen schloss. Morgen früh würde der Brief in die Post gehen und, so Gott wollte, noch vor Weihnachten in Reinfeld eintreffen. Alles andere musste er nun, wollte er seiner eigenen Worte, die er an Puttkamer geschrieben, nicht Lügen strafen, Gott überlassen.

Am Heiligabend herrschte geschäftiges Treiben in dem sonst so stillen Haus. Frau von Puttkamer hatte alle Hände voll zu tun mit dem Eindecken der Festtagstafel sowohl für die Familie als auch für die Hausangestellten, und die Geschenke waren auch noch nicht alle verpackt, obgleich es schon sechs Uhr geschlagen hatte. Sie schüttelte ärgerlich den Kopf, als sie sich eilig und mit gerafften Röcken auf den Weg nach oben machte, um bei ihrer Tochter anzuklopfen, die sie vermutlich wieder einmal, wie so oft in den letzten Wochen, träumend am Kamin stehend finden würde. Seit sie im Herbst ihre liebe Freundin Marie zu Grabe getragen und dabei auch noch den umstrittenen Herrn von Bismarck wiedergesehen hatte – im Advent hatten sie sich dann abermals »wie durch Zufall« in Zimmerhausen getroffen, wo Moritz von Blanckenburg nach dem plötzlichen Tode seiner jungen Frau hingezogen war –, war sie noch stiller geworden als sonst. Oft schien es, als hätte Johanna sich in eine gänzlich andere Welt zurückgezogen.

Wenn sie nur wüsste, was in ihrem Herzen vorging! Dachte sie viel an Marie? Oder waren ihre Gedanken etwa bei dem wilden Junker, den auch ihr Gatte bei demselben Besuch in Zimmerhausen kennengelernt und doch für gar nicht so wild befunden hatte? – Doch Johanna sprach sich über ihre Gefühle nicht aus, das hatte sie nie getan. Seit Maries Tod trug sie alles allein mit sich herum und ihre Mutter hoffte nur, dass sie es wenigstens vor Gott brachte.

Johanna stand wirklich am Kamin in ihrem Zimmer und sah mit leerem Blick in die eben verlöschenden Flammen. Sie dachte an ihre Freundin, deren Leben am Ende so langsam und leise verloschen war wie dieses Kaminfeuer, nachdem sie so leidenschaftlich gelebt und geliebt hatte – aber leider viel zu kurz. Wie hatte Gott das zulassen können? Sie war doch noch so jung gewesen! Und ihr Kind – bei dem Gedanken an das Kind bebte Johannas Brust, dass es schmerzte – das arme Kind, noch keine zwei Jahre alt! Es würde sich später nicht einmal mehr an die Mutter erinnern, an ihre sanfte, freundliche Stimme, ihr glockenhelles Lachen, ihre weiche, zärtliche Hand. Diese Hand, die sich im Fieberkampf noch über die ihre und die Bismarcks gelegt hatte. Sie wusste natürlich, was ihre Freundin, die zu geschwächt war, um noch sprechen zu können, ihr damit hatte sagen wollen: Sie und Bismarck sollten zusammenfinden, sollten heiraten und glücklich miteinander werden. Das war Maries größter Wunsch gewesen – und ihr letzter.

Ob Johanna ihn der Freundin würde erfüllen können, lag nun nicht mehr in ihrer Hand. Bismarck hatte sie vor zwei Wochen, als sie in Zimmerhausen zu Besuch gewesen waren, heimlich gefragt, ob sie seine Frau werden wolle. Sie hatte ohne zu zögern Ja gesagt. Gleichwohl hatte sie dieses Ja von der Zustimmung ihrer Eltern abhängig gemacht, die sie niemals würde verletzen wollen, ganz gleich, wie sehr sie Bismarck auch liebte. Und Johanna liebte ihn, das wusste sie, seit er sie zum ersten Mal bei der

Wanderung durch das Bodetal im Arm gehalten hatte. Doch Bismarck, dem sonst so energischen, selbstbewussten Mann, hatte es in Zimmerhausen an Mut gefehlt, sofort zum Vater zu gehen, der ebenfalls mitgekommen war, um Blanckenburg zu besuchen und – wieder stahl sich dieses Lächeln auf ihr Gesicht – wohl auch, um endlich den »Speziellen« seiner Tochter einmal näher kennenzulernen.

Kennengelernt hatten sie sich, hatten bei Wein und Pfeife zusammen im Salon gesessen, aber über sie hatten sie anscheinend nicht gesprochen. Johanna wartete seither voller Hoffnung und Bangen darauf, dass ein Schreiben von Bismarck hier eintreffen würde oder aber, und dies wäre nicht überraschend, er höchstpersönlich hier auftauchen würde, um bei ihrem Vater vorzusprechen.

Ein leises Klopfen ließ sie herumfahren.

»Herein?«

»Da steckst du, mein Liebes, ich warte schon auf dich! Hast du vergessen, dass du mir beim Tischdecken helfen wolltest? Die Christrosen, die du heute früh geschnitten hast, liegen alle noch auf einem Haufen, ich habe sie nicht angerührt. Du wolltest sie doch zwischen den Tellern und Gläsern verteilen. Krischan hat auch etwas von der Stechpalme hinten am Weg heruntergeschnitten, ich habe es ihm extra noch einmal gesagt. Hanna? Ist alles in Ordnung?«

Johanna bemühte sich, ein ungezwungenes Lächeln aufzusetzen und streckte sich. »Aber ja, Muttschchen, ich bin nur etwas müde. Das muss wohl an dem Wetter liegen. Grausig trüb ist's da draußen. Wir können schon froh sein, wenn es nicht regnet – oder gar schneit.«

Sie lauschte auf den dumpfen, tiefen Klang der Uhr in der Halle. »Oh, schon viertel nach sechs! Hast du Väterchen schon Bescheid gesagt?«

Luitgarde sah ihre Tochter streng an, sagte aber nichts, sondern schüttelte nur fast unmerklich den Kopf und wandte sich zum Gehen. »Ich gehe schon, Vater zu holen. Und du sag Alma, dass sie in einer Viertelstunde anrichten soll. Vergiss die Christrosen nicht! Krischan kann die Kerzen anzünden, wir sind gleich da.«

Doch das Weihnachtsessen sollte sich in diesem Jahr noch um einiges verzögern. Als Luitgarde kurz darauf an das Arbeitszimmer ihres Gatten klopfte, zog dieser sie förmlich in das Zimmer und beeilte sich, die Tür möglichst schnell wieder hinter ihr zu schließen.

»Du kannst dir nicht vorstellen, was passiert ist!«, rief er. »Willst du es wissen? – Nein, ich kann es dir nicht sagen – nicht heute, das ist nicht recht, es verdirbt uns nur die Freude am Fest. Ach, sie ist eh schon verdorben, wenigstens mir. Komm, setz dich zu mir, ich will es dir erklären.«

Aber dann zögerte er abermals, bevor er endlich – Luitgarde wollte schon wieder gehen – den Brief, den er heute Morgen erhalten hatte, zur Hand nahm und seiner Frau daraus vorzulesen begann.

Als er geendet hatte, herrschte minutenlang Schweigen zwischen den beiden.

Wie erwartet, fand Luitgarde als Erste ihre Sprache wieder. Sie schluchzte plötzlich laut auf, zog ein Taschentuch unter ihrer Schürze hervor und presste es auf ihre Augen.

»Wie kann er uns das antun? Und das heute! – Hat der Mensch denn überhaupt keinen Funken Anstand und Feingefühl?«

»Ich fürchte, nein, Litte. Aber ich habe es kommen sehen – ja, seit Zimmerhausen habe ich es kommen sehen. Er war so ... ja, wie soll ich es am besten beschreiben? Wie der Fuchs, der heimlich ein Huhn gestohlen hat. Oder vielmehr wie der Fuchs, der im Begriff ist, das Huhn zu stehlen. Und auch Johanna! Sie war wie ausgewechselt nach diesem Besuch. Er wird sie wohl gefragt haben, nehme ich an.«

»Aber Heinrich! Du glaubst doch nicht, sie – du glaubst doch nicht, dass sie Ja gesagt hat? Ich kann mir nicht vorstellen, dass sie so etwas tun würde. Und hinter deinem Rücken! Nein, nein, das hat sie bestimmt nicht getan.«

Heinrich von Puttkamer nahm seine Lesebrille ab und sah seine Frau ernst an. »Doch, Litte, das glaube ich schon. Hier schreibt ein Mann, der sich der Liebe seiner Auserwählten sicher ist. Ein Mann, der bereit ist, nötigenfalls für sie zu kämpfen. Und genau das wird der Herr von Bismarck tun, wenn ich ihm meine Zustimmung nicht gebe. Es überrascht mich, dass er nicht gleich persönlich hier erschienen ist, um sich unsere Tochter zu holen.«

»Das kann er nicht, Heinrich!«, entrüstete seine Frau sich. »Das darf er nicht tun! Nicht unsere Hanna!«

»Weine nicht, Liebes. Es ist noch nicht das letzte Wort in dieser Sache gesprochen. Ich sage dir, was ich tun werde.« Er erhob sich, legte den Brief auf seinen Schreibtisch und löschte die Lampe, die darauf brannte. Dann wandte er sich seiner Frau zu, die bemüht war, ihre Tränen zu trocknen. »Ich lasse den Brief bis nach Weihnachten liegen und dann erst denke ich über eine Antwort nach. So leicht wollen wir's ihm nicht machen, nicht wahr, Litte?«

Sie nickte, unfähig, etwas zu erwidern. Dann ergriff sie den Arm ihres Mannes und ging, so gefasst wie möglich, an seiner Seite den Flur entlang zum Weihnachtszimmer, wo Johanna leise summend damit beschäftigt war, die Christrosen auf dem Tisch zu arrangieren.

Hochzeit mit Hindernissen

Am zwölften Januar des darauffolgenden Jahres – der alte Puttkamer hatte ihm weder eine Absage noch eine eindeutige Zusage erteilt – stand ein sichtlich erregter, nervöser, aber nichtsdestoweniger entschlossener Otto von Bismarck in der Eingangshalle von Gut Reinfeld. Er schaffte es gerade noch, die absolut notwendigen Formen der Höflichkeit zu wahren, indem er zuerst der Dame des Hauses galant die Hand küsste und die seine dem Herrn desselben reichte. Doch kaum hatte man diesen Teil der Begrüßung mit Anstand hinter sich gebracht, erschien auf der Treppe der eigentliche Grund seines Besuches.

»Johanna!«, rief er, eilte auf die junge Frau im dunkelgrünen Batistkleid zu und schloss sie spontan in seine Arme, um sie sogleich leidenschaftlich zu küssen. »Meine Liebste! Du hast mir so gefehlt!«

Vor Schreck oder vor Erstaunen, oder vor beidem, erwiderte sie seinen Kuss mit ebensolcher Leidenschaft, sodass den sprachlos dabeistehenden Eltern nichts anderes übrig blieb, als ihren Segen zu geben und die beiden Jungverliebten zum Verlobungstrunk in die Stube einzuladen.

Die Tage, die Bismarck bei seiner Verlobten in Reinfeld verbrachte, waren für ihn seit Langem die glücklichsten und fröhlichsten. Nachdem seine zukünftigen Schwiegereltern den ersten Schrecken überwunden hatten, schlossen sie den bärtigen Junker mit den eigenartigen Ansichten und dem noch eigenartigeren Humor bald in ihre Herzen und behandelten ihn kaum anders als einen eigenen Sohn. Vater Puttkamer unterhielt sich abends bei einem Gläschen Laubenheimer und Pfeife über Kirche und Politik mit ihm, während Mutter Puttkamer ihn fast täglich zum Patiencespiel nötigte.

Am darauffolgenden Wochenende wurde die Verwandtschaft eingeladen und gleichsam vor vollendete Tatsachen gestellt, als Heinrich von Puttkamer während des Essens sein Glas erhob und die Verlobung seiner Tochter mit Otto von Bismarck verkündete. Manch einem der strenggläubigen, altmodisch veranlagten Familienmitgliedern mochte diese Ankündigung die Sprache verschlagen haben. Dennoch waren selbst Johannas biedere Cousinen bemüht, etwas Gutes an Bismarck zu finden und es auch der Cousine gegenüber im passenden Moment zu äußern.

»Nein, ein schlechter Kerl ist er nicht«, meinte Franziska, als sich die Herren am Abend mit Wein und Pfeife in den nebenan gelegenen Salon zurückgezogen hatten, und griff nach ihrer Handarbeit. »Und er liebt dich wirklich, Hanna, das kann man deutlich spüren, wenn er dich nur ansieht. Du hast es gut, von einem solchen Mann geliebt zu werden. Laura!«, sagte sie vorwurfsvoll an ihre andere Cousine gewandt, die ihr im Sessel gegenübersaß, »zieh nur nicht gleich wieder so skeptisch die Stirn in Falten, du bist ja nur neidisch, weil du keinen wie den Bismarck abbekommen hast.«

Laura errötete, verbarg ihr Gesicht aber gleich wieder hinter ihrem Stickrahmen und sagte: »Nein, das bin ich ganz gewiss nicht. Aber Johanna ist genau die Richtige für ihn, sie wird ihn sich schon unbemerkt zurechtbiegen. Nicht wahr, Hanna, du kannst ihn doch nicht so heiraten, wie er ist, mit seinen gruseligen Ansichten über unseren Glauben?«

Johanna atmete tief durch. »Nein, das wohl nicht. Aber ich bin guter Hoffnung, dass er sich doch noch bekehren lässt. Wenigstens hat er schon angefangen, die Bibel zu lesen. Und ich bete jeden Tag für ihn. Komm, Laura, lass uns etwas singen. Ich habe dich so lange nicht am Klavier gehört und du spielst so viel besser als ich!«

Kurz darauf betraten, angelockt von den lieblichen Klängen, die Männer wieder den Raum und Bismarck forderte seine Braut – zum grenzenlosen Erstaunen der anderen Gäste – zum Tanz auf. Doch nicht einmal der alte Puttkamer schien etwas dagegen einzuwenden zu haben, im Gegenteil: Er wippte sogar heimlich mit dem Fuß im Walzertakt, während seine Tochter mit fliegenden Röcken und vor Freude geröteten Wangen sich an ihm vorbeidrehte.

Mit ganz unterschiedlichen Gefühlen verabschiedete Familie von Puttkamer einige Tage später den Mann, der ihr bis dahin so geordnetes, beschauliches Leben so gehörig durcheinandergebracht hatte: Glück, Stolz,

Schmerz und auch etwas wie Erleichterung standen Frau Luitgarde ins Gesicht geschrieben, während ihr Gatte versuchte, alles, was er empfinden mochte, durch ein unverständliches Gebrummel zu überspielen, unter welchem er sofort nach der Abreise in sein Arbeitszimmer verschwand.

»Nun ist er also fort«, stellte Luitgarde sinnreich fest und warf ihrer Tochter dabei einen heimlichen Seitenblick zu.

»Ja«, flüsterte Johanna, ohne ihre Mutter dabei anzusehen. In ihren dunklen Augen standen Tränen. »Aber er wird bald wiederkommen, Mama. Er hat's versprochen. Spätestens, wenn das Eis von der Elbe ist, kommt er wieder. Und dann gibt es ja auch noch so viel zu tun für die Hochzeit!«

Ihre Mutter seufzte. »Oh ja, die Hochzeit, natürlich! Weiß Gott, was er sich dabei gedacht hat – was ihr *beide* euch dabei gedacht habt, noch in diesem Jahr heiraten zu wollen. Wozu die Eile? Kann er denn nicht warten?«

Johanna sah sie nur aus großen, feuchten Augen an, und da erkannte ihre Mutter, dass, ganz gleich, ob *er* es konnte, *sie* es nicht können würde. Dass ihre einzige Tochter eine solche Sehnsucht danach hatte, sich zu verheiraten, hatte sie nie gewusst – aber vielleicht war diese Sehnsucht auch erst in ihr erwacht, als sie Bismarck kennen- und lieben gelernt hatte.

Schweigend gingen sie ins Haus zurück, das ihnen beiden plötzlich sehr leer vorkam. Wie leer aber und wie einsam würde es den Alten erst im nächsten Winter vorkommen, wenn Johanna nicht mehr da war?

Doch die Wartezeit, die Johanna ganz und gar endlos vorkam, verging für Bismarck zunächst wie im Fluge: Der Winter war lang und hart, erst im März begann das Eis auf der Elbe zu schmelzen und er hatte mehr als genug zu tun, die Abläufe zu überwachen. Im Mai wurde er zudem in den preußischen Landtag abberufen, einer der Abgeordneten war zurückgetreten und man hatte ihn für den Posten vorgeschlagen – ein kleiner, aber bedeutender Meilenstein für seine politische Karriere. Von da an ging es, neben seiner Arbeit als Deichhauptmann, von einer Landtagssitzung zur nächsten, sodass Bismarck oft klagte, zu wenig Zeit zu haben, seiner Braut zu schreiben oder gar sie zu besuchen, was er am liebsten wöchentlich getan hätte. Er schrieb ihr dennoch, so oft er konnte, manchmal sogar zwei Mal am Tag.

Bismarck hatte auf dem Kniephof, seinem Heimatgut, einen Pächter eingesetzt, Abschied genommen und war seit dem Frühjahr sehr bemüht, in Schönhausen alles für die Ankunft seiner Braut herzurichten. Im Mai besuchte ihn dort Johannas Vater, um sich das zukünftige Zuhause seiner Tochter anzusehen. Er war sehr zufrieden damit. Ebenfalls zufrieden war der alte Puttkamer mit den politischen Aktivitäten Bismarcks. Schließlich war er selbst in der Politik aktiv, ebenso wie viele seiner pietistischen Freunde, und konnte nichts Schlechtes daran finden, wenn sein Schwiegersohn, der sich seiner Ansicht nach lange genug um nichts anderes als sich selbst gekümmert hatte, etwas unternahm, um diesem sinn- und tatenlosen Dahinleben ein Ende zu setzen. Sonst hätte er sich am Ende noch für seinen Schwiegersohn schämen müssen! So aber schrieb er höchst vergnügt nach Hause an seine beiden Frauen und berichtete ihnen aufs Kleinste, wie es in Schönhausen aussah und wie der Wein schmeckte.

Im Juni kam Bismarck noch einmal zu Besuch nach Reinfeld, zum letzten Mal, wie er zum Abschied fröhlich sagte, als Gast. Beim nächsten Mal würde er dann ja schon ein Teil der Familie sein.

Die Hochzeit war für den 28. Juli geplant, das Aufgebot war bereits bestellt, und Bismarck kam es nie in den Sinn, dass diese wohldurchdachten Pläne kurz darauf noch einmal fast durchkreuzt werden könnten.

Doch dann erreichte ihn ein Brief aus Reinfeld, der ihn zutiefst beunruhigte und um dessen Inhalt willen er – hätte es seine Zeit erlaubt – sofort dorthin gereist wäre: Johanna war schwer erkrankt, man befürchtete, es sei das lebensgefährliche Scharlachfieber. Die Puttkamers drängten nun, die Hochzeit zu verschieben.

Davon aber wollte der bis über beide Ohren verliebte Bismarck nichts hören!

Als meine Frau kannst Du ebenso gut krank sein wie als Braut. Wenn ich Dich nur erst in meinem Arme halte, so will ich Dein Arzt sein. – Ich bitte Dich dringend, mir in diesem Falle gegen die Eltern beizustehen.

Punkt! Er versiegelte den Brief auf der Stelle und brachte ihn höchstpersönlich nach Jericho zum Postamt.

Die Erkrankung seiner Braut zog sich länger hin und nahm einen ernsteren Verlauf, als Bismarck es angenommen hatte. So schrieb Johanna ihm auf seinen energischen, aber gut gemeinten Brief: *Überlege bereits, ob es unter diesen Umständen nicht sinnvoll ist, Brunette zu verkaufen.* Brunette war die gutmütige, braune Stute, die er Johanna geschenkt hatte, damit sie »endlich vernünftig reiten lerne«, denn das müsse sie als Frau eines Landadligen einfach können.

Kommt nicht infrage!, schrieb Bismarck prompt zurück. *Du würdest es nur bereuen, spätestens, wenn Du wieder ganz genesen bist. Ein zweites solches Pferd wie Deine Brunette finde ich so schnell nicht wieder für Dich. Wer soll mich dann auf meinen morgendlichen Ausflügen zu Pferde begleiten? Die Hunde? Die laufen sowieso mit, aber sie können freilich nicht reden wie Du und schon gar nicht so lachen, mein Engel! Behalt die Stute nur, Du wirst sie schon noch wieder brauchen. Ich komme zu Dir, so schnell ich kann!*

Gesagt, getan – zum Entsetzen seiner zukünftigen Schwiegermutter ließ Bismarck sich durch Johannas Krankheit ganz und gar nicht davon abhalten, sie in Reinfeld zu besuchen, und das wenige Wochen vor der geplanten Hochzeit. Er hatte es sich in den Kopf gesetzt, dass an dem Datum nicht gerüttelt werde – und dazu musste er persönlich mit den Eltern sprechen.

»Sie sehen doch nun selbst, wie schwach sie ist«, erklärte der alte Puttkamer dem verliebten jungen Mann, der sich nicht hatte hindern lassen, am Bett seiner Liebsten zu sitzen und ihr die Hand zu halten. »Verschieben Sie die Hochzeit – nur um ein paar Monate, bis in den Frühling, dann wird sie sich richtig erholt haben und hat auch viel mehr von der Feier und der Reise … Sie wollen doch auf Hochzeitsreise gehen, nicht wahr?«

»Natürlich, und die kann ich auch gut verschieben, wenn es denn vonnöten sein sollte, sogar bis zum nächsten Frühling. Aber die Hochzeit selbst – bedaure, da muss ich Ihnen mein Nein aussprechen. Mein allerdeutlichstes Nein. Johanna wird noch oft genug krank sein in ihrem Leben, ich womöglich auch, von den Kindern, die wir, so Gott will, einmal haben werden, ganz zu schweigen. Warum soll sie dann nicht gleich am Anfang krank sein? Was macht es schon für einen Unterschied?«

Puttkamer begann unruhig auf seinem Stuhl hin und her zu rutschen. Ihm gefiel der Starrsinn dieses jungen Bismarcks ganz und gar nicht – auf der anderen Seite beeindruckte es ihn auch, dass er so leidenschaftlich von Johanna sprach. Wenigstens konnte er sich der Aufrichtigkeit seiner Gefühle jetzt sicher sein. Aber wenn sie Johanna einmal aus dem Haus gegeben hatten, würden sie nie wieder irgendwelchen nennenswerten Einfluss auf ihr Tun haben. Sie mussten sie Otto von Bismarck – und Gott – ganz und gar und unwiederbringlich anvertrauen.

Würde seine Frau das können?

Mit einem heimlichen Seitenblick auf Luitgarde, die, mit dem Rücken zu ihnen gewandt, am Fenster stand und leise schniefte, musste er diese Frage vor sich selbst wohl verneinen. Sie würde Johanna unfraglich schmerzlich vermissen – er sie auch! – und keine ruhige Minute haben, wenn sie nicht täglich von ihr hörte. Nein, man musste ihr den Abschied auf jeden Fall so leicht wie möglich machen, und eine kranke Tochter verheiratete man nicht. Punkt.

»Für Sie mag es keinen Unterschied machen, für Johanna sehr wohl, und für uns auch. Wenn wir unsere einzige Tochter verheiraten, dann wollen wir auch, dass sie ihre Hochzeit als den allerschönsten Tag erlebt, und sich nicht die ganze Zeit über heimlich nach ihrem Bett sehnt. Fragen Sie Johanna, wenn Sie partout glauben, dass sie in dieser Sache mit Ihnen einer Meinung ist. Ich glaube kaum, dass ihr der Sinn im Moment nach Heiraten steht.«

»Du kannst ihn doch nicht jetzt schon wieder in ihr Zimmer, zu ihr ans Bett lassen!«, rief Frau Luitgarde da vom Fenster aus und drehte sich abrupt auf ihren Absätzen zu ihnen um. »Sie ist gerade eingeschlafen, und ich werde nicht zulassen, dass ihr sie aufweckt, um diese sinnlose Frage zu stellen. Natürlich wird sie seiner Meinung sein, Heinrich. Sie ist verliebt!«

Puttkamer hob beschwichtigend die Hände, doch bevor er etwas entgegensetzen konnte, war seine Frau schon erhobenen Kopfes aus dem Zimmer entschwunden, eine Wolke von Zorn und Veilchenparfum hinter sich lassend.

»Sie sehen«, sagte er etwas übertrieben seufzend an seinen Gast gewandt, »ich kann nichts ausrichten. Warten Sie noch ein paar Tage, vielleicht findet sich ja alles noch ganz von selbst. Wie wäre es inzwischen mit einem Gläschen Laubenheimer?«

Entgegen aller Erwartungen wurde die Hochzeit dann doch noch zum vereinbarten Zeitpunkt gefeiert. In kleinem Kreise – außer der Familie waren nur Moritz von Blanckenburg und Hans von Kleist-Retzow anwesend – traf man sich am Morgen des 28. Julis in der Kirche zu Alten-Kolzigow, wo Pfarrer Sauer, der Johanna schon konfirmiert hatte, das Paar traute. Johanna, als wäre sie entschlossen, es allen zu zeigen, dass sie wieder ganz gesund war, antwortete auf die entscheidende Frage mit einem so lauten, kräftigen Ja, dass ihre Cousinen untereinander aufgeregt zu tuscheln begannen und von ihren Müttern zum Schweigen gebracht werden mussten: War das dieselbe schüchterne Johanna, die sonst in Anwesenheit eines Mannes kaum ein Wort herausgebracht hatte? – Der große, stattliche Mann hingegen, der im schwarzen Frack neben ihr stand und sie die ganze Zeit über verliebt anblickte, konnte das Ja kaum hörbar über die Lippen bringen, so offensichtlich berührt war er von der ganzen Situation.

Gerührt war auch der stolze Brautvater, der später die Rede an der Hochzeitstafel halten sollte und vor lauter Stolz, Dankbarkeit und Rührseligkeit keine drei zusammenhängenden Sätze zustande brachte. So nahm er stattdessen erst die Tochter, dann den Schwiegersohn in die Arme und küsste sie – da jubelte die Hochzeitsgesellschaft!

»So, Bismarck, du schlauer Jäger, nun kannst du ja endlich befriedigt deiner Wege ziehen, mit deiner köstlichen pommerschen Beute«, scherzte Hans von Kleist-Retzow zum Abschied, klopfte dem Freund ein paar Mal auf die Schulter und zwinkerte ihm im Hinausgehen zu. »Leb wohl und pass gut auf sie auf – sie ist ein Juwel!«

Das weiß ich wohl, dachte der Bräutigam mit einem sehnsuchtsvollen Blick auf Johanna, die sich eben von ihren Cousinen verabschiedete. Wenn sie doch nur endlich alle gehen würden!

Johannas Mutter war ebenfalls erkrankt, kaum, dass ihre Tochter gesund geworden war, und hatte sich gleich nach dem Essen auf ihr Zimmer zurückgezogen. So sah sich Bismarck genötigt, den Schwiegervater und die verbliebenen Gäste noch ein wenig zu unterhalten. Das fiel ihm schwer, denn er wollte endlich mit seiner Liebsten allein sein, die in ihrem weißen Kleid und mit dem hochgesteckten Haar so hinreißend schön aussah, dass er den Blick beim Essen kaum hatte von ihr wenden können und wenig zu sich genommen hatte – und das, obwohl das Essen ganz vorzüglich gewesen war. Die Puttkamers hatten sich die Hochzeit ihrer einzigen Tochter einiges kosten lassen: Austern und Hirschkeule mit Trüffeln und was sonst noch das Herz eines Feinschmeckers begehrte.

Endlich aber waren auch die letzten Gäste nach Hause gegangen und Bismarck fand sich allein mit seiner jungen Braut auf dem liebevoll hergerichteten Zimmer.

»Du bist wunderschön, meine geliebte Johanna. Komm her! – Nein, warte, bleib noch einen Augenblick so stehen, damit ich dich besser anschauen kann. Weißt du eigentlich, dass deine Augen im Licht ganz geheimnisvoll funkeln?«

Johanna trat verlegen von einem Fuß auf den anderen. Sie war es nicht gewohnt, so ungeniert angesehen zu werden, noch dazu von einem Mann – und dass dieser auf der Bettkante saß, ein Glas Champagner in der Hand, machte es nicht leichter. Sie sah auf ihre nackten Füße hinunter, die in dem weichen Teppich fast versanken, und wünschte, sie könnte gleichsam mit ihnen versinken, so groß war ihre Scham.

Doch ihr Bräutigam spürte ihre Unsicherheit und stellte sein Glas beiseite, stand auf und trat zu ihr. Er legte seine Arme um ihre schmale Taille und zog sie dicht an sich. »Hab keine Angst, *ma chère* Jeanneton, mein Engel, mein Liebchen! Ich tue dir doch nichts Böses, ganz bestimmt nicht. Das verspreche ich dir, so wahr ich hier stehe. Es soll mir die ehrenvollste und ernsthafteste Aufgabe im Leben sein, dich stets zu beschützen und zu bewahren, Gott sei mein Zeuge! Und nun komm, mein Liebes, dir wird ganz kalt, wenn du so nahezu unbekleidet dastehst, das Feuer ist auch schon am Verlöschen. Da wollen wir es uns lieber schnell unter der Decke gemütlich machen.«

Zögernd sah Johanna zu ihm auf. Er hielt ihre Hand fest in der seinen, küsste sie zärtlich und zog sie dann sanft, aber bestimmt mit sich. Wenn sie immer noch Angst hatte, so ließ sie es sich jetzt nicht mehr anmerken. Sie hatte diesen Mann geheiratet, weil sie ihn liebte und weil es ihr höchstes Ziel war, ihn glücklich zu machen. Sie wusste, dass er das, was er soeben gesagt hatte, mit jedem Wort ernst meinte, und als er sie erneut in seine Arme schloss, war es, als würde alles, was ihr Angst machte, außerhalb dieser starken Arme bleiben und gleichsam vor ihren Augen sich in nichts auflösen.

Als Johanna am nächsten Morgen erwachte, fand sie sich noch immer in seinem Arm liegend und wagte nicht, sich zu rühren, aus Angst, sie könne ihn wecken. Sie betrachtete sein friedlich schlafendes Gesicht von der Seite und widerstand der Versuchung, ihm über die Nase und die Stirn zu streichen.

Draußen schien schon die helle Julisonne, die Vögel zwitscherten in den Bäumen vor dem Fenster und die Hunde bellten; sicher war Krischan mit ihnen hinausgegangen, oder Papa.

Papa! Mama! Arme, kranke Mama!

Johanna wollte sich eben im Bett aufsetzen, als die Hand Bismarcks sich unter der Decke rührte, ob im Schlaf oder nicht, wusste sie nicht zu sagen, denn seine Augen waren noch immer geschlossen. Also kuschelte sie sich wieder fest unter die Decke, legte ihre Hand in die seine und schloss selbst noch einmal die Augen. Sie war verheiratet, sie lag hier bei ihrem Mann im Arm, da sollte sie nicht mehr ständig an ihre Eltern denken. Sie gehörte jetzt zu Bismarck, mit Körper, Geist und ihrem ganzen Herzen.

In der heißen Mittagssonne stand Heinrich von Puttkamer auf den Stufen des Gutshauses und sah hilflos dem sich eilig entfernenden Gespann nach, das seine Tochter für immer von hier fortbrachte, in eine unbekannte Zukunft, in ihr neues Leben als Frau von Bismarck. Die beiden Frischvermählten waren gleich nach dem Frühstück – um elf! – aufgebrochen; er selbst hatte schweigend dabeigestanden und beobachtet, wie man die unzähligen Kisten, Schachteln und Koffer auf die Kutsche verladen hatte, bis diese sich unter dem Gewicht ein wenig zu senken begann. Das Brautpaar selbst hingegen schien vollkommen unbekümmert. Sie wussten nicht einmal, wohin die Hochzeitsreise, die sie von Schönhausen aus antreten würden, gehen sollte.

»Ins Glück«, hatte Bismarck leichthin gesagt und sich die dicke, goldgelbe Butter auf sein Weißbrot gestrichen. Dabei hatte er Johanna über den Tisch hinweg lachend angesehen, als hätte er sich einen tollen Scherz erlaubt. Sie hatte daraufhin nur scheu den Blick gesenkt und getan, als wäre sie mit ihrem Kaffee beschäftigt. Dann hatte sie ihren Vater angesehen und sich nach dem Befinden ihrer Mutter erkundigt – zum zweiten Mal, seitdem sie Platz genommen hatten –, ohne weiter auf das Thema Hochzeitsreise einzugehen. Ihrem Vater war nicht entgangen, dass sie sich wohl ein wenig für das Verhalten ihres Mannes schämte. Aber da sie ein friedfertiges und harmonieliebendes Gemüt hatte, hatte sie nichts gesagt.

»Von den vier widerspenstigen Ritterfamilien, die hier in dieser Gegend leben«, hatte der verstorbene König Friedrich Wilhelm I. vor vielen Jahren einmal gesagt, »sind die von Bismarcks bei Weitem die vornehmsten und die schlimmsten!«

Das mag wohl sein, dachte der alte Herr bei sich, als er die beiden Hunde heulen hörte, die bis zum Ende der Allee ihrer Herrin nachgelaufen waren und jetzt dort am Eingangstor saßen, die Nasen in den Wind gereckt hielten und die Welt nicht mehr verstanden.

Ach, Johanna, entfuhr es Puttkamer im Geiste, *wenn du nur glücklich wirst, dann werden wir es wohl auch werden. Oder werden müssen, wie es aussieht, da wir nun einmal nichts mehr an der Sache ändern können.*

Frau von Bismarck – nun, das hörte sich zumindest nach etwas an. Er war ja durchaus stolz auf seinen Schwiegersohn, der nicht nur einen guten Namen, sondern auch – bei aller Verrücktheit, die man ihm nachsagte – Intelligenz, Ehrgeiz und viel Herzensgüte besaß und seine junge Braut offensichtlich innig liebte. Das war mehr, als die meisten Väter sich in dieser Zeit für ihre Töchter erhoffen durften. Bismarck würde Johanna auf Händen tragen, dessen war der geknickte Brautvater sich sicher.

Schwer seufzend drehte er sich um und stieg langsamen Schrittes die Stufen zur Tür hinauf. Wenn er sie nur nicht so weit wegtrüge …

Flitterwochen und Heimkehr nach Schönhausen

Der Verwalter von Schönhausen und seine Frau hatten sich alle erdenkliche Mühe gegeben, das Schloss für die Heimkehr der Jungvermählten so schön wie möglich herzurichten. Als der Break in die Schlossallee einbog, sah Johanna vom Fenster aus mit Entzücken überall Blumen am Wegesrand; die Allee selbst war mit gelbem Grand bestreut, dass es nur so glitzerte und funkelte in der Spätnachmittagssonne, und unter einer Linde standen der Dorflehrer und seine Schüler und sangen dem Paar ein Lied. Johanna winkte unermüdlich, lachte und fühlte sich beinahe wie eine Königin. Dass einige der Umstehenden, die neugierig aus dem Dorf heraufgekommen waren, um die »gnädige Frau« in Augenschein zu nehmen, sie als »keine besondere Schönheit« bezeichneten, hörte sie nicht. Auch wenn Johanna keinesfalls eitel war, hätte sie diese Herabsetzung gewiss verletzt.

»Was sagst du, meine Liebe, ist das ein Empfang?«, fragte Bismarck und beugte sich zu Johanna hinüber. »Ich muss sagen, Bellin hat sich redliche Mühe gegeben ... Ach, du meine Güte, da steht der alte Schrader – unser Dorfpfarrer ist geradezu berüchtigt für seine nie enden wollenden Predigten. Bestimmt müssen wir gleich eine Rede von nicht zu knapper Länge über uns ergehen lassen.«

Johanna lachte und drückte seine Hand. »Ich werde es verkraften können. Oh, sieh nur, da stehen deine Hunde! Groß und stattlich wie ihr Herr. Wie schön, dass du auch welche hast, so werde ich die unsrigen nicht so schmerzlich vermissen.«

»Es *sind* ja unsere«, verbesserte Bismarck liebevoll. »Alles, was mein ist, ist jetzt auch dein. Du bist die bessere Hälfte meines Lebens und also auch berechtigt, über alles zu herrschen, was du auf Schönhausen findest – oder wo auch immer wir in Zukunft zu Hause sein mögen.«

Johanna konnte noch nicht ahnen, dass Bismarck mit dieser Bemerkung auf die Möglichkeit anspielte, eine politische Laufbahn einzuschlagen, die sie als Familie zwingen könnte, nach Berlin oder anderswo hinzugehen, um dem König und Preußen zu dienen. Vielleicht verstand sie diese Bemerkung auch nur als Ausdruck seiner Abenteuerlust und Reisefreude. Jedenfalls strahlte sie ihn glücklich an, als der Wagen vor dem Portal zum Halten kam. Sie konnte es kaum erwarten, hineinzugehen und das Schloss zu besichtigen, das von nun an ihr Zuhause sein sollte.

Nachdem sie die Ansprache des Pfarrers über sich hatten ergehen lassen – Johanna fand ihn ganz reizend und konnte gar nicht verstehen, was Bismarck an ihm auszusetzen hatte, außer, dass er vielleicht wirklich ein klein wenig zu lang geredet hatte –, betraten sie Arm in Arm die Halle. Ein niedliches kleines Bauernmädchen mit dunkelbraunen Locken kam ihnen entgegen und überreichte Johanna stumm lächelnd und mit einem tiefen Knicks, bei dem sie fast das Gleichgewicht verlor, einen Feldblumenstrauß, der mit blauen und goldenen Bändern – den bismarckschen Farben – umwickelt war.

»Danke schön«, sagte Johanna und lächelte das kleine Mädchen freundlich an. »Die sind wunderschön, vielen Dank!«

Es war nicht festzustellen, wer von beiden in größerer Verlegenheit war, das Bauernmädchen oder die junge, frischvermählte Frau von Bismarck. Dankbar ließ Johanna sich, da ihr Mann offensichtlich dringend Geschäftliches zu erledigen hatte, von Frau Bellin am Arm nehmen und das weitläufige Schloss zeigen.

Wie im Traum erlebte Johanna diese erste Führung. Im Gegensatz zu den eher bescheidenen Verhältnissen, die sie von Reinfeld her gewohnt war, war Schönhausen ein Märchenschloss. Johanna wurde es nicht müde, alles zu bewundern: von den edlen Ledertapeten, den mit glänzender Seide bezogenen Stühlen, dem Alabasterkamin in der Bibliothek, über die schweren Rubingläser in den Vitrinen bis hin zu den alten Gemälden der adligen Vorfahren. Jeder Raum, den sie betraten, schien schöner, eleganter, romantischer zu sein als der vorhergegangene, und als Johanna an eines der hohen Fenster im ersten Stock trat und in den Garten hinabsah, entfuhr ihr ein Seufzer schier endlosen Glücks.

»Das ist ja wie im Märchen, Frau Bellin! Man kann kaum glauben, dass es wirklich wahr ist – es ist geradezu ...«, sie suchte nach dem richtigen Wort, »... überirdisch!«

Frau Bellin lächelte. »Ja, gnädige Frau, das ist es wohl, wenn Sie es sagen. Aber Sie werden das alles hier erst zum Leben erwecken müssen, fürchte ich. Die alten Gemäuer waren allzu lange unbewohnt und all die schönen Zimmer lagen verlassen da, abgesehen von den wenigen Räumen, in denen der gnädige Herr – Gott hab ihn selig – bis zum Schluss gewohnt hat.«

Sie zog ihren Schlüsselbund aus der Schürzentasche, um eine weitere Tür zu öffnen. »Hier ist das Musikzimmer ...«

Die Tür schwang knarrend auf und sie kamen in einen länglichen Raum, der dunkel und ganz und gar nicht einladend wirkte. Frau Bellin seufzte. »Auf dem Klavier hat seit Jahren niemand mehr gespielt ... spielen Sie, gnädige Frau?«

»Ein wenig«, gab Johanna bescheiden zu.

In Wirklichkeit spielte sie recht gut, wenngleich nicht besonders leidenschaftlich; das Klavierspiel war für sie stets mehr eine Pflicht gewesen als alles andere. Nur manchmal, wenn sie alleine und in der rechten Stimmung war, spielte sie gerne – romantische Töne, langsame Walzermelodien, die sie ihrer Mutter zuliebe, die das Tanzen für sündhaft hielt, nie vor Publikum spielen würde.

Johanna sah sich in dem Zimmer um. Außer dem Flügel, der mit einem weißen Leintuch verhängt war, stand nicht viel darin, nur ein paar alt und nicht besonders stabil aussehende Stühle, ein Kartentisch mit zerkratzter Mahagonioberfläche und ein Spiegel, der ebenfalls verhüllt war. Es roch muffig und staubig, ihr wurde beinahe übel und sie drängte hinaus. »Kommen Sie, Frau Bellin, zeigen Sie mir lieber den Garten – die Sonne ist ja noch nicht untergegangen, und vielleicht kommt ja mein lieber Gatte auch noch mit hinaus.«

»Gerne, gnädige Frau. Folgen Sie mir, aber haben sie acht auf Ihren Schritt, die Stufen sind alle frisch gewienert und gewichst. Wir wollen ja nicht, dass Sie sich noch vor Beginn der Hochzeitsreise den Fuß brechen.«

Gerührt über so viel Besorgnis folgte Johanna der Hausangestellten die breite Treppe hinunter, die tatsächlich glänzte, als habe man sie mit dunklem Tannenhonig überzogen, und trat wenig später in den Garten hinaus. Die Sonne stand schon recht tief, aber es war immer noch warm und die Vögel zwitscherten vergnügt in den Bäumen.

Johanna entdeckte eine weiße Rundbank unter einer mächtigen Eiche und lief darauf zu.

»Oh, wie herrlich ist das hier!«, rief sie glücklich und ließ sich auf die Bank fallen. »Dies wird mein Lieblingsplatz, hier werde ich an warmen Sommernachmittagen sitzen und auf meinen Bismarck warten, wenn er, so wie jetzt, mit seinen Geschäften zu tun hat ... Oh, Frau Bellin, die Steinfiguren dort bei der Terrasse sehen aber recht merkwürdig aus, wer hat denn die auf so grauenvolle Weise amputiert?«

Frau Bellin hob die Hände zum Himmel. »Das war unser gnädiger Herr in seinen wilden Junkerzeiten, er hat ihnen allen die Finger und manchen sogar die Nasen abgeschossen. Sieht es nicht fürchterlich aus?«

»Ja, ganz fürchterlich. Ich werde ihn bitten, die Figuren ganz entfernen zu lassen, sie sind ja eine Schande für den Park!« Johanna sah sich von ihrem Platz aus um. »Und dabei ist es so wunderschön hier! – Danke, Frau Bellin, ich glaube, ich bleibe jetzt hier sitzen und warte auf meinen Mann. Sagen Sie ihm nur, dass ich hier auf ihn warte.«

»Gerne, gnädige Frau.«

Frau Bellin entfernte sich und Johanna schloss mit einem glücklichen Seufzer die Augen. Für sie war ein Märchen wahr geworden.

Als Bismarck eine halbe Stunde später hinzukam, um sie abzuholen, war sie so in ihre Träumerei versunken, dass sie beim Klang seiner Stimme zusammenfuhr.

»Verzeih mir, ich wollte dich nicht erschrecken, mein Kätzchen!«, lachte er und bot ihr seinen Arm. »Ich wollte dich nur zu einem kleinen Abendspaziergang abholen. Hier, ich habe dir einen Schal mitgebracht, damit du dich nicht verkühlst.«

Fürsorglich legte er erst den Schal, dann seinen Arm um ihre Schultern und führte sie den Weg an den Rosenbeeten vorbei in den hinteren Teil des Parks, der bereits ganz im Schatten der hohen Bäume lag, die ihn zu allen Seiten hin abgrenzten.

Bis zum Einbruch der Dunkelheit wanderten die beiden Arm in Arm, manchmal plaudernd, hin und wieder lachend, doch zumeist nur glücklich schweigend, im Park herum. Die Grillen zirpten, bei den Teichen hinten quakten die Frösche, aber ansonsten war alles still. Immer dichter drängte sich Johanna an ihren Mann, sah dann und wann glücklich lächelnd zu ihm auf und wusste jedes Mal, wenn er ihr Lächeln erwiderte, dass sie kein größeres Glück hätte finden können.

Leider erlaubte Bismarcks Arbeit für den Landtag es ihm nicht, sich so intensiv um seine junge Frau zu kümmern, wie er es gern getan hätte. So verbrachte Johanna den ersten Teil der Flitterwochen – wenigstens tagsüber – notgedrungen allein oder in Gesellschaft von Frau Bellin, die es nie müde wurde, von ihrem Herrn zu erzählen und dabei der neuen Herrin das gesamte Anwesen zu zeigen, von den Kellergewölben bis in den Dachboden, vom Vorgarten bis in die hintersten Ecken des Parks.

Oft ritt Johanna auch auf Brunette die Grenzen Schönhausens ab, wenn Bismarck keine Zeit für sie hatte. Begleitet wurde sie hierbei von dem Stallknecht, der ihren nie enden wollenden Strom von Fragen stets geduldig beantwortete. Die junge Frau war überwältigt von der Größe und der Schönheit des Anwesens und fühlte jedes Mal auch ein wenig Stolz dabei, wenn sie vom Dorf heraufkam und das Schloss erblickte. Ihr Zuhause!

Begegnete sie unterwegs Menschen, hielt sie jedes Mal an, beugte sich vom Pferd herunter und reichte ihnen die Hand – eine Geste der Höflichkeit und des aufrichtigen Interesses. Sie erkundigte sich eingehend nach dem Wohlbefinden und nach der Familie, ließ herzliche Grüße ausrichten und ritt dann fröhlich weiter ihres Weges. Diese Fröhlichkeit, diese natürliche Anmut und die Herzlichkeit, die Johanna ausstrahlte, machte sie bald sehr beliebt bei den Menschen in Schönhausen. Bismarck, der davon hörte, war stolz auf seine Frau.

Abendeinladungen schlug das junge Paar meist aus, bei all der Arbeit Bismarcks, die es ihnen am Tag kaum ermöglichte, zusammen zu sein, wollten sie wenigstens die Abendstunden für sich allein genießen. Auch empfanden sie die wenigen Pflichtbesuche, die ihnen in dieser Zeit abgestattet wurden, als lästig und waren jedes Mal froh, wieder allein zu sein. In aller Ruhe planten sie an diesen Abenden ihre Hochzeitsreise, auf die Johanna sich unbändig freute. Hätte Bismarck ihr im Scherz eine Wanderung auf den Kilimandscharo vorgeschlagen, so hätte sie ihm vermutlich auch das geglaubt und sich gefreut. Sie war so begeistert von der Aussicht, vier Wochen lang allein mit ihrem geliebten Ehemann unterwegs zu sein, fern von gesellschaftlichen Pflichten und vom Landtag. Johanna konnte es kaum erwarten, die Koffer zu packen und loszufahren, und schrieb am Abend vor der Abreise noch an ihre Eltern – damit diese sich nicht sorgten –, dass sie auch ganz bestimmt vorsichtig sein würden. Bismarck setzte noch hinzu, dass sie überdies auch sparsam sein würden, damit sie sich wenigstens in dieser Hinsicht keine Sorgen machten, denn er kannte seine Schwiegereltern schon recht gut. Sparsam war Johanna von Haus aus – Bismarck dagegen nicht. Aber vielleicht waren sie gerade deshalb so gut füreinander geschaffen: Johanna lernte im Laufe der Zeit von ihrem Mann, ein wenig unbefangener durchs Leben zu gehen. Bismarck lernte, etwas vorsichtiger und geduldiger zu sein.

»Mit unbekanntem Ziel«, aber fröhlich und voller gespannter Erwartung verließen die beiden Jungvermählten eine Woche später die Altmark und machten, da es Johannas Herzenswunsch war, zuerst in Wien Station. Johanna war begeistert von der alten Kaiserstadt und drängte ihren Mann noch am ersten Abend, als sie den Park von Schönbrunn durchstreiften, auf die Gloriette hinaufzusteigen, von wo sie einen Panoramablick auf die Altstadt hatten.

»Ist es nicht herrlich?«, rief Johanna gegen den aufkommenden Wind und zupfte Bismarck am Ärmel. »Ach, Ottochen, steh doch nicht so steif da, als wüsstest du nicht, was du hier oben solltest! Sieh doch, sieh! Wien liegt uns zu Füßen!«

Bismarck legte einen Arm um seine Frau. »Ja, Johanna, ich sehe es durchaus. Ich bin eben nicht mehr so jung wie du, mein Liebes. Ich habe von der Welt schon zu viel gesehen, wie es scheint, dass mich solch ein Anblick nicht mehr so leicht aus der Fasson bringen kann.«

»Alt!«, lachte sie und küsste ihn übermütig auf die Nase. »Du bist nicht alt – nur ein wenig müde, wie mir scheint. Du sehnst dich wahrscheinlich nach einem guten Essen und einem Glas Wein. Komm, Ottochen, mein Liebster, lass uns hinuntergehen, es wird auch frisch hier oben und ich möchte nicht schon wieder krank sein. Wir haben ja noch so viel vor!«

Das haben wir allerdings, dachte Bismarck, nun gutmütig lächelnd, und ließ seinen Arm, wo er war, während sie wieder hinabwanderten. Er freute sich über Johannas kindlich-naive Begeisterung für alle Dinge und beschloss hier und jetzt, alles Menschenmögliche daranzusetzen, ihr in den nächsten Wochen den Himmel auf Erden zu schenken, nur um sie glücklich zu machen.

Sie besuchten Baden und wanderten durch das Helenental, das Johanna besonders gut gefiel, nahmen den Dampfer durch die enge und burgenreiche Wachau und erreichten schließlich Linz. Von dort ging es mit der Bahn in das Salzkammergut nach Ischl und St. Wolfgang. Johanna schrieb oft und mit zunehmender Begeisterung an ihre Eltern.

Es ist so herrlich hier, Ihr könnt es euch gar nicht vorstellen! Heute früh habe ich einen Sonnenaufgang gesehen, wie ihn ein Künstler in Ölfarben nicht schöner hätte malen können, und stellt Euch vor, mein lieber Mann hat ihn verschlafen! Er schläft überhaupt recht viel hier in den Bergen und ist oft müde, aber mir zuliebe macht er alles mit, ich liebe ihn so sehr dafür! Gestern hat er mir in St. Wolfgang Schuhe gekauft, meine waren doch nicht so geeignet für das Bergsteigen. Morgen fahren wir nach Salzburg – ich kann es kaum erwarten!

Viele Grüße und tausend Küsse, Eure Johanna.

Von Salzburg aus fuhren sie über den Brenner nach Venedig. Hier begegneten sie im Theater König Friedrich Wilhelm IV., der sich sehr angetan von dem jungen Landtagsabgeordneten zeigte und Bismarck sogleich für den nächsten Tag zum Empfang in seinen Palazzo einlud. Johanna durfte nicht mitkommen, weil sie dem König noch nicht offiziell vorgestellt worden war. So verbrachte sie einige sehr vergnügliche Stunden allein in der Lagunenstadt, während es ihrem Mann überaus peinlich war, dass er für diesen Anlass nicht einmal einen geeigneten Anzug mitgebracht hatte.

»Aber Otto, wie hättest du das denn ahnen können? Wir haben für die Flitterwochen gepackt, nicht für eine königliche Audienz!«, meinte Johanna am Frühstückstisch.

»Ja, ja, das weiß ich wohl. Aber dass auch kein einziger vernünftiger Schneider in dieser Stadt aufzutreiben ist, der mir aus der Klemme hätte helfen können!«, rief Bismarck und warf verärgert die Serviette auf den Tisch. »Nun, ich werde mich eben für meinen unangemessenen Aufzug entschuldigen müssen. Es bleibt mir wohl nichts anderes übrig, als so zu gehen, wie ich bin.«

Johanna fand, dass ihr Mann durchaus stattlich und fein genug aussah, sagte aber nichts. Er hatte recht, sie war es nicht gewohnt, bei Hofe zu verkehren, und durfte deswegen nicht viel dazu sagen; außerdem war sie ja nicht eingeladen. Sie war zwar auch ein wenig verletzt, vom König so übergangen zu werden, aber sie wusste, dass es keinen Sinn machte, sich über etwas zu grämen, das sie ohnehin nicht ändern konnte. Solange Otto glücklich war, war sie es auch.

Die Heimreise ging über die Schweiz, wo aufgrund des kalten Septemberwindes ein warmer Wollmantel für Johanna gekauft werden musste. Johanna, die es nicht gewohnt war, so verwöhnt zu werden, freute sich über den schönen, dunkelgrünen Wollstoff und war fast ein wenig enttäuscht, als sie ihn in Heidelberg, wo es angenehm warm und mild war, wieder ausziehen musste.

»Aber der Winter kommt bestimmt, mein Niedchen! Keine Sorge, du wirst den Mantel schon noch tragen – öfter, als dir lieb ist, wahrscheinlich«, scherzte Bismarck und küsste seine Frau.

Über Heidelberg und Mainz fuhren sie rheinabwärts und kehrten Ende September frohen Herzens, aber mit leerer Geldbörse nach Hause zurück. Die Reise war doch teurer geworden als geplant, wobei Bismarck seinen Schwiegereltern in einem Brief versicherte, dass es ihn nicht einen Taler reue, da er eine so wunderschöne Zeit mit ihrer Tochter gehabt habe.

Zu Hause wurden sie von den Bellins mit einer Überraschung erwartet: Man hatte die gesamte Front des Schlosses mit Kerzen illuminiert, um die Heimkehr der Herrschaften zu feiern, worauf prompt die örtliche Feuerwehr angerückt kam, um den vermeintlichen Brand zu löschen. Gelöscht wurde zumindest der Durst der Feuerwehrmänner, indem Bismarck sie alle zum fröhlichen Umtrunk ins Schloss einlud.

»Ach, Otto«, seufzte Johanna später, als sie sich an der Brust ihres Mannes barg. »Wie sind wir doch glücklich, wieder zu Hause zu sein, nicht wahr? Die Reise war schön, aber hier ist es doch am allerschönsten.«

Bismarck fuhr ihr zärtlich durch das dichte, braune Haar. »Mein liebes

Nannchen – wo du mir bist, da bin ich zu Haus. Ob in Schönhausen oder anderswo, ich will nie mehr ohne dich sein. Mein Leben lang will ich dich lieben und dir treu sein.« Er küsste sie. »Und nun schlaf gut, mein Liebstes, und träume etwas Schönes.«

Johanna nickte, schmiegte sich noch enger an ihren Mann und schloss glückselig die Augen. Sie war zu Hause, sie war glücklich. So glücklich …

Wo du mir bist, bin ich zu Haus …

Marie

Auf einen sonnigen und glücklichen, unbeschwerten Herbst und einen kalten, aber durchaus gemütlichen Winter in Schönhausen, den Johanna als den schönsten ihres Lebens empfand, folgte, zumindest politisch gesehen, ein unerwartet stürmischer Frühling: Als Folge der Februarrevolution in Paris kam es auch in Preußen zu Unruhen, die das Königshaus und damit auch den preußischen Adel bedrohten. Johanna und ihre Mutter, die gerade als Gast in Schönhausen weilte, begannen sich ernsthafte Sorgen zu machen, als kurz nach dem Sturz des französischen Bürgerkönigs Louis Philippe auch in Berlin eine Revolution ausbrach. Bismarck machte daraufhin sogleich die Bauern im Dorf mobil, um dem vermeintlich in Not geratenen König in Berlin zu Hilfe zu eilen. Diese Maßnahme stellte sich zwar als unnötig und vonseiten des Hofes sogar als unerwünscht heraus, dennoch schafften es zu Johannas grenzenloser Bestürzung einige »Revolutionäre« aus dem benachbarten Tangermünde mit einer schwarz-rot-goldenen Flagge Schönhausen zu stürmen. Die Bauern, die Bismarck ja in der »Königsfrage« schon ihre Hilfe zugesichert hatten, zögerten nicht, dem Gutsherrn und preußischen Landtagsabgeordneten dabei zu helfen, die Aufsässigen aus dem Dorf zu vertreiben. – Sprachlos staunend beobachteten sie dann, wie Johanna von Bismarck auf dem Dach des Kirchturmes ihrem Mann dabei half, die weiß-schwarze Flagge Preußens aufzuziehen.

Nach diesen Unruhen musste Johanna, inzwischen im vierten Monat schwanger, sich auf Geheiß ihres Mannes und ihrer ständig besorgten Mutter endlich einmal auf sich selbst besinnen und sich schonen. Den Mai verbrachten sie friedlich zusammen in Schönhausen, da Bismarck sich in diesem Jahr noch nicht für die Frankfurter Nationalversammlung zur Wahl gestellt hatte. Danach ging es nach Reinfeld, wo Johanna zunächst bleiben sollte, da Bismarck wieder auf unbestimmte Zeit nach Berlin gerufen worden war. Oft saß sie ganze Nachmittage auf ihrer Lieblingsbank im Garten und las in seinen Briefen, die Hunde ihres Vaters wie immer zu ihren Füßen. Oder sie zog sich in ihr Zimmer zurück, um selbst lange Briefe an den Geliebten zu schreiben. Einsam fühlte sie sich selten, dafür genoss sie es auch zu sehr, wieder zu Hause bei den Eltern zu sein, aber sie vermisste ihren Bismarck schrecklich. Je näher der Zeitpunkt der Entbindung rückte, desto unruhiger wurde sie, besonders abends.

Würde er es schaffen, rechtzeitig da zu sein, wenn das Baby kam? Und würden sie es noch bis nach Schönhausen schaffen, wo das Kind, zumindest wenn es nach Johanna ging, unbedingt zur Welt kommen sollte?

Ihre Sorge stellte sich jedoch als unbegründet heraus.

»Hallo?«, dröhnte eine ihr nur allzu vertraute Männerstimme eines Augustmorgens durch die Eingangshalle des Gutshauses. »Ist hier jemand zu Hause?«

Johanna – ungeachtet ihres Zustands und der missbilligend den Kopf schüttelnden Mutter – flog regelrecht die Treppe hinunter, um sich gleich darauf in die Arme des geliebten Mannes zu stürzen.

»Otto, ach Otto, wie schön, dass du endlich da bist! Ich habe deinen Brief von Sonntag wohl erhalten, hatte aber nicht zu hoffen gewagt, dass du es wirklich so schnell schaffen würdest. Oh, mein herzallerliebster Bismarck, wie habe ich dich vermisst!«

Bismarck wehrte lachend die stürmischen Zärtlichkeiten seiner Frau ab, da es ihm doch ein wenig unangenehm war, vor den Augen des Personals – und seiner Schwiegermutter – so mit Küssen überhäuft zu werden.

»Lass mich doch erst einmal ankommen, Johanna, Teuerste. – Guten Tag, Mutter. Es ist schön, dich wohlauf zu sehen. Hast du dich inzwischen ganz von deiner Erkältung erholt?«

Kaum waren die beiden allein, war Bismarck es, der Johanna sogleich in seine Arme zog und sie leidenschaftlich küsste. »Oh, Johanna, Johanna, wie habe ich dich vermisst! Dich und unser Kleines …«, flüsterte er mit zärtlichem Blick auf ihren wohlgerundeten Bauch. »Ich kann es kaum erwarten, das Kleine endlich im Arm zu halten. Wie lange, glaubst du, wird es jetzt noch dauern? Schaffst du es noch, wenn wir gleich morgen nach Schönhausen aufbrechen? Kannst du die Reise auch bewältigen? – Was sagt der Doktor? Hast du ihn diesbezüglich befragt?«

Johanna lachte. »Aber ja, das schaffe ich bestimmt, wir können sogar noch ein paar Tage hierbleiben, sonst ist Muttschchen auch gar zu sehr enttäuscht. Du weißt doch, dass sie dich immer erst gründlich verwöhnen muss mit feiner, pommerscher Wurst und was sonst noch unsere bescheidene Speisekammer hergibt. Ist denn die Wiege, die du vorigen Monat geordert hast, schon eingetroffen?«

Sie gingen Arm in Arm in den Garten hinaus und setzten sich auf die Terrasse, wo Bismarck sich vornüberbeugte und nach Johannas Händen griff. »Nein, die Wiege ist leider noch nicht angekommen. Ich wage auch kaum zu hoffen, dass sie noch rechtzeitig kommt. Bei diesem Schreiner werde ich in Zukunft ganz bestimmt nichts mehr ordern! Unmögliche Wartezeiten – eine Unverschämtheit ist es geradezu. Aber Liebchen, mach dir deswegen keine Sorgen, wir finden schon einen Schlafplatz für unser Kleines. Und wenn es ein Futtertrog sein muss – sieh mich nicht so erschreckt an, hat denn nicht der Heiland selbst in einer Futterkrippe gelegen? – Na, also, dann wird es wohl auch für unser Kindchen gut genug sein. Und wer weiß, vielleicht findet sich ja noch was Bessres. Bestimmt sogar!«

Er lachte unbekümmert und beschloss, da Johanna ihn immer noch durchdringend ansah, rasch von etwas anderem zu reden und fragte nach ihrer Mutter. »Kommt sie denn gleich mit uns nach Schönhausen oder bleibt sie bei dem Vorsatz, uns nachzureisen?«

Jetzt nickte Johanna und ihre Gesichtszüge entspannten sich ein wenig. »Sie fühlt sich nach ihrer überstandenen Krankheit doch noch etwas schwach auf den Beinen und wird deswegen wohl ein wenig später nachkommen. Wir bleiben aber auch noch ein, zwei Tage, nicht wahr, Ottochen? Bitte!«

Bismarck, heimlich erleichtert darüber, dass Johanna ihm diesmal anscheinend keine ihrer Predigten darüber halten würde, wie man vom Herrgott sprach und wie besser nicht, drückte ihrer beider Hände. »Aber ja, mein Schatz, wenn es dein Herzenswunsch ist. Spätestens am Sonnabend müssen wir uns jedoch auf den Weg machen, sonst habe ich keine Ruhe. Ich möchte nicht, dass unser erstes Kind in der Kutsche zur Welt kommt – ganz ohne Arzt und ohne Hebamme!«

Schon wieder dieser durchdringende Blick, als wolle sie ihm Einhalt gebieten – oder war es Furcht, die in ihren dunklen Augen lag? Hatte sie doch mehr Angst vor der Geburt, als ihm gewahr war?

»Alles wird gut, mein Liebling!«, flüsterte er deshalb und zog sie in seine Arme. »Du brauchst keine Angst zu haben, ich bin bei dir. Alles wird gut …«

Dankbar schmiegte sie sich an ihn. Ja, Bismarck war hier, alles war gut. Mehr brauchte sie nicht zu wissen – alles andere lag in Gottes Hand.

Am Morgen des 21. August 1848 – nur wenige Tage, nachdem das junge Ehepaar in Schönhausen angekommen war – klagte Johanna plötzlich über heftige Schmerzen. Eben noch hatte sie sich, weil sie plötzlich Appetit darauf hatte, eine Weintraube aus der silbernen Schale auf dem Mahagonitisch im Salon genommen. Doch kaum, dass sie sie hinuntergeschluckt hatte, war ihr plötzlich, als schnitte ihr jemand mit einem Messer den Rücken auf. Sie wurde kreidebleich und wankte Halt suchend zum Tisch zurück.

»Otto!«, rief sie keuchend. »Ich glaube, es will kommen – jetzt!«

»Jetzt?! Ja, aber Johanna, es ist doch erst – Frau Bellin!«, unterbrach Bismarck sich selbst, mitleidsvoll auf die vor Schmerz gekrümmte Gestalt blickend, die gerade versuchte, sich an einem Stuhl festzuhalten, da ihre Beine unter ihr nachzugeben drohten. Blitzschnell ergriff er Johanna und geleitete sie zum Sofa, auf das sie sogleich wimmernd niedersank.

»Frau Bellin!«, brüllte er, ohne den Blick von seiner Frau abzuwenden, die todesbleich in den Kissen lag, die Augen geschlossen. »Herrschaftszeiten noch mal, wo steckt denn das Weib? Bestimmt wieder am Schwatzen in der Küche, als hätte sie sonst nichts zu tun … – Frau Bellin! Na, da sind Sie ja endlich. Meine Frau braucht Sie! Das Kind … Bringen Sie sie auf ihr Zimmer, aber schnell, und rufen Sie – nein, lassen Sie, ich rufe selbst den Arzt. Kümmern Sie sich nur um meine Frau.«

Frau Bellin ergriff geistesgegenwärtig den Arm der Schwangeren und half ihr auf, nachdem diese ihr mit leiser, zitternder Stimme versichert hatte, dass es wohl ginge. Mit Frau Bellins Hilfe ging Johanna nach oben.

Bismarck, froh, seine geliebte Frau vorläufig in guten Händen zu wissen, ließ sofort nach Doktor Fricke schicken, der jedoch erst von Tangermünde herüberkommen musste. Der werdende Vater goss sich ein Glas Wein ein, trank es hastig aus und stürmte dann nach oben, um in der Nähe seiner Frau zu sein.

Während er auf die Ankunft des Arztes wartete, schritt er unruhig im Flur vor Johannas Zimmer auf und ab. Durch die Tür drang immer wieder ihr gequältes Stöhnen und Wimmern, manchmal sogar ein lauter Schmerzensschrei.

Als Doktor Fricke gegen Mittag eintraf, war der werdende Vater ein Nervenbündel.

»So, dann wollen wir mal …«, murmelte der Arzt geistesabwesend, während er seine Tasche unter den Arm klemmte, um das Zimmer der Gebärenden zu betreten. Im Vorbeigehen warf er Bismarck einen mitleidsvollen Blick zu. »Mit Verlaub, mein lieber Herr von Bismarck, Sie sehen aus wie ein leibhaftiges Gespenst! Tun Sie sich selbst einen Gefallen, gießen Sie sich ein schönes Gläschen Wein ein, machen Sie es sich draußen auf der Terrasse gemütlich. Sie werden sehen, noch ehe es Abend wird, haben Sie Ihr Kind im Arm, und Ihre Frau auch …«

Ja, ja, dachte Bismarck grimmig, *du hast gut reden, es ist ja nicht deine Frau, die da drinnen schreit …*

Aber er gab sein ewiges Auf- und Abgehen dann schließlich doch auf und folgte dem Rat des Doktors. –

Es wurde acht Uhr abends, bis das Geschrei eines Säuglings durch die Flure des Schlosses hallte und ihn jäh aus seinen Gedanken aufschreckte. Das leere Weinglas achtlos umstoßend, sprang er von seinem Stuhl auf und beeilte sich, nach oben zu kommen, wo ihm schon der Doktor vor Johannas Zimmer entgegentrat.

»Ein Mädchen, Herr von Bismarck. Kerngesund und munter, und ihre Frau ist auch wohlauf. Den Umständen entsprechend natürlich. Sie dürfen jetzt zu ihr – aber nur kurz, Sie muss dringend schlafen und das Kleine auch.«

Die glücklichen Eltern waren sich schnell einig, dass das Mädchen Marie heißen sollte, in Erinnerung an die gemeinsame Freundin, der sie ihr Ehe- und Familienglück zu verdanken hatten. Bismarck war entzückt über sein Töchterchen und ging stundenlang mit dem kleinen Bündel im Arm in Johannas Zimmer oder draußen auf den langen Gängen auf und ab. Nur, wenn sie zu weinen anfing, brachte er sie eilig der Mutter zurück.

Und wenn's eine Katze gewesen wäre, schrieb Bismarck an seine Schwester Malwine, *ich hätte mich fast genauso gefreut. Was für eine Tortur! Meine arme Frau ... aber jetzt geht es ihr gut, sie und die Kleine sind wohlauf, nur mit dem Trinken hat sie Schwierigkeiten, ich werde wohl eine Amme kommen lassen müssen.*

Das tat er auch, denn die kleine Marie weigerte sich standhaft, an der Brust der Mutter zu trinken. Johanna war schließlich doch froh, dass die Amme da war, bevor ihre Mutter in Schönhausen eintraf. Denn Luitgarde von Puttkamer, das wusste keiner so gut wie Johanna, war von Natur aus eine überaus ängstliche, ständig von Sorge erfüllte Frau, die man mit Rücksicht auf ihr Alter und ihre fragile Gesundheit nicht zusätzlich aufregen sollte.

Luitgarde drängte ihre Tochter, dass es doch angesichts der Geschäfte, die Bismarck jetzt in Berlin zu erledigen habe, viel praktischer sei, wenn sie mit dem Kind nach Reinfeld käme. Dem konnte Johanna, die ohnehin oft von Heimweh geplagt war, wenn ihr Mann keine Zeit für sie hatte, nur zustimmen.

Zunächst einmal bekam sie jedoch überraschend Besuch von ihrer Lieblingscousine Franziska aus Brandenburg.

»Das ist schön«, sagte sie am Abend vor deren Ankunft zu Bismarck. »Franziska ist immer so lustig, die wird mich auf andere Gedanken bringen. Sieh mich nicht so sorgenvoll an, Otto, es geht mir ja gut. Es ist nur manchmal ein wenig anstrengend, besonders, wenn Marie weint und ich nicht weiß, warum. Sie kann ja nicht jedes Mal Hunger haben!«

Sie betrachtete die friedlich schlafende Marie in ihrer frisch eingetroffenen Wiege (die ersten Tage hatte sie tatsächlich in einem zuvor sauber geschrubbten, mit Decken ausgeschlagenen Futtertrog verbringen müssen!).

»Findest du nicht ihre Nase ein klein wenig zu dick, Otto? Für ein Mädchen, meine ich, ist sie doch reichlich groß geraten.«

Empört sah der stolze Vater erst seine Frau, dann das Kind, dann wieder seine Frau an. »Zu dick? Aber nein! Ich finde sie nicht dicker, als sie von Rechts wegen sein darf – sie ist genau richtig, wie alles an ihr!«

Sein Ausdruck wurde weich. »Und alles an ihrer Mutter ...«

Franziska fand Marie ebenfalls entzückend und war traurig, dass ihre Tage in Schönhausen so schnell dahingingen. Aber Johanna wurde von einer Unruhe ergriffen, sobald ihr Mann sich wegen dringender Staatsgeschäfte nach Berlin verabschiedet hatte, und wollte nun auch nicht länger in Schönhausen bleiben.

»Du musst verstehen, Franziska, ich bin jetzt doch bei meinen Eltern am besten aufgehoben«, sagte Johanna zum Abschied. »Wer weiß, wie lange sie Otto nun wieder in Berlin festhalten, womöglich den ganzen Winter lang. Zwei Mal ist er hier gewesen, seit sie ihn Ende August dorthin gerufen haben. Jedes Mal nur für einen Tag oder zwei, das ist doch kein rechtes Familienleben. Da stimmst du mir zu, nicht wahr? Und jetzt wird es Winter, da werde ich doch recht einsam sein hier – dieses Schloss ist so groß und die Gänge schier endlos. Was soll ich hier so ganz allein, wenn Muttschchen und Papachen in Viartlum doch auch einsam sind.«

Franziska ergriff die Hände der Cousine und drückte sie herzlich. »Das weiß ich doch, Hanna! Ich weiß, wie gerne du zu Hause bist. Ich würde es genauso machen an deiner Stelle. Ob ich Weihnachten kommen kann, sehen wir noch. Ich schreibe dir dann, sobald ich wieder zu Hause bin. Und nun leb wohl, gib mir gut auf die Kleine acht – sie ist ja so ein süßes Ding!«

Johanna nickte. »Das werde ich. Vielen Dank für deine Hilfe, Franziska. Du hast mich ganz und gar aufgeheitert ... sieh, da kommt deine Kutsche. Leb wohl, und sage deinen Eltern einen schönen Gruß. – Ach, Hektor, Nathan, weg da, ihr steht wieder einmal im Weg!«

Energisch zog sie die beiden Hunde, die sich zwischen sie und Franziska geschoben hatten, zur Seite, um Franziska zum Abschied zu umarmen. – Kaum, dass Franziskas Kutsche um die Ecke verschwunden war, eilte Johanna zurück ins Haus, um das Packen der Kisten und Koffer zu überwachen. Marie schlief im Garten, warm eingepackt in den hübschen, wollenen Decken, die Franziska ihr mitgebracht hatte, und Johanna wollte die Zeit nutzen, um ihrem Mann noch einen eiligen Brief nach Berlin zu schreiben, bevor sie morgen selbst abreiste.

Es wurde September des darauffolgenden Jahres, bis Bismarck Frau und Kind endgültig wieder aus Reinfeld abholen konnte. Er verbrachte, wie Johanna es vorausgesehen hatte, den ganzen Winter in Berlin, mit nur einer kurzen Stippvisite in Reinfeld über Weihnachten und Neujahr. Im Februar war Bismarck in die Zweite Kammer des Preußischen Landtags gewählt worden – ein weiterer Meilenstein in der Entwicklung seiner politischen Karriere, die Johanna mit zunehmendem Argwohn verfolgte. Ein wenig politisches Engagement war ja schön und gut und gehörte sich in ihren Augen auch für einen Landadligen – schließlich waren sowohl ihr Vater als auch ihr Onkel in der pommerschen Politik aktiv. Doch die Sache mit Berlin gefiel ihr überhaupt nicht. Wo sollte das noch hinführen?

»Wenn du mir eines Tages erzählst, dass auch wir nach Berlin ziehen müssen, dann lass es mich lieber jetzt schon wissen«, sagte sie, als Bismarck zu ihrem Geburtstag im April nach Reinfeld kam. »Damit ich mich wenigstens schon einmal darauf vorbereiten kann. Obwohl«, setzte sie mit erhobenem Zeigefinger hinzu, »das nicht heißen soll, dass ich dem zustimme! Berlin! Nie im Leben will ich dort wohnen. Wozu hast du ein so herrliches Schloss wie Schönhausen – nur um in Berlin in einem dieser grässlichen, engen Stadthäuser zu wohnen, in denen man nicht einmal Platz für ein anständiges Speisezimmer hat ...«

Bismarck ergriff lachend ihre Hand. »Ach, mein süßes Nannchen, du ahnst nicht, wie sehr ich dich liebe, wenn du zornig bist! Aber sieh mal, die Politik ist nun einmal mein Geschäft, und diese Geschäfte werden nicht in Schönhausen gemacht. Wenn du meine Frau sein willst«, setzte er plötzlich ernst hinzu, »musst du wohl auch mit mir kommen, wohin ich auch gehe. Wie sonst sollen wir eine Familie sein?«

Johanna sah ihn einen Moment lang ängstlich an. Dann lächelte sie, wohl wissend, dass es ihm ernst war und sie nichts daran ändern konnte. »Du hast ja recht, mein Ottochen. Wo du mir bist, bin ich zu Haus – weißt du noch?«

Er nickte und sie schmiegte sich eng an seine breite Schulter. »Ich gehe mit dir, wohin du willst, auch bis an das Ende der Welt, wenn es sein muss. Wenn ich nur bei dir sein kann und du bei mir ...«

Über seine Schulter hinweg sah sie in den Garten hinaus. Die Knospen des Flieders standen kurz vor dem Aufbrechen, die gelben Forsythien leuchteten in der Nachmittagssonne, und die Apfelbäume weiter hinten im Garten strahlten vor lauter Blüten weiß wie Schneeköniginnen auf einem Ball. Ein lautloser Seufzer entfuhr ihrer Brust. Wenn sie ihren Bismarck nur immer so halten könnte, wenn sie kostbare Augenblicke wie diese nur festhalten könnte …

»Jeder Tag ohne dich ist ein verlorener Tag«

»Unserem lieben Schwiegersohn läuft aber so mancher Tropfen Scheidewasser in den Bart hinein«, bemerkte der alte Puttkamer, als er mit seiner Frau ins Haus zurückkehrte. Gerade waren sie Zeugen geworden, wie Bismarck sich abermals von seiner Frau und seinem Kind hatte verabschieden müssen: Der Landtag in Berlin rief. So waren Johanna und die kleine Marie wieder einmal in Reinfeld zu Gast. Johanna hatte schon beim Frühstück heiße Tränen vergossen, Luitgarde hatte sich ihrer Tochter fast geschämt. Wann war sie so außerordentlich sensibel und wehmütig geworden? Lag es einzig und allein an der Schwangerschaft? – Das zweite Kind wurde Ende des Jahres erwartet, hieß es, sodass, wie Bismarck gestern Abend beim Diner bemerkt hatte, es eine gute Chance hätte, ebenfalls in Schönhausen und in seiner Anwesenheit das Licht der Welt zu erblicken. Bismarck hoffte, über Weihnachten zu Hause zu sein – Johanna würde es ihm auch schwerlich verzeihen können, wenn er es nicht schaffte.

»Wundert's dich?«, fragte Luitgarde mit herausforderndem Blick. »Er war doch gerade zwei Wochen hier, nein, nur zwölf Tage waren's, am ersten Sonntag waren ja Gerlachs hier, da war er noch nicht dabei. Nun muss er schon wieder nach Berlin. Und es steht zu befürchten, dass er dort bleiben wird – die werden ihn nicht so schnell gehen lassen, dafür brauchen sie ihn zu sehr. Er ist ja auch ein guter Mann! – Aber wie Johanna es nehmen wird, das weiß allein Gott … sie muss es wohl langsam einsehen, dass ihr Mann mit der Politik verheiratet ist und noch höher hinaus will, wie mir scheint. Da wird ihr wohl nichts anderes übrig bleiben, als ihm zu folgen …«

»Aber Luitgarde, sie ist seine Frau, natürlich wird sie ihm folgen!«, rief Puttkamer lachend. »Wärst du mir denn nicht gefolgt?«

Seine Frau warf ihm einen langen, vielsagenden Blick zu und drückte schweigend die Klinke zum Salon herunter. Drinnen saß Johanna mit ihrem Kind auf dem Teppich und spielte mit ihm, als sei dies die natürlichste Sache der Welt, auch wenn sie gerade noch draußen geweint hatte, als sollte sie ihren Bismarck niemals wiedersehen. Wie sehr sie in ihrer Rolle als Mutter aufging, wurde Luitgarde in diesem Moment erst richtig bewusst und in Gedanken an den eigenen Sohn – Johannas Bruder –, den sie im Kindesalter verloren hatte, biss sie sich auf die Lippen, um nicht angesichts des Bildes, das sich ihr bot, die Fassung zu verlieren. Sie sollte sich glücklich schätzen, dass ihre Tochter wieder schwanger war. Und wenn Bismarck so viel Zeit in Berlin verbrachte, dann sollte sie umso dankbarer sein, dass sie ihre Tochter und ihre Enkelkinder so häufig zu Gesicht bekam.

Da es angesichts von Bismarcks politischem Engagement in Berlin nun doch unmöglich schien, das zweite Kind ebenfalls in Schönhausen zur Welt zu bringen – wie Johanna es den ganzen Sommer lang inständig gehofft hatte –, zog sie im Oktober mit Klein Marie nach Berlin, wo ihr Mann in der Behrenstraße 60 vorübergehend Residenz genommen hatte.

Die alten Puttkamers hatten sie nicht gehen lassen wollen und immer neue Gründe erfunden, weshalb eine Abreise aus Pommern angeblich nicht möglich sei, bis Bismarck schließlich sehr energisch an seine Schwiegereltern geschrieben hatte: *Wenn man eine Tochter hat, so muss man sich nach ihrer Heirat auch daran gewöhnen, dass sie verheiratet ist – und zwar mit ihrem Mann! Auch wenn ich die Einsamkeit der Eltern durchaus verstehen kann … aber auch ich kann und will nicht länger ohne meine Nanne sein!*

So traf Johanna gegen Ende Oktober mit Marie in der Behrenstraße ein und versuchte erst gar nicht, sich dort heimisch zu fühlen. Sie fand alles »grässlich«, von den engen, mit hässlichen Möbeln voll gestellten Zimmern, dem fehlenden Garten und der lauten Straße, auf der tagein, tagaus die Droschken vorbeidonnerten, bis hin zum Personal, das nicht nur zu wenig an der Zahl, sondern auch – zumindest in ihren kritischen Augen – nicht kompetent genug war, um ihren Ansprüchen zu genügen. In dieser Zeit kam es durchaus häufiger vor, dass der Haussegen einmal schief hing. Die Briefe, die Johanna nach Hause schrieb, klangen den Umständen entsprechend jämmerlich.

»Wenn du nur lange genug jammerst«, bemerkte Bismarck daher eines Abends, als er schnell einen heimlichen Blick auf Johannas soeben geschriebenen Brief geworfen hatte, »werden sie bald nach dir schicken, um dich und Marie schnellstens nach Viartlum zurückzuholen. Willst du das wirklich riskieren?«

Johanna bedeckte rasch das eben Geschriebene und warf ihrem Mann einen trotzigen Blick zu. »Wenn du dich nicht um mich kümmerst und auch das Personal nicht dazu anhältst, sich mehr zu bemühen – ich hätte die Köchin schon längst entlassen! –, dann weiß ich wirklich nicht, was ich hier soll. Du hast ja nie Zeit für mich und für die Kleine.«

»Das hast du aber doch vorher gewusst«, gab Bismarck zurück, »und es hat dich nicht davon abgehalten, zu kommen. Außerdem weißt du sehr gut, dass ich ohne dich nicht sein kann. Auch wenn du mich in diesen Tagen selten zu Gesicht bekommst, so brauche ich dich doch genauso sehr wie du mich. Liebste! Herzchen! Komm, setz mal ein anderes Gesicht auf, ich werde ja ganz klein unter deinem zornigen Blick.«

Prompt ließ er sich auf einen Stuhl fallen, als wolle er sich tatsächlich kleinmachen.

Die kleine Geste hatte Erfolg, Johanna lachte und ergriff sein Gesicht mit beiden Händen. »Ach, Ottochen, du ahnst ja nicht, wie lieb du mir bist. Komm, lass uns gemeinsam nach Miechen schauen. Sie schläft schon so lange, bald ist es Zeit für ihren Nachmittagsspaziergang und die Sonne geht ja in diesen Tagen so früh unter, dass man meinen könnte, der Abend folgt gleich auf den Mittag. Kommst du mit, wenn wir ausgehen? Wir waren so lange nicht mehr gemeinsam im Tiergarten, seit meiner Ankunft eigentlich nicht.«

Bismarck folgte seiner Frau nach oben. »Ich könnte euch ein Stück begleiten, ich muss noch einmal beim Landtag vorbeischauen. Aber mit einem gemeinsamen Spaziergang im Tierpark wird es wohl leider nichts werden. Im Frühling, Johanna, wenn das Baby da ist – dann schiebe ich mit von Stolz geschwellter Brust den Wagen und du kannst mit Miechen an der Hand spazieren, jede von euch ein Sonnenschirmchen schwenkend. Ist das nicht ein schöner Gedanke?«

Einmal mehr musste Johanna zurückstecken, doch sie tat es mit Fassung. Bismarck hatte ja recht, sie hatte gewusst, was sie hier erwartete. Außerdem war es noch lange nicht gesagt, dass sie auf Dauer hierbleiben mussten.

»Wenn ich eines Tages in Schönhausen Landrat werde, so habe ich mein Ziel erreicht. Mehr möchte ich eigentlich gar nicht im Leben, wenigstens vorläufig nicht«, hatte Bismarck vor einigen Tagen gesagt, als sie beim Tee gemeinsam über seine politische Zukunft gesprochen hatten. Da war Johanna sogleich ein großer Stein vom Herzen gefallen. Wenn sie erst wieder in Schönhausen waren …

Am 28. Dezember 1849 wurde Nikolaus Heinrich Ferdinand Herbert von Bismarck geboren – Nikolaus in Gedenken an den russischen Zaren, Heinrich nach Johannas und Ferdinand nach Ottos Vater. Der Rufname sollte jedoch Herbert sein. Der Kleine machte sich sehr gut, trank im Gegensatz zu seiner Schwester ohne Probleme an der Brust und war auch sonst ein rechter Sonnenschein. Johanna aber, von Natur aus sehr zart und empfindlich, wurde zunehmend schwächer und magerte so stark ab, dass Bismarck sich ernsthafte Sorgen um sie machte. Seine Schwiegermutter, die an Weihnachten eingetroffen war, um ihrer Tochter beizustehen, pflichtete ihm bei und versuchte, an Johannas Vernunft zu appellieren.

»Was nützt es denn, wenn das Kind wächst und gedeiht und du selbst dabei immer weniger wirst?«, fragte sie. »Du kannst dir hier ebenso gut eine Amme nehmen wie in Schönhausen oder in Reinfeld. Warum quälst du dich so? Hast du denn mit Marie nicht genug zu tun?«

Marie, inzwischen anderthalb, hatte es sich in den letzten Wochen zur Gewohnheit gemacht, beinahe jede Nacht um dieselbe Zeit ein Geschrei anzufangen, mit dem sie die junge Mutter regelmäßig aus dem Bett holte. Johanna lief also in mancher Nacht stundenweise zwischen Maries Bett und Herberts Wiege hin und her, ohne selbst dabei zur Ruhe zu kommen.

Das konnte ihre Mutter nicht länger mit ansehen und in ihrer Verzweiflung suchte sie die Schuld bei ihrem Schwiegersohn, der angeblich nicht energisch genug mit seiner Frau war. »Du musst ihr einfach eine Amme kommen lassen, ob sie nun will oder nicht, und ein gutes, zuverlässiges Kindermädchen auch. So geht es ja nicht weiter. Lieber nehme ich alle drei mit nach Reinfeld, aber die Nächte werden dadurch, so fürchte ich, für Johanna auch nicht leichter.«

»Ja, ja, tu das nur«, entgegnete Bismarck geistesabwesend. Er hatte sich hinter seiner Zeitung verschanzt und war durchaus nicht in der Stimmung, mit seiner Schwiegermutter zu diskutieren. Sie tat ohnehin meist, was sie wollte, genau wie ihre Tochter. Bismarck hatte seit zwei Tagen nicht mit Johanna gesprochen, warum, das war ihm inzwischen entfallen – es war auch wohl nur eine Kleinigkeit gewesen, wie so oft in diesen Tagen.

Statt aber dem Wunsch der Schwiegermutter nachzugeben und Johanna mit den Kindern nach Reinfeld zu schicken, ließ Bismarck die Koffer packen und nach Schönhausen schicken, wo er den Frühling im Kreis seiner Familie verbringen wollte – in ungestörter Atmosphäre.

Ganz so unbeschwert wie erhofft verlief dieser Frühling 1850 in Schönhausen jedoch nicht. Beide Kinder waren recht anstrengend und fordernd, Johanna stillte Herbert noch immer und war auch nicht davon abzubringen. Dazu kam, dass Bismarck sie schon bald wieder allein lassen musste, da er ins Erfurter Parlament einberufen worden war. In diesem Jahr musste Johanna sogar ihren Geburtstag alleine feiern, worüber sie untröstlich war. Ein liebevoller Brief ihres Mannes konnte sie nur wenig aufheitern: Sie weinte fast den ganzen Tag.

Bismarck langweilte sich in Erfurt und sehnte sich von Tag zu Tag mehr nach Schönhausen und nach seiner Familie. Nicht zuletzt deswegen stimmte er Johannas Drängen nach einem Urlaub an der See zu, als er im Mai nach Schönhausen zurückkehrte. Marie war im Frühjahr an Keuchhusten erkrankt, die Seeluft und das Salzwasser sollten ihr guttun.

»Nun gut, fahren wir also«, willigte Bismarck schließlich ein, halb seufzend, halb lachend. »Denn sonst heißt es bis an mein – oder schlimmer noch: bis an Miechens Lebensende –, ich sei ein geiziger und barbarischer Vater gewesen, dessen Schuld allein es gewesen sei, dass seine Tochter immerzu krank war. Bei jedem Schnupfen, bei jeder Erkältung hättet ihr's mir wieder vorgehalten, ich weiß es genau.«

Der Urlaub tat ihnen allen gut; es gefiel dem brummigen Ehemann viel besser an der See, als er seiner Frau gegenüber zugab. Trotzdem wurde er gegen Ende des Sommers unruhig, die Politik rief. Selbst seine Schwiegermutter, die er eigentlich von Herzen liebte und wertschätzte, wurde ihm mit der Zeit durch ihre ständige Quengelei wegen Johanna und der Kinder zu anstrengend, ebenso die Tanten Johannas, die ebenfalls mit von der

Partie waren. Während Johanna im Anschluss an den Urlaub mit den Kindern zu ihren Eltern nach Reinfeld fuhr, kehrte Bismarck allein an die Unterelbe zurück, um sich endlich einmal wieder um die in letzter Zeit so sträflich vernachlässigten Deichangelegenheiten zu kümmern – schließlich hatte er immer noch das Amt des Deichhauptmannes inne.

Doch kaum, dass er angekommen war, überfiel ihn erneut eine unermessliche Sehnsucht nach Johanna und den Kindern. Bismarck fühlte sich so schrecklich einsam in dem großen Schloss, dass er sich ernsthaft mit dem Gedanken trug, es zu verkaufen. Davon jedoch wollte Johanna nichts hören. *Schönhausen ist doch unser Zuhause, unser Zufluchtsort, wie kannst Du daran denken, es zu verkaufen?*, schrieb sie ihm empört. *Weihnachten werden wir wieder dort zusammen sein – und wie schön werden wir es haben!*

Im November besuchte Bismarck seine Familie in Reinfeld, da er die lange Zeit des Wartens bis Weihnachten nicht aushalten konnte, musste jedoch bereits nach wenigen Tagen wieder aufbrechen, um sich in Berlin seinen Aufgaben als Landtagsabgeordneter zu widmen. Doch es fiel ihm schwer, sich auf seine Arbeit zu konzentrieren, denn Marie – kaum, dass sie den Keuchhusten überstanden hatte – war wieder krank geworden. Auch Herbert war nicht bei bester Gesundheit gewesen, als er ihn in Reinfeld zurückgelassen hatte. Johanna hatte so müde und abgespannt ausgesehen wie eh und je; ihr Mann machte sich große Sorgen um sie. *Ich will Dich nicht schelten, aber ich fordere auf das Bestimmteste von Dir, bei allem Gehorsam, den Du mir nach Gottes Willen schuldig bist, dass Du Dich schonst, und dass Du jede Nacht wenigstens sechs Stunden im Bett liegst und schläfst oder doch zumindest ehrlich zu schlafen versuchst. Wenn ich nicht an Deiner Liebe irre werden soll, wirst Du mir hierin folgen!*, schrieb er kurz nach seiner Ankunft aus Berlin.

Johanna ihrerseits war auch besorgt – nicht nur um ihre Kinder, sondern auch wegen eines möglichen Kriegs mit Österreich. Diese Besorgnis nahm Bismarck zwar ernst, konnte ihr aber auch versichern, dass in Berlin niemand von Krieg spreche, er selbst halte ihn auch für ganz und gar unnötig. Am 16. November schrieb er:

Meine geliebte Nanne,

wenn Du nicht fest auf Gott vertraut hast, so hast Du einstweilen eine unnötige Angst ausgestanden. Für den Augenblick ist gar keine Wahrscheinlichkeit von Krieg; so wenig, dass man in Verlegenheit zu sein scheint, wie man die Truppenmassen mit guter Manier wieder loswird …

Gott schütze Dich und die Unseren ferner mit seiner treuen Liebe.

Dein treuester vB

Sowohl der König als auch der Prinz von Preußen waren wohl einem Krieg durchaus nicht abgeneigt, aber Bismarck und die anderen Abgeordneten des Landtags hielten erfolgreich dagegen. Inzwischen war Bismarcks Ansehen in den Kreisen der Politiker und auch bei Hofe enorm gestiegen; es wurde kaum noch eine wichtige Entscheidung gefällt, ohne ihn zuvor nach seiner Meinung zu fragen. Da Bismarck ein äußerst geschickter Diplomat und Vermittler war, war es letztendlich wohl auch seinem Einfluss zu verdanken, dass es keinen Krieg mit Österreich gab.

In seligem Weihnachtsjubel empfing Johanna ihren Otto am Heiligabend in Reinfeld – nach Schönhausen hatten sie nun doch nicht mehr fahren können, aber das machte ihr wenig aus. Auch Bismarck war froh, sich einfach nur in die Arme seiner Familie fallen lassen zu können. Seine Schwiegermutter würde ihr Bestes tun, um ihn nach Kräften zu verwöhnen, das wusste er in diesen unruhigen Zeiten mehr denn je zu schätzen. Seine Gesundheit war angeschlagen, er war müde und halb krank von den Trennungen, unter denen er mindestens ebenso schmerzlich litt wie seine Frau.

Erst an diesem Abend im Schlafzimmer gestand Johanna ihm, wie krank sie und die Kinder in der Zwischenzeit wirklich gewesen waren.

»Aber, mein Niedchen, warum hast du mir davon denn gar nichts geschrieben? Ich wäre doch sofort gekommen – Niedchen! Wie konntest du mir etwas so Wichtiges verheimlichen?«

Sie seufzte. »Ach, Ottochen, es hätte doch nichts genützt. Du musstest doch in Berlin sein, das wusste ich doch. Und außerdem«, fügte sie leise hinzu, »hatte ich aus deinen Briefen immer herausgelesen, dass es dir eigentlich ganz gut dort ging und du auf den Hofbällen, über die du immer so trefflich geschimpft hast, wohl auch recht viel Spaß hattest …«

»Johanna!«

Bismarck war aufgestanden und kam jetzt zu ihr herüber, nahm sie bei den Schultern und zwang sie, ihn anzusehen. »Das hast du nicht aus meinen Briefen, das hast du aus den Zeitungen. Widerliche Klatschblätter, die es nicht müde werden, einen Unsinn zu verbreiten, der ganz und gar nicht der Wahrheit entspricht. Sicher, amüsant und kurzweilig waren die Bälle, die ich besucht habe, und getanzt habe ich natürlich auch mit einigen der Damen, aber Niedchen – Niedchen, das musst du mir glauben: Nicht eine von ihnen war halb so schön wie du! Ich liebe nur dich, mein süßes Herz, nur dich allein! Ja, hast du denn kein Vertrauen?«

Johanna senkte den Blick. »Doch, aber …«

»Was, aber? Liebst du mich? Du weißt, dass ich dich von Herzen liebe – ich habe dir vor Gott versprochen, dich zu lieben und zu ehren. Und ich werde mein Versprechen halten, ganz gleich, wohin der Wind uns auch wehen mag. Mein Herz gehört dir ganz allein. Glaubst du mir das?«

»Ja. Ja, ich glaube dir. Es ist nur …«

Johannas Blick schweifte in Richtung Fenster. »Es ist so schwer, nicht zusammen zu sein. Ewig von dir getrennt zu sein. Wann endlich können wir wie eine Familie zusammenleben, in Schönhausen oder anderswo. Und wenn es Berlin ist! Aber ich will mit dir zusammen sein … verstehst du das denn nicht, Otto?«

Bismarck zog sie in seine Arme, legte ihren Kopf an seine Schulter. »Doch, mein Nannchen, das verstehe ich. Mir geht es ja nicht anders. Ich vermisse dich wie rasend, jeder Tag ohne dich ist für mich ein verlorener Tag. Ich bitte Gott täglich, dass er dich und die Kinder und auch deine Eltern behütet, bis wir uns wiedersehen. Reicht dir das nicht?«

Johanna schloss die Augen. Nein, es reichte ihr nicht. Es reichte ihr nicht, vermisst zu werden. Es reichte ihr nicht, dass er ihr immer wieder aufs Neue versprach, bald wieder bei ihr zu sein. Sie wollte ihn ganz bei sich haben, für den Rest ihres Lebens nicht von seiner Seite weichen. Aber unter den jetzigen Umständen würde das vor allem für die Kinder eine Zumutung bedeuten. Sie würden kein richtiges Zuhause kennen, solange ihr Vater ständig in der Gegend herumreiste. Es musste einmal ein Ende haben, ganz gleich, wo. Johanna wollte zu Hause sein – bei Bismarck.

Aber sie schwieg. Sie schluckte ihre Tränen und ihren Zorn hinunter und barg ihr Gesicht tief in den Falten seines Rockes.

Weihnachten verging wie im Flug, gleich zu Beginn des neuen Jahres hieß es schon wieder Abschied nehmen, und Johanna blieb mit den Kindern in Reinfeld zurück. Darüber waren ihre Eltern zwar froh, sie aber war der Verzweiflung nahe, als die Kutsche mit ihrem geliebten Mann wieder einmal vom Hof gefahren war.

Wie lange würde es diesmal dauern, bis sie einander wiedersahen?

Abschied von der Heimat

Eines Morgens im Frühling 1851, Johanna hatte gerade die Kinder in Begleitung des Mädchens zum Spielen hinausgeschickt, um noch in Ruhe bei einer Tasse Kaffee am Frühstückstisch mit den Eltern sitzen zu können, schlug ihr Vater mit einer so heftigen Bewegung seine Hand auf die darunter liegende Berliner Zeitung, dass Johanna sich vor Schreck an ihrem süßen Brötchen verschluckte und seine Frau ihm über den Rand ihrer Kaffeetasse hinweg einen strengen Blick zuwarf.

»Heinrich, muss denn das sein!«, rief sie, die Kaffeetasse energisch auf den Unterteller zurücksetzend.

Der alte Puttkamer ignorierte die Zurechtweisung und stieß allerlei Unverständliches aus. Seine beiden Frauen vermochten nur den Namen Bismarck herauszuhören, oder jedenfalls glaubten sie, ihn herausgehört zu haben. Neugierig geworden, beugte sich Johanna zu ihrem Vater hinüber. »Was gibt es, Papachen? Ist etwas mit Otto? Haben sie ihn am Ende gar wieder beleidigt?« – Johanna las die Zeitung stets mit einem gewissen Argwohn, um nur ja nicht über irgendwelche absichtlichen oder unabsichtlichen Beleidigungen ihres geliebten Gatten hinwegzulesen. Hatte jemand ihrem Otto einmal Unrecht getan oder war nicht ganz seiner Meinung, so schrieb sie den Namen des Unglücklichen sogleich auf eine innere schwarze Liste – und einmal auf dieser Liste, kam man nicht so ohne Weiteres wieder davon herunter.

»Nein, nein«, murmelte Puttkamer, »ganz und gar nicht. Im Gegenteil! Hier, lies selbst: Sie haben ihm einen Posten bei Hofe angeboten: als Kammerherr des Königs. Na, wenn das kein Aufstieg ist!«

Johanna wurde kreidebleich. Das passte gar nicht zu ihrem Otto, der doch noch immer davon träumte, Preußen und die Welt zu verändern. Kammerherr Friedrich Wilhelms IV.! Das wäre das Ende seiner politischen Laufbahn. – Nicht, dass sie besonders großen Wert auf eine politische Laufbahn legte. Eigentlich machte sie der Gedanke auch nicht gerade froh. Aber sie hoffte – vermutlich entgegen aller Vernunft – noch immer, dass er mit sich selbst als Landrat von Schönhausen zufrieden sein könne und sein ewiges Herumgereise und das damit verbundene Getrenntleben ein Ende hätte – ein für alle Mal.

Aber es sah nicht so aus, als ob sich ihr Wunsch erfüllen sollte.

»Es fällt mir schwer, das zu glauben, Papa«, brachte sie schließlich hervor, sehr bemüht, die Fassung wiederzuerlangen. »Otto hat mir davon nichts geschrieben. Und ich habe gestern erst einen Brief von ihm erhalten. Darin steht nichts von einer Stellung bei Hof – rein gar nichts. Er schreibt nur, dass er noch immer zu beschäftigt sei, um zu kommen. Aber er ist voller Hoffnung, den Sommer hier in Reinfeld oder gar mit mir und den Kindern in Schönhausen verbringen zu können.«

Das war für Johanna auch der Teil des Briefes, der ihr am meisten bedeutete – wenn er nur endlich kam, und wenn sie nur endlich zusammen nach Hause fahren könnten! So sehr sie ihre Eltern auch liebte …

»Ja, aber Kind, wie stellst du dir das vor!«, rief ihre Mutter. »Wenn er doch vom König selbst als Kammerherr gewünscht ist – das ist eine große Gnade, die Seine Majestät ihm da erweist. Das kann er nicht so einfach ausschlagen. Und was den Sommer angeht, nun, wir werden es uns hier wohl auch recht schön machen können. Selbst wenn es vorerst bei diesen – für dich verständlicherweise leidigen – Kurzbesuchen bleibt.«

»Ich habe nicht gesagt, dass er die Stellung ablehnen soll«, gab Johanna zurück, »ich sagte nur, dass ich nichts davon weiß. Weshalb sollte ich der Zeitung mehr glauben als meinem Mann?« Sie schob ihrem Vater die Zeitung wieder hin.

Der alte Puttkamer schüttelte stirnrunzelnd den Kopf, während er noch einmal den Artikel überflog. »Hier steht es so, wie ich es gesagt habe. Ob es nun der Wahrheit entspricht, werden wir sicher bald erfahren. Vielleicht kommt dein Otto ja bald.«

Ja, vielleicht, dachte Johanna traurig und schob ihren kalt gewordenen Kaffee beiseite. Er wollte ihr plötzlich nicht mehr schmecken.

Als Bismarck nach Reinfeld kam, hatte er noch ganz andere Überraschungen im Gepäck, von denen nichts in der Zeitung gestanden hatte: Während am ersten Abend die Magd die Suppenteller abräumte und der Braten serviert wurde, räusperte er sich und sagte, an seinen Schwiegervater gewandt: »Übrigens, es mag dich überraschen, aber Seine Majestät, der König, wird mich wohl sehr bald zum preußischen Gesandten beim Bundestag in Frankfurt ernennen. Was sagst du dazu?«

Im ersten Moment fiel Puttkamer darauf gar nichts ein; er starrte seinen Schwiegersohn nur mit offenem Munde an. Als er sich von dem ersten Schrecken erholt hatte, sagte er: »Aber Otto, wie willst du das denn machen? Du hast doch auf Schönhausen nur etwas über Pferde, Hafer und Dung gelernt und verstehst von anderem gar nicht genug. Wie kann der König dir einen so verantwortungsvollen Posten anvertrauen?«

Bismarck grinste. »Nun, mein lieber Heinrich, wenn ich in Schönhausen mit den Pferden und den Ochsen fertig geworden bin, dann werde ich wohl auch mit dem Bundestag in Frankfurt zurande kommen, meinst du nicht?«

Johanna reagierte ebenfalls überrascht und zugleich auch zutiefst erschreckt. Heimlich betete sie in den kommenden Wochen, in denen ihr Gatte wieder in Berlin weilte, dass der König es sich anders überlegen möge. Sie wollte nicht nach Frankfurt, und sie wollte ganz bestimmt keine Frau Geheimrätin sein.

Doch dann kam der Brief, der alle ihre Hoffnungen auf ein friedvolles Leben in Schönhausen endgültig zerstörte: Nach einer Unterredung mit dem preußischen Ministerpräsidenten von Manteuffel, in der er kategorisch erklärt habe, nur dann nach Frankfurt zu gehen, wenn es von Dauer sei – *denn sonst könnten sich unsere Trennungen bis in die Ewigkeit verlängern, und das will ich ganz bestimmt nicht!* –, habe er zugestimmt, den Posten anzunehmen, sofern der König seinen Segen gebe. Den gab dieser bereitwillig und bald. Bismarck schrieb: *Dass ich nun Geheimer Rat werde, ist eine Ironie, mit der Gott mich für all mein Lästern über Geheime Räte straft! Jetzt wird es ernst, mein Niedchen: Wir gehen nach Frankfurt!*

Ja, jetzt es wird ernst, dachte Johanna und faltete den Brief langsam zusammen. *Es wird ernst. Jetzt heißt es Abschied nehmen von Reinfeld und von Schönhausen, Abschied von unserem alten Leben, Abschied von der Hoffnung auf ein wenig Ruhe und ungestörtes Familienglück, Abschied von meinen Träumen …*

Sie wischte sich mit dem Handrücken über die Augen, in denen Tränen brannten, und stürzte aus dem Zimmer, um ihr Pferd satteln zu lassen.

Sie ritt nach Alt-Kolzigow hinüber, wo sie Stille und Geborgenheit in der alten Kirche suchte und lange betete. Betete, dass Gott ihr die Kraft geben möge, die Entscheidung ihres Mannes zu akzeptieren und das Unausweichliche anzunehmen. Es würde ihr nicht helfen, wenn sie sich jetzt gegen ihren Mann stellte, das wusste sie allzu gut. Sie wollte ja auch, dass er glücklich war! Wenn das aber bedeutete, dass sie Abschied nehmen musste von allem, was ihr lieb war, dann brauchte sie viel Kraft dafür – eine Kraft, die sie in ihrer augenblicklichen Verfassung nicht spürte.

»Herr«, sprach sie am Schluss, »wenn es dein Wille ist, dass wir nach Frankfurt gehen, dann gib mir bitte die Kraft loszulassen. Hilf mir, meinem geliebten Otto eine gute Ehefrau zu sein und unseren Kindern eine gute Mutter. Danke, dass du immer mit uns gehst, wohin wir auch gehen werden. Amen.«

Johanna erhob sich und rieb sich die steif gewordenen Knie. Ein letztes Mal blickte sie sich in der dunklen Kirche um, dann atmete sie tief durch und trat durch die schwere Eichentür ins gleißende Sonnenlicht hinaus.

Zwischenspiel
Friedrichsruh, Sommer 1894

Johanna war beinahe eingeschlafen, als ihr Mann mit dem Teetablett zu ihr auf die Terrasse hinaustrat. Es war heiß geworden, der Nebel, der heute früh noch über den Wiesen gehangen hatte, hatte sich aufgelöst und die Sonne stach unbarmherzig hernieder.

Mühsam richtete Johanna sich auf, eine Hand zum Schutz vor dem grellen Sonnenlicht über die Augen haltend, die andere Hand an der Stuhllehne. »Es wird mir zu heiß hier, Ottochen, lass uns doch wieder nach drinnen gehen, ja? – Oh, der Tee, wie lieb von dir. Hier, stell ihn auf den Tisch, dann kannst du mich erst ins Haus zurückbringen. Wo sind denn die Hunde? Eben waren sie noch da …«

Bismarck lachte gutmütig. »Die haben sich längst in den Schatten zurückgezogen, Nanne. Komm, gib mir deine Hand, ich will dich zu deiner Lieblingsbank bringen. Die alte Eiche dort spendet reichlich Schatten, das finden auch die Hunde. Das Wetter ist doch viel zu schön, um immer nur drinnen zu sitzen. Außerdem ist der Weg zur Eiche nicht weit, das schaffst du ganz leicht. Ich helfe dir.«

Seufzend ergab Johanna sich dem Willen ihres Mannes. Sie hatte nicht mehr die Kraft zu streiten. *Wahrscheinlich hat er auch recht,* dachte sie, als sie kurz darauf auf der Rundbank im Schatten der Eiche niedersank, *es ist zu schön, um drinnen zu sitzen.* Flora kam sogleich und legte sich zu ihren Füßen nieder, Tyras blieb wie immer in der Nähe seines Herrn.

»Da, was habe ich dir gesagt? Schön ist es hier – und nicht zu heiß. Warte, ich hole den Tee. Möchtest du auch ein wenig Gebäck?«

»Nein, danke, mein Engel, ich bin ja glücklich, wenn ich den Tee trinken kann, ohne daran zu ersticken. Rühr nur reichlich Honig hinein.«

»Das habe ich bereits getan. Zwei Löffel, wie immer.«

Als Bismarck mit dem Tee herüberkam, lächelte sie ihm versonnen entgegen. »Weißt du noch, mein Ottochen, als wir in Frankfurt wohnten? Erst wollte ich ja gar nicht hin, aber dann hat es uns doch so gut gefallen …« Sie seufzte leise und blickte in die Ferne, nahm einen vorsichtigen Schluck aus der feinen kunstvoll verzierten Meissner Porzellantasse. »Mein geliebtes Frankfurt! Das habe ich später immer wieder gesagt, weißt du noch? Ja, mein geliebtes Frankfurt …«

Schwer atmend nahm Bismarck mit seiner großen, massigen Gestalt neben ihrer zierlichen, ja fast zerbrechlichen Gestalt auf der Bank Platz. Dann nahm er ihre kalte Hand in die seine.

»Ja, mein Liebstes, natürlich weiß ich das noch. Du hast deinen Widerstand sehr deutlich gezeigt! – Du liebe Güte, was konntest du zornig werden, wenn etwas nicht nach deinem Sinn war. Aber dann hatten wir es doch recht schön dort, nicht wahr? Du hast dort immerhin die gute, alte Dexl kennengelernt und das Merlchen … Na, und als dann unser Bill geboren war …«

»Ja, da waren wir dann endlich komplett«, bestätigte Johanna, entschlossen, nicht auf seine Bemerkung über ihre Zornesausbrüche einzugehen. Bis heute konnte er nicht recht verstehen, weshalb sie anfangs – und oftmals auch später noch – so unglücklich über seine Laufbahn als Politiker gewesen war. Sie hätte eben ein ruhigeres, zurückgezogenes Leben auf dem Land vorgezogen, ähnlich dem ihrer Eltern. Sicher, ihr Vater war auch Landtagsabgeordneter gewesen, aber es hatte ihn nie zu Höherem hinausgezogen. Anders Bismarck – von Anfang an hatte er ihr gegenüber deutlich gemacht, dass er sich »zu Höherem berufen« fühlte. Sie hatte seinen Ehrgeiz gekannt und war ja auch immer stolz auf ihn und auf seine diplomatischen Fähigkeiten gewesen, die ihn letztendlich dahin gebracht hatten, wo er heute war. Und sie hatte wahrhaftig keinen Grund, sich zu beklagen – Fürstin Johanna von Bismarck. Ja, wenn sie das nicht stolz und glücklich machen sollte!

Ihre Fürstentitel und Besitztümer durften sie behalten und bekamen die so lang ersehnte Ruhe nun obendrein noch dazu. Es stimmte sie allerdings traurig, dass sie all dies nicht in Frieden und Dankbarkeit genießen konnten, da ihre Krankheit ihr so sehr zu schaffen machte, mit jedem weiteren Tag mehr …

»Ja, mein Herz, da waren wir endlich komplett. Und waren es nicht zugleich die glücklichsten Jahre deines Lebens? Ich erinnere mich, wie du das einmal sagtest. Ich glaube, es war an dem Abend, als ich dir Lebewohl sagen musste, um nach Sankt Petersburg zu gehen.«

»Du irrst, mein Lieber, ich sagte es an dem Abend, als du aus Sankt Petersburg *zurückgekehrt bist* und wir nach *Berlin* gehen mussten.«

Bismarck lächelte, froh, sie einmal mehr aus ihrer Verschlossenheit und Melancholie gerissen zu haben. Sie war so traurig in diesen Tagen! Er wusste, dass sie Schmerzen hatte und ahnte wohl, dass er sie nicht mehr allzu lange um sich haben würde. Aber zugleich weigerte er sich, daran zu denken. Lieber sprach er von der goldenen Hochzeit und von dem, was sonst noch Schönes kommen mochte.

»Ja, du hast recht«, sagte er und tätschelte ihre Hand, »du hast recht – wie immer ...«

Teil II

»Wo du mir bist, bin ich zu Haus« – Sankt Petersburg, Paris, Berlin Die Jahre 1859–1867

Nach Sankt Petersburg

Ich fürchte mich vor der drohenden Veränderung und der gewonnenen Erkenntnis, hier wohl die glücklichsten Jahre meines Lebens abzuschließen … Johanna schloss rasch den Deckel ihres Tagebuches, als sie hörte, wie sich die schweren Schritte Bismarcks über den Flur näherten. Er wusste, dass sie unglücklich war, er wusste auch, dass sie all dies in ihrem Tagebuch festhielt. Aber sie wollte nicht schuld daran sein, dass er an seinem letzten Abend hier schlechte Laune bekam und sich überdies unnötige Sorgen um seine Ehefrau machte. Sie würde sich schon damit abfinden, von hier fortzugehen – aber leicht würde es ihr nicht fallen. Zu sehr war ihr die Stadt am Main ans Herz gewachsen, zu tief hatten sich die Beziehungen zu den Freunden, die sie nicht mehr missen mochte, entwickelt. Besonders Frau von Eisendechser, von ihren Freunden liebevoll »Dexl« genannt, bei der sie heute Abend eingeladen waren, sollte bis an ihr Lebensende ihre Freundin bleiben. Nein, leichten Herzens würde Johanna Frankfurt wirklich nicht verlassen.

Sie erhob sich von ihrem Platz und sah seufzend auf das geschlossene Büchlein hinab. Wenn sie doch wenigstens gleich mitfahren könnte! Aber sie und die Kinder sollten zunächst nach Reinfeld fahren, um dort den Sommer zu verbringen und auf weitere Anweisungen zu warten. Wenn Bismarck tatsächlich länger in Sankt Petersburg bleiben sollte – was sie nicht hoffte, doch stark befürchtete –, dann würden sie im Herbst nachreisen.

»Johanna, mein Liebes, wo steckst du denn? Ist dir etwa nicht wohl? Die Pferde sind schon angespannt und warten schnaubend und mit den Hufen scharrend vor der Tür. Wie ich die Dexl kenne, hat sie schon vor einer halben Stunde angerichtet, du weißt doch, wie viel sie auf Pünktlichkeit gibt.«

Johanna wandte sich um, ein müdes, aber freundliches Lächeln auf dem blassen Gesicht. »Wenn die Pferde schon bereit sind, dann bin ich es auch. Lass mich nur schnell den Kindern noch Gute Nacht sagen. Ich sehe sie sonst nicht mehr vor morgen früh – du auch nicht, Ottochen, und dann wird es lange dauern, bis du sie überhaupt wieder siehst.«

»Du hast recht«, stimmte Bismarck zu und nahm ihren Arm. »Komm, wir gehen zusammen. Aber lang können wir die Kutsche wirklich nicht mehr warten lassen – nicht, dass du dich von Miechen wieder zu einer allzu langen Gutenachtgeschichte überreden lässt! Sie ist ohnehin schon fast ein bisschen zu alt für so etwas.«

Lachend hakte Johanna sich bei ihrem Mann ein und ging mit ihm den Gang hinunter, an dessen Ende die Kinderzimmer lagen. Sie bemühte sich um seinetwillen, fröhlich zu sein und nicht allzu lange ihre wehmütigen Blicke auf den vertäfelten Wänden und den lieb gewordenen Möbelstücken ruhen zu lassen. Ach, wie würde sie Frankfurt vermissen!

Aber sie wusste sehr wohl, dass sie Bismarck gehen lassen, ja, ihm auch folgen musste, denn das Angebot des Regenten, Bismarcks politische Karriere langfristig zu fördern und ihm eine verantwortungsvollere Stelle in Aussicht zu stellen, durfte nicht abgeschlagen werden. Zuerst hatte Prinz Wilhelm Bismarck das Amt des Finanzministers angeboten, was Bismarck jedoch rundweg abgelehnt hatte. Die Vorstellung, als preußischer Gesandter nach Sankt Petersburg zu gehen, hatte ihm anfangs nicht viel besser gefallen – bis der Regent deutlich gemacht hatte, dass es nicht klug sei, das Angebot abzulehnen, wenn er ein höheres Amt im Staate anstrebe. Er solle doch diese Gelegenheit nutzen, seinen »Blick auf solchen Posten zu weiten und zu vervollständigen«. – Daraufhin hatte Bismarck das Amt angenommen – ein geschickter Schachzug, wie er seiner Frau hinterher nicht ohne Stolz berichtete, weil er dem Regenten auf diese Weise seine persönliche Meinung über ihn als Gesandten entlockt hatte. Offensichtlich schätzte dieser seine Fähigkeiten sehr und sah ihn in der Zukunft durchaus auf einem höheren Posten. Bismarck wusste, dass er gebraucht wurde. Das genügte ihm, um zuversichtlich in die Zukunft zu blicken, selbst wenn das bedeutete, alles hinter sich zu lassen und nach Sankt Petersburg zu gehen.

Mein liebes Herz!

Mit Gottes Hilfe bin ich glücklich hier angelangt, einstweilen im Hotel »Demuth« abgestiegen, und plötzlich 12 Tage jünger geworden, da man hier noch den 17. schreibt … Das Quartier habe ich noch nicht gesehen;

vom Hofe her sieht es ganz nett aus. Ich bin also von Mittwochabend bis heute, Dienstag früh, immerzu gefahren, im Sommer wären es 60 Stunden bis nach Königsberg, sagt man mir, so aber 108. Es ist mir vortrefflich bekommen, die Eisenbahncoupés sind viel besser als unsere und geheizt! Ich habe 8 Stunden wie im Bett geschlafen und bedarf jetzt keiner Ruhe weiter …

Na, dachte Johanna und zog wie immer, wenn sie etwas nicht recht glauben konnte, beim Lesen die Augenbrauen zusammen, *wenn das mal stimmt! Wenn du sagst, du brauchst keine Ruhe, dann heißt das doch nichts weiter, als dass du bis zum Hals in Arbeit feststeckst. Aber jetzt hast du ja keinen, der dich umsorgt, dich liebevoll ermahnt und hin und wieder auch ein wenig energisch mit dir ist, wenn du über die Stränge schlägst.*

Sie goss sich noch ein wenig Tee nach und las weiter.

Nimm, wenn Du mir schreibst, darauf Rücksicht, dass alle Briefe vom Auslande geöffnet werden, und dass diese Tatsache allgemein bekannt ist. Schimpfe also über nichts, denn was man mit der Post schreibt, davon wird angenommen, dass man es der Regierung sagen will. – Diese Zeilen nimmt ein Reisender mit; wie lange sie im Schnee stecken werden, weiß kein Mensch, sei also nicht ängstlich und ungeduldig, wenn Du lange ohne Nachricht bleibst.

Johanna sah seufzend in den kleinen Garten hinaus, wo die Kinder in der warmen Aprilsonne spielten. Sie hatte es noch nicht übers Herz gebracht, Frankfurt zu verlassen, obschon ihre Eltern bereits drängten, sie möge doch endlich kommen. Aber ihr fiel das Abschiednehmen so schwer! Letzte Woche hatte sie ihren fünfunddreißigsten Geburtstag im Kreis ihrer Freunde gefeiert, zehn Tage nach dem seinen. Bismarck hatte ein Telegramm geschickt, das sogar noch vor dem Brief, den sie jetzt in Händen hielt – datiert vom 29. März 1859 – angekommen war, mit nur einem Tag Verspätung:

Grüße und Glückwünsche, mir geht es wohl, die Newa noch fest (zugefroren).

Aber den nächsten Geburtstag würde sie in Sankt Petersburg feiern, ob es ihr nun gefiel oder nicht. Und den übernächsten womöglich auch. Der Gedanke, so weit weg von ihren Eltern zu sein, mit drei Kindern, die durchaus zum Krankwerden neigten, behagte ihr gar nicht. Ob es überhaupt vernünftige Ärzte in Sankt Petersburg gab? Und wenn ja, wie gut sprachen sie Deutsch? Verstanden sie ihre Sprache überhaupt? Würde sie am Ende gar noch Russisch lernen müssen? Ihr wuchs das Französisch, das sie ihrem Mann zuliebe zu lernen begonnen hatte, schon über den Kopf. Doch das konnte man wenigstens mit lateinischen Buchstaben schreiben und lesen, also gleich viel besser verstehen als diese fremdartigen, kyrillischen Geheimzeichen.

Helles Kinderlachen riss sie aus ihren trüben Gedanken und rasch nahm sie den Brief wieder auf, um ihn zu Ende zu lesen. Bismarck schrieb noch weiter von kühnen Ritten auf edlen Rossen, von kaiserlichen Absteigequartieren, in denen er logieren dürfte und von dem Eis, das langsam schmolz.

Dann stand Johanna auf, ging zu ihren Kindern hinaus und spielte mit ihnen, bis es langsam zu kühl wurde und es durch das Küchenfenster schon köstlich nach Knödeln und Kraut roch.

Der Sommer kam, Johanna hatte Abschied von Frankfurt genommen und war zu ihren Eltern nach Reinfeld gefahren. Auch Bismarck hatte sich inzwischen im Gräflich-Stenbockschen Palais an der Newa häuslich eingerichtet. Das Haus, im sogenannten Diplomatenviertel gelegen, bot reichlich Platz zum Wohnen und auch noch für die Kanzleien. Von seinem Arbeitszimmer aus konnte Bismarck auf den Englischen Kai hinausblicken und den Dampf- und Segelschiffen auf dem Fluss zusehen. Dahinter konnte er die Schatten der fernen Hügel und Wälder ausmachen. Er war höchst zufrieden und schrieb Johanna voller Begeisterung, fügte sogar Skizzen vom Palais hinzu, damit sie sich ein Bild machen konnte von dem Luxus, der sie erwartete. *Aber die Diener, mein Niedchen, die Diener sind hier allesamt des Teufels!*, schrieb Bismarck. *Sie trinken, was das Zeug hält, und sind dann zu nichts mehr nutze. Braucht man einen von ihnen, findet man ihn eher oft als nicht mit dem Kopf im Wassereimer oder wie tot unter den Pferden liegend, die er eigentlich anschirren sollte. Er ist dann für wenigstens einen Tag außer Gefecht und wie es dann mit der Pünktlichkeit meiner Geschäfte aussieht, kannst Du Dir denken. – Ansonsten bin ich wohl, sorge Dich nicht, es wird mit Gottes Hilfe alles gut werden, und ich bin bald gesund und lustig, wenn Du nur endlich kommst.*

Geplant war, dass Bismarck im Juni zu ihr nach Reinfeld kommen sollte, um sie abzuholen, doch seine Gesundheit machte ihm einen Strich durch die Rechnung: Eine alte Jagdwunde am Bein war aufgebrochen und hatte sich entzündet. Nach langem und recht vergeblichen Hin und Her beschloss Bismarck endlich, nach Berlin zu reisen und dort einen »anständigen deutschen Arzt« zu konsultieren. Der russische Arzt, ein Kinderarzt ohne Doktortitel, hatte ihm nämlich erklärt, dass man das Bein würde amputieren müssen – nur zu verständlich, dass Bismarck es auf dieser Diagnose nicht beruhen lassen wollte.

Johanna musste nun ihren zwölften Hochzeitstag in Reinfeld verbringen, ohne Mann und mit einem wehen, sorgenvollen Herzen. Auch wenn sie glücklicherweise nicht wusste, wie schlimm es wirklich um ihren Otto stand, machte sie sich am Abend vor ihrer Abreise nach Berlin – wo sie Bismarck treffen würde, um, wie sie glaubte, einige Besorgungen für Sankt Petersburg mit ihm zu machen und ihn zum Arzt zu begleiten – tausend Gedanken. Sie versuchte zwar, ein fröhliches Gesicht zu machen, doch ihre Mutter kannte sie zu gut, um sie nicht zu durchschauen, und ihr Herz quoll über vor Mitleid und Liebe.

»Ach, meine Hanna, wie schwer muss das alles für dich sein. Nun kommt er endlich, dich zu holen, und ist krank in Berlin. Na, na, so schlimm wird es schon nicht sein. Weine nicht, mein Liebes! Liest er denn wenigstens täglich in der Schrift, wie er es dir versprochen hat?«

Johanna nickte, jetzt doch den Tränen nahe.

»Na, wenigstens das. Und du betest ja recht reichlich für ihn, das weiß ich ja. Der liebe Gott wird ihn schon behüten, bis ihr wieder zusammen seid, und dich auch. Hat er ja immer getan. Sind es wirklich schon zwölf Jahre heute, die ihr verheiratet seid? Zwölf Jahre – Kinder, wie die Zeit verrinnt …«

Ja, dachte Johanna, zwölf Jahre, genau heute. Ihrem Freund und engen Vertrauten Keudell hatte sie erst im Frühling geschrieben: *12 Jahre haben wir nun in unaussprechlichem Glück zusammen verlebt. Die kleinen Wolken, die sich mal hin und wieder erhoben, sind gar nicht zu rechnen, wenn ich alle Freude und alle Liebe darüberlege, mit der der Herr uns so überreich erquickt. Wirklicher Schmerz ist nur gewesen, wenn wir getrennt waren.*

»Komm, mein Liebes, trink noch einen Schluck Tee, das wird dir guttun, und du wirst besser schlafen können. Du brauchst doch deinen Schlaf für die Fahrt morgen. – Wie blass und elend du schon wieder aussiehst! Ich mag es gar nicht mehr mit ansehen. Möchtest du Honig in den Tee?«

In diesem Augenblick brach Johanna weinend zusammen. Sie sehnte sich nach ihrem Mann, sie sehnte sich danach, endlich wieder mit ihm und den Kindern zusammen zu sein, ganz gleich, wo – selbst die Aussicht auf Sankt Petersburg erschien ihr nicht mehr so grauenhaft zu sein. Wenn sie doch nur endlich, endlich wieder zusammen wären!

Morgen, dachte sie, als sie später die Treppen zu ihrem Zimmer hinaufging, morgen.

Als aber die ahnungslose Johanna in froher Erwartung in Berlin eintraf, um ihren Gatten zu treffen, erlitt sie angesichts des matten, fiebrigen und geschwächten Mannes, den sie im Hotel Royal im Bett vorfand, einen tüchtigen Schock.

»Aber, Otto, warum hast du mir denn nichts davon gesagt, wie krank du wirklich bist?«, rief sie, verzweifelt die Hände ringend, und begann, im Zimmer auf und abzugehen, ungeachtet dessen, dass der Arzt sie zuvor dringend ermahnt hatte, Bismarck nicht aufzuregen.

»Eben deswegen, Nanne! Eben deswegen«, kam es schwach aus dem Bett, in dem ihr Liebster unter dicken Kissen und Decken halb vergraben lag. »Damit du dich nicht so aufregst …«

Sofort hielt sie im Gehen inne, wandte sich um und kam an die Seite ihres Mannes gestürzt. »Ach, Entschuldigung, Liebster! Entschuldigung – ich wollte dich nicht aufregen. Verzeihst du mir?« Sie ergriff seine fiebrig heiße, feuchte Hand und küsste sie stürmisch. »Bitte verzeih mir. Ich werde jetzt ganz ruhig hier knien und für dich beten. Ja?«

Dem konnte Bismarck in dieser Situation kaum widersprechen. Erschöpft nickend, schloss er die Augen und war, kaum, dass Johanna zu beten angefangen hatte, eingeschlafen.

Bismarcks Genesung zog sich länger dahin, als er geahnt hätte – und viel länger, als es ihm lieb war. Erst zu Beginn des neuen Jahres war er in der Lage, aufzustehen und ohne Stock umherzugehen – dann aber begann er, auf die Ärzte zu schimpfen, auf die Pillen, das Jod und all das andere unnütze Zeug, das man ihn zu nehmen gezwungen hatte.

Wie schön, dass er wieder ganz der Alte ist, dachte Johanna, die im Nebenzimmer saß und an ihre Freundin Merlchen Becker in Frankfurt schrieb. *Schimpft und brüllt wie ein Löwe. Ganz mein Bismarck.*

Als es Bismarck endlich besser ging, stellte sich die Frage, ob es nun tatsächlich an den Zarenhof zurückgehen sollte oder nicht. – Prinz Wilhelm, der im Oktober des Vorjahres die Nachfolge seines kranken Vaters angetreten hatte, ließ sich mit dieser Entscheidung Zeit. Johanna hingegen beschäftigte vor allem die Frage, ob sie – wenn sie schon nach Russland gehen mussten – die Kinder mitnehmen sollten oder ob sie sie nicht lieber in der ihnen vertrauten Umgebung bei den Großeltern lassen sollten.

»Stell dir nur vor, eines der Kinder wird krank – was ja doch gelegentlich vorkommt – und da drüben gibt es nicht einmal anständige Ärzte. Ich jedenfalls habe kein Vertrauen zu diesen russischen Viehdoktoren!«

Doch zunächst einmal musste Bismarck nach Wiesbaden zur Kur, um sich richtig zu erholen. Johanna begleitete ihn. Anschließend ging es nach Bad Nauheim und, auf Einladung des Regenten, nach Baden-Baden. Johanna hatte von der »ewigen Herumreiserei« genug und kehrte zu den Kindern nach Reinfeld zurück.

»Es bleibt ja doch nichts anderes zu tun als abzuwarten, wann Seine Königliche Hoheit denn nun zu einer Entscheidung kommt!«, erklärte Johanna ihren Eltern, als sie mit ihrem Gepäck in Reinfeld eintraf.

Im späten Herbst endlich waren die Bismarcks alle gemeinsam unterwegs nach Sankt Petersburg. Gerade hatten sie Station bei Freunden im ostpreußischen Hohendorf gemacht, als Bismarck abermals erkrankte, dieses Mal an Lungenentzündung.

Es hatte ihn wirklich schlimm erwischt, für einige Tage rang er sogar mit dem Tod. Johanna wich in dieser Zeit nicht von seiner Seite. Sie umsorgte ihn mit Hingabe und betete Tag und Nacht für ihn. Die Kinder wusste sie bei den Freunden in Hohendorf in besten Händen und konnte sich so ganz ihrem kranken Mann widmen.

Als zu Beginn des neuen Jahres endlich Besserung eintrat, waren sich alle darüber einig, dass Bismarck es vor allem Johannas Liebe und Aufopferungsbereitschaft zu verdanken hatte, dass er noch am Leben war. So reiste Johanna Anfang des Jahres mit ihrem Mann nach Berlin, um dort auf weitere Anweisungen zu warten – die Kinder ließen sie bei ihren Freunden in Hohendorf, wo sie sie auf dem Weg nach Sankt Petersburg wieder abholen würden. Doch der Regent ließ sich Zeit mit seiner Entscheidung – zu viel Zeit, wie Johanna fand, die allmählich die Geduld verlor über »ein solches Maß an royalistischer Willkür«.

»Wirklich, man sollte meinen, man hätte nichts anderes zu tun als, getrennt von den Kindern, hier im *Royal* zu hocken und darauf zu warten, dass man fahren darf – und das, obgleich man in Wahrheit nicht einmal fahren *will!* Nein, Ottochen, jetzt reicht es mir, ich fahre schon voraus nach Hohendorf, die Kinder warten bestimmt schon voller Ungeduld. Du kannst uns dann dort abholen, wenn Seine Majestät dich endlich lässt … Bist du mir böse, wenn ich fahre?«

Bismarck sah sie verwundert an. »Böse? Nein, natürlich nicht. Die Kinder brauchen dich, du hast recht, zu fahren. Richte den lieben Belows derweil meine herzlichsten Grüße aus und danke ihnen auch in meinem Namen recht herzlich für all das Gute, was sie unseren Kleinen getan haben. Ich komme, sobald ich kann.«

Das war leichter gesagt als getan – Bismarck verzweifelte fast an seinem Strohwitwerdasein und dem ewigen Nichtstun. »Im Hotel kommen Gäste und gehen, nur ich bleibe zurück – ich denke mir, dass ich hier uralt werde. Jahreszeiten, ja, ganze Geschlechter von Kellnern ziehen an mir vorüber. Nur ich bleibe in meinem grünen Stübchen!«

Endlich jedoch, am Himmelfahrtstag 1860, fand Bismarck bei seiner Rückkehr von einem Spaziergang im Tiergarten die entscheidende Depesche vor, in der es hieß: Zurück nach Sankt Petersburg!

Am Hof des Zaren

Johanna gefiel es in Petersburg besser, als sie es für möglich gehalten hatte. Als sie das Palais an der Newa zum ersten Mal betrat, an jeder Hand einen ihrer Jungen haltend, musste sie regelrecht die Luft anhalten.

»Das ist ja wie in einem Palast!«, brachte sie schließlich hervor, ihre Augen noch immer ungläubig von Schmuckstück zu Schmuckstück wandernd. Da waren riesige Porzellanvasen, uralte Gemälde in goldenen Rahmen, hohe, reich mit Stuck verzierte Decken, handgeschnitzte Treppenläufe, kostbare, weiche Teppiche, über die sie fast nicht zu gehen wagte, und Kristall und Gold in allen Schränken. Das meiste davon gehörte natürlich nicht ihnen, trotzdem war es ein schier überwältigender Anblick für die in solcher Bescheidenheit aufgewachsene Johanna. Bismarck hatte einige ihrer Möbel aus Frankfurt kommen lassen, die aber beim Transport arg gelitten hatten und teilweise nicht mehr zu gebrauchen waren. Sein Arbeitszimmer hatte er neu einrichten lassen und präsentierte seiner Frau bei ihrer Ankunft stolz seinen großen, handgeschnitzten Schreibtisch.

»Was meinst du, liebstes Nannchen, wirst du hier wohl leben können?«, fragte er auf dem Weg nach unten, wo die Kinder geduldig warteten. Für sie hatte Bismarck eine französische Gouvernante und einen Hauslehrer eingestellt.

»Das werde ich wohl müssen, selbst wenn ich es nicht wollte. Aber«, fügte sie lächelnd hinzu und sah zu ihm auf, »ich glaube, dass es mir nicht allzu schwer fallen wird. Der Blick auf die Newa ist geradezu bezaubernd und die Jungen werden es nie müde werden, auf den Kai hinauszusehen, anstatt sich mit ihren Aufgaben zu beschäftigen. Da wird der Hauslehrer einiges zu tun haben!«

»Na, ich hoffe, er ist sein Geld wert«, gab Bismarck grimmig zurück. »Sonst wird er sich schon bald nach einer anderen Stelle umsehen müssen. Glaube mir, Nanne, die Leute hier reißen sich regelrecht darum, im Diplomatenviertel und ganz besonders im Palais Arbeit zu finden. So feine Kinder wie die unsrigen zu unterrichten, müsste doch eine wahre Freude sein.

Ich jedenfalls bin froh und dankbar, sie endlich wieder um mich zu haben. Nicht wahr, Herbert, nicht wahr, Bill, und im Winter gehen wir zusammen auf Bärenjagd in die Wälder!«

Daraufhin brachen die Jungen in wildes Jubelgeschrei aus und begannen um ihren Vater herumzutanzen, dass es Johanna ganz unangenehm war.

Hilflos blickte sie zur Haushälterin hinüber, die jedoch nur ihren nahezu zahnlosen Mund zu einem breiten Lächeln entblößte und etwas auf Russisch sagte, das für Johanna alles hätte heißen können: von »Sehr nette Kinder haben Sie da!« bis zu »Oh je, das sind aber wilde Jungs!«

Johanna verbrachte bald jede freie Minute damit, die schöne Stadt an der Ostsee näher kennenzulernen. Wann immer sie ihre Kinder gut versorgt wusste und auch sonst im Palais nicht gebraucht wurde, nahm sie sich eine Troika, um sich die verschiedenen Stadtteile näher anzusehen. Sie saugte alles, was sie sah, in sich auf und kehrte am Abend glücklich und voller neuer Eindrücke nach Hause zurück. Sie konnte es kaum erwarten, ihrem viel beschäftigten Mann alles zu schildern.

Petersburg ist sehr, sehr prachtvoll, großartig ..., schwärmte sie bald nach ihrer Ankunft in einem Brief an Robert von Keudell. *Und man kann hier, wenn man schrecklich viel Geld hat, das bequemste, reichhaltigste Leben führen, wie zum Beispiel sämtliche Russen es zu tun scheinen ... Unsere Wohnung liegt sehr hübsch, direkt am Kai, mit herrlichem Blick ...*

Ansonsten kümmerte sich Johanna mit großer Ernsthaftigkeit um den Haushalt, der ihrer Ansicht nach bis dahin viel zu nachlässig geführt worden war. Um Geld zu sparen, ließ sie sogar Kartoffeln, Äpfel und Wein aus Deutschland kommen – per Segelfracht.

»Ach, Nanne, wie habe ich dich vermisst«, pflegte Bismarck dann mit einem nachsichtigen Lächeln zu sagen, wenn sie ihm wieder einmal vorrechnete, wie viel sie sparen würden, wenn sie auch das übrige Gemüse aus den heimischen Gärten kommen lassen würden. »Deine vorbildliche Sparsamkeit und dein unermüdliches Rechnen um den letzten Pfennig ebenso wie deine treuen Gebete und Ermahnungen an mich und die Kinder. Nun hat mein Lotterleben hier ein Ende!«

Wütend stemmte sie daraufhin die Arme in die Hüften und sah ihn mit funkelnden Augen an. »Lotterleben, allerdings! Wo bleibt eigentlich dein

Verantwortungsgefühl? Wirklich, Otto, manchmal glaube ich, du hast dem König und dem Zaren gegenüber mehr Verantwortungsgefühl als uns, den Deinen! 25 000 Taler verdienst du hier, nicht mehr und nicht weniger. Dazu bekommst du noch 8000 Taler Wohnungszuschuss, das muss doch reichen. Wie kann es sein, dass die Kasse trotzdem ständig leer ist?«

»Na, das wird sich ja nun ändern«, gab Bismarck unbeeindruckt zurück, »jetzt, wo du endlich wieder das Sagen im Hause hast. Komm her, mein Liebes, und gib mir einen Kuss. Ja, schelte mich nur noch ein wenig, aber dann gib Ruhe und sei mir wieder lieb. Du weißt doch, dass ich dich brauche – dich und die Kinder. Ich bin ja so froh, dass ihr endlich hier seid! Morgen gehen wir einkaufen. Du brauchst ein paar neue Kleider, mit denen du dich bei Hofe sehen lassen kannst. – Kein Aber! Morgen wird eingekauft.«

Widerspruchslos ließ Johanna sich in die Arme nehmen und küssen. Sie war manchmal wirklich wütend auf ihren Otto, konnte ihm aber selten lange böse sein, vor allem dann nicht, wenn sie ihn so lange nicht gesehen hatte. Jetzt, wo sie endlich wieder zusammen waren, wollte sie die Zeit nicht mit Streiten vertun. Außerdem hatte sie ja, wie er es ausdrückte, jetzt das Sagen hier im Haus, und konnte die Dinge von nun an selbst in die Hand nehmen.

»Meine liebe Frau von Bismarck, seien Sie gegrüßt«, empfing die Großherzogin Helene Paulowna Johanna bei deren Antrittsbesuch im Palais. Helene war eine württembergische Prinzessin und Gemahlin des Bruders von Zar Alexander. »Ich hoffe sehr, dass Sie sich recht bald wohlfühlen werden inmitten dieser Stadt der feuchten Straßen und kalten Herzen.«

»Aber das tue ich ja bereits!«, entgegnete Johanna und sah sich scheu in dem prachtvollen Salon der Großfürstin um. Sie war heimlich erleichtert darüber, dass ihr Mann sie hatte neu einkleiden lassen. Leise raschelte die dunkelblaue Seide, während sie sich anmutig durch den Salon bewegte, und ihre neue Brosche funkelte im hereinfallenden Abendlicht. »Ich fühle mich überaus wohl hier, Eure Exzellenz, und jetzt, da ich Sie kennenlernen durfte, ganz besonders. Ich habe keine Angst vor der Nässe – davon haben wir in Pommern im Herbst und im Winter reichlich genug. Und auch nicht vor der Herzenskälte mancher Menschen – auch derer findet man bei uns daheim viel zu viele. Ich werde mich sehr wohlfühlen und sehr glücklich sein.«

»Das freut mich sehr zu hören«, entgegnete Helene und läutete nach dem Mädchen, das im selben Augenblick die Tür zu öffnen schien. Klein und dunkelhaarig, trat sie beinahe lautlos herein und stellte ein rundes Tablett mit Tee, Obst und süßem Gebäck auf einem Tischchen ab, dessen fein geschwungene Beine Johanna an einen Käfer erinnerten. Ebenso leise, wie sie gekommen war, verschwand die Kleine wieder und schloss lautlos die Tür hinter sich.

»Greifen sie zu, meine Liebe«, sagte die Großfürstin und deutete auf das Tablett. Sie selbst nahm eine Haselnussmakrone und steckte sie sich – zu Johannas Erstaunen – auf einmal in den Mund. »Mmh«, bemerkte sie, kaum dass sie den letzten Bissen hinuntergeschluckt hatte, und tupfte sich die zuckrigen Mundwinkel mit einer weißen Stoffserviette. »Ganz köstlich! Die müssen Sie unbedingt probieren. Sie sind eine Spezialität des kaiserlichen Hofbäckers, der uns freundlicherweise auch beliefert. Kommen Sie, setzen Sie sich zu mir. Wir werden uns viel zu erzählen haben. Wie gefällt es Ihren Kindern hier? Sie haben drei, nicht wahr, zwei Buben und ein Mädchen?«

Johanna nahm auf dem blassblauen Sofa Platz und konnte nicht umhin, die Großfürstin von Herzen zu bewundern. Was für eine Frau! *Die allerhöchste Kaiserin und sämtliche Großfürstinnen kenne ich nun, und von der Großfürstin Helene bin ich bis über die Sterne entzückt – so liebenswürdig ist keine wieder von allen Königinnen, Kaiserinnen und Fürstinnen, die leben ...*, schrieb Johanna im Oktober an Marie Becker. Und: *Das Leben könnte gar nicht schöner sein! Ich könnte es mir sogar fast vorstellen, selbst am Hofe zu leben – wenn nur das Heimweh nicht wäre ...*

Außer der Großfürstin Helene, die Johanna auf Anhieb sympathisch fand und mit der sie viel Zeit verbrachte, lernte Johanna bald auch die Kaiserinwitwe und Zarenmutter Charlotte Alexandra Feodora, Tochter der Königin Luise, kennen. Sie war von Anfang an Bismarcks Vertraute gewesen. Er schätzte sie sehr – umso mehr freute er sich, dass auch seine Frau Sympathie für sie empfand.

Als die Kaiserinmutter im November starb, waren sowohl Bismarck als auch Johanna zutiefst erschüttert.

Umso größer war für Johanna die Freude, als zu Weihnachten plötzlich ihr alter Freund und Vertrauter Robert Keudell vor der Tür stand – ihr Mann hatte ihn ohne ihr Wissen eingeladen.

»Das ist ja eine Überraschung!«, rief sie voller Entzücken aus, als der große, zugleich etwas schmächtig wirkende Keudell den Salon betrat, in dem sie gerade an einer Stickerei saß. Das Handarbeitszeug achtlos beiseitewerfend, sprang sie auf und eilte auf ihn zu, um ihn mit einer Umarmung zu begrüßen. Bismarck stand lächelnd im Hintergrund.

»Robert! Oh, wie schön, dass du da bist! Hast du weder Kosten noch Mühe gescheut und auch dem strengen Winter nicht getrotzt, der schon über Russland hereingebrochen ist? Lass dich ansehen – gut siehst du aus. Gesund und munter! Ach, wie froh ich bin, dich zu sehen. Und du, Otto, hast natürlich kein Sterbenswörtchen davon verlauten lassen, dass er kommt. Wie lange hast du's schon gewusst? Wochen, Monate?«

Bismarck schüttelte den Kopf. »Nicht allzu lange. Soll ich Wein holen lassen? Keudell, was sagen Sie – oder soll es gleich Krimsekt sein? Schließlich ist Weihnachten.«

»Wein ist mir durchaus recht, Herr von Bismarck, vielen Dank«, entgegnete Keudell höflich und konnte dabei kaum den Blick von Johanna wenden. Sie war strahlend schön – so schön hatte er sie schon lange nicht mehr gesehen und auch nicht so glücklich. Petersburg musste ihr folglich gut bekommen.

»Hübsch habt ihr es hier«, meinte er später, als er sich ein wenig genauer im Palais umgesehen hatte, »sehr hübsch. Du hast doch kein Heimweh, Johanna, oder?«

»Ein wenig«, gab Johanna zu. Dann lachte sie – etwas gezwungen, wie ihr Gast fand, der sich jedoch nichts anmerken ließ, außer dass er eine Augenbraue fast unmerklich in die Höhe zog.

»Aber ich habe kaum Zeit, Heimweh zu haben – eine Einladung folgt der nächsten. Die Petersburger tanzen und feiern gern, bei Hofe und anderswo. Es ist ungewohnt, aber schön. Doch«, bekräftigte sie, »es gefällt mir gut. Und Bismarck ist glücklich. Sehr glücklich sogar. Wegen ihm könnten wir wohl auf Jahre hier bleiben!«

Kein Wunder, dachte Keudell, der sich alles mit einer Mischung aus Bewunderung und Sorge angesehen und angehört hatte. *Es geht ihnen gut hier, ohne Zweifel, sie sind angesehen und verkehren in den höchsten Kreisen. Verdienen tut er auch gut, der Herr Gesandte – fast zu gut, möchte man sagen. 25 000 Taler – plus Wohnungszuschuss! Davon können ihre Eltern nur träumen.* Keudell wusste, dass Johannas Vater allzu gerne mitgekommen wäre, um seine Tochter und die Enkel zu besuchen, aber die Reise war einfach zu teuer.

Unwillkürlich blieb sein Blick an der Perlenkette mit Brillantschloss hängen, die Johanna um den Hals trug – ein Weihnachtsgeschenk Bismarcks, wie er vermutete.

Johanna bemerkte seinen Blick und sah in ernsthafter Verlegenheit an sich herunter. War es die Perlenkette, die diesen irritierten Blick in den Augen des Freundes hervorrief? – Sie war überrascht gewesen, als Bismarck sie ihr gestern Abend um den Hals gelegt und sie zärtlich geküsst hatte. »Damit du im neuen Jahr etwas Vernünftiges auf den Hofbällen zu tragen hast. Etwas, das zu deinen neuen Kleidern und zu deinen unbeschreiblich schönen, dunklen Augen passt. Wenn du möchtest, lasse ich noch die passenden Ohrstecker kommen und schenke sie dir spätestens zum Geburtstag.«

Johanna hatte ihn mit einer Mischung aus Liebe, Dankbarkeit und Überraschung angestarrt. Ein so kostbares Geschenk hatte sie nicht erwartet – und konnte auch im ersten Augenblick wenig Freude darüber empfinden. Vor allem, nachdem Bismarck das mit den Bällen gesagt hatte. Aber als sie sich später in ihrem Schlafgemach im Spiegel betrachtete, die glänzenden Perlen sah, die sich wie funkelnde Sterne von ihrem schwarzen Samtkleid abhoben, fand sie sie doch sehr schön und eilte in das Zimmer ihres Mannes nebenan, um sich noch einmal mit einem Kuss dafür zu bedanken. Wie so oft, wurde sie von Bismarck in die Arme gezogen und leidenschaftlich zurückgeküsst. Wann immer er sie so küsste, wusste sie, dass sie die ganze Nacht bei ihm bleiben würde und alles, was ihr eben noch so schwer auf dem Herzen gelegen haben mochte, war auf einmal wie weggewischt …

»Johanna? Liebes? Hörst du mich?«

Verwirrt sah Johanna auf. Bismarck selbst stand vor ihr und blickte ihr lächelnd in die Augen.

»Ich hatte dich gefragt, wann wir essen wollen. Ist es um halb sieben recht? Die Köchin muss Bescheid wissen. Sie hat heute früher als sonst Feierabend, weil sie noch zu ihrer Schwester nach Königsberg auf Besuch geht. Soll sie den Vogel in den Ofen schieben?«

Die Schamesröte stieg Johanna ins Gesicht und sie beeilte sich zu nicken. »Aber ja, halb sieben ist wunderbar. Was immer du sagst, mein Ottochen. Perfekt. – Robert?«, sagte sie, jetzt wieder an ihren Gast gewandt, »wirst du uns heute noch die Ehre erweisen, auf dem Flügel zu spielen? Er steht drüben im vierfenstrigen Salon, ein echter Andéscher. Du hast ihn eben bewundert. Wollen wir?«

Keudell bot ihr lächelnd den Arm. »Aber natürlich, meine Liebe. Für dich immer!«

Trotz funkelnder Perlenketten und eleganter Roben waren die höfischen Festlichkeiten für Johanna ein Graus. Sich »anziehen« zu müssen, blieb ihr das »Schlimmste in der ganzen Woche« – dafür erntete sie am Zarenhof stets viel Beifall, nicht nur für ihre natürlich-elegante Erscheinung, sondern vor allem für ihre Freundlichkeit und Herzenswärme. Sogar diejenigen, die sie nicht mochten, mussten ihr dies zugestehen. In der Öffentlichkeit vermied Johanna das Tanzen zwar, wann immer es ging, zu Hause aber walzte sie durchaus gerne, besonders natürlich mit ihrem Otto.

Trotz alledem wurde ihr der Winter in Sankt Petersburg lang und länger und die nie enden wollende Kälte und Dunkelheit legten sich wie ein schwerer Schleier auf ihr Gemüt. Als im Januar auch noch der alte und seit Langem schon geistig ein wenig »umnachtete« König Friedrich Wilhelm IV. starb, wurde zu allem Überfluss auch noch Hoftrauer verordnet, was die Stimmung nicht gerade hob. *Wir gehen schon seit sechs Monaten wie die kohlschwarzen Raben einher, bis an die Zähne verhüllt,* schrieb sie nach Frankfurt. *Wir leben still wie die Einsiedler. Ich hoffe, Bismarcks Nerven werden sich in der stillen Zeit recht stärken und unser häusliches Leben soll recht angenehm werden.*

In dieser Zeit sehnte sich Johanna mehr denn je zurück nach Deutschland. Auch der für eine Weile vergessene Traum von einem ruhigen Landleben in Schönhausen oder Kniephof kehrte an den langen, dunklen Abenden, die sie allein vor dem Kamin verbrachte, weil ihr Mann in seinem Studierzimmer saß, zurück. Ein schlimmes Heimweh packte sie, als Graf

Solms, der vorübergehend den zweiten Sekretär von Schlözer in Sankt Petersburg vertreten hatte, mit der *Wladimir* zurück nach Stettin fuhr. Johanna sah ihm mit feuchten Augen nach – nicht so sehr um des Mannes, sondern um seines Zieles willen.

»Ach, Otto«, seufzte sie an diesem Abend, »wann werden *wir* in die Heimat zurückkehren?«

Dass sich in ihrem Leben etwas verändern würde, war ihnen beiden klar, denn nach dem Tod des Königs schien eine Versetzung aus Sankt Petersburg unvermeidbar. Aber wann und wohin es nun gehen würde, blieb lange Zeit ungewiss.

Französisches Intermezzo

Nun heißt es wieder Abschied nehmen, schrieb Johanna im Frühling 1862 in ihr Tagebuch. Vor ihrem Fenster blühten die Magnolien in all ihrer Pracht, obwohl es erst Ende März war. Selbst für russische Verhältnisse kam der Frühling in diesem Jahr ungewöhnlich früh. *Leb wohl, blauer Himmel, blaue Newa, erste Frühlingsluft! Leb wohl, Sankt Petersburg! Der Abschied wird mir leichter werden, weil ich meine glückseligen, warmen Herzen mit mir nehme …*

Doch Johanna wusste, dass der Abschied noch nicht einmal das Schlimmste war. Das Schlimmste war für sie die quälende Ungewissheit, die sich in ihr breit machte, darüber, wo es diesmal hingehen sollte. Sie wusste sehr gut, dass es nicht Frankfurt sein konnte, auch wenn sie sich dies von Herzen wünschte, sondern dass stattdessen sowohl Paris als auch Berlin zur Diskussion standen.

Erst in der Nacht zuvor hatte sie wieder einmal Stunden im Gebet verbracht, anstatt zu schlafen – ein Umstand, der durchaus häufiger vorkam als sie Bismarck gegenüber zugab, wohl wissend, dass er dies nicht guthei-ßen würde.

»Du kannst doch getrost mein und unser aller Schicksal in Gottes Hand legen. Warum genügt dir das nicht?«, würde er dann sagen und sie würde einen ihrer Lieblingsverse aus der Bibel zitieren, Psalm 50, Vers 15, in dem es heißt: »Rufe mich an in der Not und ich will dich erretten und du sollst mich preisen.«

Daraufhin würde Bismarck vermutlich nur hilflos die Hände gen Himmel werfen und hörbar theatralisch seufzend wieder herunternehmen, um sie zärtlich um Johannas Taille zu legen und sie in seine Arme zu ziehen. Ende der Diskussion.

Johanna war schon ganz krank vor Ungewissheit und streifte an Regentagen wie ein rastloser Tiger durch das Palais, bis endlich, am Abend des 22. April, eine Depesche gebracht wurde: die Ernennung Bismarcks zum Preußischen Gesandten in Paris.

Sehr huldvoll und fast herzlich verliefen die Abschiedsbesuche bei der Hofgesellschaft, wie Johanna nach Reinfeld schrieb, nicht selten wurden sogar Tränen vergossen. Bei der letzten Audienz drückte Zar Alexander II. zunächst Johanna gegenüber sein aufrichtiges Bedauern darüber aus, dass König Wilhelm I. sie und ihren »vortrefflichen« Mann aus Sankt Petersburg abberufen habe. Danach sah der Zar den Preußischen Gesandten eine lange Zeit ernst und schweigend an und sagte schließlich: »Nicht wahr, Herr von Bismarck, wir werden doch Freunde bleiben?«

Nicht einmal ein letzter, unbeschwerter Sommer in Pommern wurde der Familie beschert, da Bismarck noch dringend Geschäftliches zu erledigen hatte. Johanna, die bereits im April mit den Kindern nach Reinfeld gefahren war – um, wie sie sagte, der russischen Hitze zu entfliehen, die ihren Kindern nicht guttat und ihrem Asthma noch weniger –, wartete vergebens auf ihn. Bismarck fuhr noch im Mai auf direktem Wege nach Paris, von wo er Johanna alsbald meldete, dass es sich wahrscheinlich nicht lohne, sich in dem – zugegebenermaßen recht hübschen – neuen Quartier am *Quai d'Orsay* häuslich einzurichten, da er nicht wisse, ob seiner Majestät dem König nicht urplötzlich wieder etwas anderes einfalle. Auch müsse sie sich so bald nicht auf den Weg zu ihm machen. Am Ende wäre es eine leicht vermeidbare Zumutung für sie und die Kinder, sollte er Paris doch vorzeitig verlassen, wie er es durchaus im Gefühl habe.

In seinem nächsten Brief bat er die nicht wenig erstaunte Johanna, die dies stirnrunzelnd zur Kenntnis nahm, dass sie ihm *sobald es ginge* folgen möge. Und sei es auch nur für kurze Zeit, er könne doch nicht ohne sie und die Kinder sein. Selbst der Anblick der Seine – *um ein so vieles weniger hübsch anzusehen als unsere blaue Newa!* – könne ihn nicht trösten, im Gegenteil, er stimme ihn geradezu melancholisch. Nein, kommen müsse sie, und zwar rasch.

Johanna ließ den Brief sinken und vergrub ihr Gesicht in den Händen. Frankreich! Paris! Ausgerechnet! Nur mit Mühe die Tränen zurückhaltend, griff sie zur Feder und setzte eine Antwort auf.

Mein Geliebter!

Natürlich komme ich zu Dir, wenn es Dein Herzenswunsch ist. Wann erwartest Du uns? Haben wir noch Zeit, über Frankfurt zu reisen? Ach bitte, sag ja. Wenn es schon zu den grässlichen Franzosen gehen muss, dann wenigstens über Frankfurt. Wenn Du vielleicht auch noch für ein paar Tage dorthin kommen könntest – ich weiß, ich verlange viel von dir, aber vielleicht ist es Dir doch möglich, da Du ja offensichtlich gar nicht so viel zu tun hast, wie Du angenommen hattest, als es hieß, Du sollest nach Paris gehen. Wäre es nicht schön, noch einmal mit all unseren lieben Frankfurtern zusammenzukommen?

Johanna ließ die Feder sinken und atmete tief durch, bevor sie weiterschrieb. Es fiel ihr so schwer!

Den Kindern werde ich vorläufig noch nichts sagen, den Eltern lieber auch nicht, bis ich von Dir endgültigen Reisebefehl erhalten habe. Ich sorge mich um Dich, mein Liebster! Schläfst Du auch?

Deine Dich über alles liebende und von Herzen mit Dir leidende Johanna

Den endgültigen Reisebefehl erhielt Johanna nie – erst weilte ihr Mann für einige Zeit in London, wo er die Weltausstellung besuchte und bestimmt, wie sie Keudell gegenüber in einem für sie seltenen Moment der Unbedachtsamkeit äußerte, recht eifrig mit den schönen, blassen Engländerinnen flirtete, die ihm schon in seiner Jugend so manches Mal beinahe zum Verhängnis geworden waren (allein von zwei Ver- und den dazugehörigen Entlobungen mit englischen Damen wusste sie mit Sicherheit). Dann reichte Bismarck ein Urlaubsgesuch ein, das ihm schließlich auch bewilligt wurde. Aber wenn Johanna gehofft hatte, er würde den Urlaub nutzen, um zu ihr zu kommen, hatte sie sich getäuscht. Stattdessen fuhr ihr lieber Mann – aus gesundheitlichen Gründen, wie es hieß, und wie sie es auch gerne glauben wollte – in die Pyrenäen und anschließend nach Biarritz zum Badeurlaub.

Und hier, am sommerblauen Atlantik im August, traf Bismarck auf sein persönliches Waterloo …

Mein Liebchen,

gestern bin ich aus St. Sebastian wieder nach Bayronne gelangt, wo ich die Nacht schlief, und sitze hier in einem Eckzimmer des Hotel de l' Euro-

pe, mit reizender Aussicht auf die blaue See, die ihren weißen Schaum zwischen wunderlichen Klippen hindurch gegen den Leuchtturm treibt. Ich habe ein schlechtes Gewissen, dass ich so viel Schönes ohne Dich sehe ... Das Baden und die frische Seeluft tun mir außerordentlich gut, so gut, dass ich wieder ganz jung werde. Nach jedem Bade fühle ich ein Jahr weniger auf meinem alternden Haupte. Wenn ich es auf 30 bringen soll – 17 habe ich schon mit Trouville und San Sebastian –, so siehst Du mich als Göttinger Student wieder!

Lachend legte Johanna den Brief beiseite – nicht ahnend, dass sich hinter dem *sich jung und jünger Fühlen* noch ein ganz anderer Grund steckte, einer, von dem Bismarck sich zu diesem Zeitpunkt noch nicht zu berichten traute: Er hatte in dem eleganten europäischen Badeort, der durch die Kaiserin Eugenie berühmt geworden war, den russischen Fürsten Orlow und seine junge Frau Katharina getroffen und mit ihnen Freundschaft geschlossen. Katharina war nicht nur jung, sie war sehr hübsch, klug und lebensfroh und erinnerte Bismarck damit fatalerweise an seine geliebte Marie Thadden. Fatalerweise deshalb, weil er, ehe er sich's versah, schon bald so hoffnungslos in sie verliebt war, dass er diese Leidenschaft auch vor Johanna nicht mehr recht verbergen konnte.

So kam es, dass er sich schon in seinem nächsten Brief verplapperte: *Heute sind wir von sieben bis zehn Uhr früh spazieren gegangen*, schrieb er, nachdem er kurz zuvor im selben Brief behauptet hatte, den Spaziergang ganz allein unternommen zu haben. *Eine Viertelmeile nördlich von hier ist eine enge Schlucht im Felsenufer, herrlich grün, buschig und schattig, unsichtbar für alle Menschen. Durch zwei Felsen mit Heidekraut in Blüte sehe ich das Meer grün und weiß in Schaum und Sonne, neben mir die reizendste aller Frauen – bis auf eine natürlich.*

Diese Bemerkung jedoch war offensichtlich in der Absicht, Johanna zu beruhigen, in Hast und Eile hinzugefügt worden. Sie sollte schließlich nicht denken, dass er ihr untreu war. Das war er vermutlich auch nicht – trotzdem ertappte Johanna sich dabei, ein klein wenig eifersüchtig zu sein. Das gab sie natürlich nicht zu. Auf Bismarcks Bitte, sie möge doch ein paar Zeilen an die reizende »Kathi« schreiben, setzte sie sich sogar hin und tat genau das. Doch leicht fiel es ihr nicht. Es dauerte daher ungewöhnlich lange, bis sie den kurzen, dabei betont freundlichen Brief verfasst hatte. Zwischendurch musste sie immer wieder einmal innehalten und Gott um die nötige Ruhe und Geduld bitten sowie um die richtigen Worte, die ihr selbst nicht recht kommen wollten. Endlich aber war sie zufrieden mit sich, stand auf, um eine Weile im Garten ihrer Eltern spazieren zu gehen und frische Luft zu atmen.

Oh, wie sehr wünschte ich, ich könnte dort sein!, flüsterte sie, als sie unter dem Schatten einer Buche zum Stehen kam. *Ich würde schon auf ihn aufpassen. Oh ja, das würde ich! Ich würde sie gar nicht in seine Nähe lassen, wenn ihr Gatte nicht mit von der Partie ist – und das scheint mir ja recht häufig der Fall zu sein. Natürlich,* fügte sie nachdenklich hinzu, *kann ich's Ottochen nicht verdenken. Eine hübsche junge Frau, die noch dazu so begabt ist und ihm alle Abende Mendelssohn, Beethoven und Schubert vorspielt, hat an einem schönen, romantischen Ort wie Biarritz bestimmt ihren ganz besonderen Reiz.*

Johanna bückte sich, um eine im Gras liegende Seidenschleife aufzuheben; vermutlich hatte Marie sie hier beim Spielen verloren. Nachdenklich betrachtete sie die Schleife. Vor ihrem inneren Auge erstand ganz gegen ihren eigenen Willen ein Bild von einer schönen, dunkelhaarigen jungen Frau, die an der Seite ihres Mannes in der romantischen Schlucht am Felsenufer stand. Die Frau lachte über alles, was Otto sagte, und sah ihn immer wieder kokett von der Seite her an, bis er schließlich nicht mehr wusste, wo er hinsehen sollte.

Doch in dem Augenblick, in dem Bismarck sie in seine Arme ziehen wollte, um sie zu küssen, verschwamm das Bild vor Johannas Augen. Stattdessen hörte sie, wie ihre Tochter nach ihr rief.

»Mama? Mama! Ach, hier bist du – wir suchen dich schon. Großmutter lässt fragen, ob wir ein Picknick im Garten richten wollen, es ist so herrliches Wetter und … Mama? Ist dir nicht wohl?«

Oh doch, dachte Johanna bitter, *mir ist wohl. Ich könnte mich bis in die tiefsten Abgründe meiner Seele von all diesen Leidenschaften tyrannisieren lassen, wenn ich wüsste, dass es ihm ernst ist. Aber das kann ich Marie nicht gut erklären und will es auch gar nicht. Also muss ich tapfer sein, allen Groll und alle Furcht hinunterschlucken und so tun, als sei alles in bester Ordnung. Was es, wenn Gott auf meinen Otto achtgibt, ja vermut-*

lich auch ist. Ich habe einfach zu viel Fantasie. Und dazu ein eifersüchtigeres Herz, als ich's bis jetzt gewusst habe.

»Es ist alles in Ordnung, Miechen, sorge dich nicht um mich. Ich glaube, ich muss in den Schatten und ein wenig ausruhen. Ein Picknick, sagst du? Ja, warum nicht? Lauf du nur schon voraus und sage Bescheid, deine alte Mutter kommt gleich nach …«

Marie, von Natur aus nicht misstrauisch und auch nicht allzu sensibel für die Gefühle anderer, glaubte der Mutter und lief davon.

Johanna sah ihr nachdenklich hinterher. Sie war groß geworden, die Kleine. Vierzehn Jahre alt und fast schon eine richtige junge Dame. Bald würde sie anfangen, sich für andere Dinge als für Ballspiele und Picknicks im Garten zu interessieren. Ob sie wohl, wenn ihr Vater in Paris bleiben sollte, im nächsten Jahr selbst in Biarritz auf der Wiese vor dem Hotel l' Europe liegen und den jungen Männern den Kopf verdrehen würde? Oder würde sie eher – wie ihre Mutter – brav im Zimmer sitzen und Briefe schreiben?

Gestern war ihr fünfzehnter Hochzeitstag gewesen. Bismarck hatte ihn glatt vergessen – zum ersten Mal. *Und wer war daran wohl schuld?*, fragte Johanna sich mit einem grimmigen Lächeln auf dem Gesicht, während sie sich dem Hause näherte. *Natürlich, die reizende Kathi, wer sonst?*

Johanna hatte sich so sehr bemüht, sich nichts anmerken zu lassen, vor allem nicht in Gegenwart Keudells, der gerade in der Gegend und deshalb zu Besuch gekommen war. Keudell machte sich immer gleich solche Sorgen um sie – unnötigerweise, wie sie fand. Ja, und selbst wenn sie eifersüchtig, selbst wenn sie verletzt war, dann musste sie das schließlich mit sich allein ausmachen, oder? *Ich schäme mich etwas, unseres Hochzeitstages nicht gedacht zu haben. Du weißt, mein Lieb, dass mein Herz zwar schwach in Punkt des Datums, aber nicht undankbar gegen Gottes Barmherzigkeit noch gegen Deine Liebe und Treue ist. Es ist eben mit uns geblieben wie am Hochzeitstage. Ich habe nie gedacht, dass es schon so lange her ist. Fünf- oder sechstausend gute Tage, der Herr wolle nicht ansehen, wie unwert ich ihrer war, und fortfahren Seines Segens Fülle ohne Ansehen unseres Verdienstes auf uns auszugießen …*

Fünf- oder sechstausend Tage, von denen du die besten zweifelsohne gerade jetzt im sonnigen Süden verbringst, dachte Johanna, als sie diese

Zeilen las. Aber sie hatte beschlossen, tapfer zu sein und ihrem Otto nicht länger zu grollen – sie fügte sich damit selbst mehr Schaden zu, als dass es ihr das Leben auch nur um eine Spur erleichterte. Also konnte sie ihm geradeso gut verzeihen und gute Miene zum bösen Spiel machen. Wenn es denn überhaupt ein böses Spiel war. Vermutlich nicht, sonst hätte der Graf doch wohl höchstpersönlich eingegriffen, der war ja schließlich dabei.

Kopfschüttelnd las Johanna also weiter: *Ich komme jedes Jahr auf den Irrtum zurück, dass wir im August geheiratet haben – merkwürdig, nicht?*

Ja, sehr merkwürdig, dachte sie und schon wieder fühlte sie, wie heißer Zorn gleichsam einer lodernden Flamme in ihr aufstieg. Wütend warf sie den Brief auf ihren Sekretär. *August, in der Tat! Deine* Tochter *hat im August Geburtstag, den wirst du hoffentlich nicht auch noch vergessen …*

Am Abend kniete Johanna lange vor ihrem Bett, ungeachtet der Kälte, die von dem harten Holzfußboden ihre nackten Beine hinaufkroch. Sie wusste, dass das ihrer angeschlagenen Gesundheit nicht guttat, aber das war ihr jetzt einerlei. Sie betete. Sie betete zu Gott, dass er ihr Weisheit schenken möge. Weisheit und Geduld und Nachsicht mit ihrem lieben Mann, der ihre armen Nerven und ihr ängstliches Herz durch sein Verhalten in einen derartigen Aufruhr versetzte, dass es ihr in Momenten wie diesen schien, als schlössen sich unsichtbare Mauern immer enger um ihr Herz. Immer enger und enger kamen diese Mauern, bis ihr kaum noch Luft zum Atmen blieb …

Keuchend stand sie auf, taumelte zum Fenster hinüber und riss es weit auf, sodass die kalte Nachtluft hereinströmte.

»Herr Jesus«, brachte sie hervor, während sie sich an dem wackeligen hölzernen Fenstersims festhielt, um nicht hinauszustürzen, »vergib mir, dass ich so eifersüchtig bin. Ich weiß, dass es nicht recht ist, einen Mann so sehr zu lieben und – und ich weiß auch, dass man nicht eifersüchtig sein soll. Aber es tut mir so weh, wenn ich seine Briefe lese und er immerzu von dieser Orlow schreibt! Es tut hier –«, schluchzte sie und legte eine Hand auf ihre bebende Brust, als müsse sie dem Herrn Jesus genau zeigen, wo es wehtat, »so weh, dass ich es kaum mehr aushalten kann. Hilf mir, diesen Schmerz zu ertragen, bis ich meinen Otto wiedersehe. Vergib mir all mein Misstrauen und meine Furcht, Herr, aber …«

Sie konnte nicht mehr weitersprechen, so schlimm war es mit der Atemnot und so heftig waren auch die Weinkrämpfe, die ihren zarten Körper schüttelten, als sei er eine junge Weide im Sturm. Kraftlos sank sie zu Boden und kroch von dort aus langsam zum Bett zurück, eine nasse Spur salziger Tränen auf den alten Holzdielen zurücklassend.

Erleichtert sank Johanna in die Kissen und nahm ihre Bibel vom Nachttisch, hatte aber nicht mehr die Kraft, darin zu lesen, ja, nicht einmal, sie aufzuschlagen. Stattdessen fiel sie, die Bibel fest an ihre Brust gepresst, in einen tiefen, traumlosen Schlaf der Erschöpfung.

Kurze Zeit später brachte die Post eines Morgens eine anonyme Zuschrift aus Biarritz, der ein Zeitungsausschnitt beilag. Johanna, die sich einigermaßen erholt und sich aufgrund der pünktlich eingetroffenen Geburtstagspost für Marie auch schon ein wenig beruhigt hatte, war sogar in der Lage gewesen, in einem Brief an ihren Mann herzliche Grüße an »die lieben Orlows« ausrichten zu lassen. Auch wenn Johanna, die sich noch immer etwas schwer mit der ihr so verhassten französischen Sprache tat, nicht alles darin verstand und auch niemanden hatte, den sie um Hilfe bitten konnte, so entnahm sie dem Zeitungsartikel zumindest, dass ihr Bismarck anscheinend einen recht eindeutigen Ruf dort unten genoss. Die Frauen von Biarritz lägen dem flotten Preußischen Gesandten allesamt zu Füßen, besonders eine, und die habe sogar ihren Mann mit dabei, hieß es.

»Da hört sich doch alles auf!«, tobte Johanna. »Frevel! Affront! Oh, diese verruchten Franzosen!«

Aber so absurd sich das Gedruckte auch las – Johanna zerriss den Artikel, noch ehe sie ihn ganz zu Ende gelesen hatte –, der Inhalt nagte doch mehr an ihr, als sie sich einzugestehen wagte. Wenn die Presse sogar schon bemerkt hatte, dass ihr Otto mit anderen Frauen flirtete, dann musste der russische Graf es doch auch bemerkt haben, oder? Wie konnte er dann immer noch die Nähe des Nebenbuhlers ertragen, ja, ihm sogar anbieten, ihn und seine Frau bis an die Riviera zu begleiten? So zumindest hatte Bismarck sich in seinem letzten Brief geäußert. War Orlow gänzlich blind oder kannte er seine Frau so gut, dass er wusste, wie weit er ihr trauen durfte?

Johanna indes wusste nicht mehr genau, wieweit sie *ihrem Mann* noch trauen durfte. Er schrieb wohl immerzu von seiner tiefen Liebe und seiner Sehnsucht nach ihr und den Kindern, aber da sie ihn seit Petersburg nicht mehr gesehen hatte und allmählich nicht mehr daran glaubte, dass er sie in Paris wirklich haben wollte, grub sich der Zweifel immer tiefer in ihr Herz. Immer öfter zog Johanna sich in ihr Zimmer oder in die Kirche zurück, um zu beten und in der Heiligen Schrift Trost zu suchen.

Doch wahre Erleichterung erfuhr sie erst durch die Anfang September eintreffende Nachricht Bismarcks, dass er im Begriff sei, nach Berlin zu fahren. Er würde die Orlows, die nun doch nicht an die Riviera führen, bis nach Genf begleiten und sich dort endgültig von ihnen verabschieden, um nach Berlin weiterzureisen.

Dort hoffte er, endlich Näheres über seine politische Zukunft zu erfahren, denn *so könne es ja auf Dauer nicht weitergehen, er würde tausendmal lieber bei ihnen in Pommern die Zeit totschlagen, als noch länger einsam und verlassen in Paris herumzusitzen.*

Glücklich tanzte Johanna mit dem Brief durch das Haus, bis sogar ihre Mutter sie ermahnte. »Du wirst nur einen neuerlichen Anfall bekommen, mein liebes Kind, und dann liegst du wieder Tage im Bett und kannst dich gar nicht an der herrlichen Spätsommersonne erfreuen, die der Herr uns geschickt hat. Sieh nur, Marie hat den Teetisch draußen gedeckt, ist das nicht nett? – Komm, Hanna, wir wollen deinen Vater suchen, der steckt bestimmt mal wieder in der Bibliothek und liest oder schreibt irgendwas Wichtiges, was er ebenso gut an einem Regentag tun könnte. Und dann trinken wir auf der Terrasse Tee und du liest uns, wenn du magst, ein paar Zeilen aus Ottos Brief vor – die ganz privaten natürlich nicht, von denen wollen wir gar nichts wissen. Aber er wird sicher auch etwas für uns dazugeschrieben haben, das tut er ja eigentlich immer oder doch zumindest recht oft. – Ach, da bist du ja, Heinrich, wir wollten dich gerade holen. Komm mit auf die Terrasse, deine Enkeltochter hat den Teetisch gedeckt und noch so hübsch dazu, mit Blumen und allem, was dazugehört. – Wo stecken die Jungen, sind sie noch draußen?«

»Ich habe sie zuletzt in der Küche gesehen, wo sie versuchten, vom Kuchen zu naschen, der aber erst für morgen ist … sagen sie«, entgegnete Vater Puttkamer mit einem großväterlich-nachsichtigen Schmunzeln, das er in Gegenwart seiner Frau besser nicht hätte zeigen sollen.

»Nun, wenn sie es also so genau wissen, warum versuchen sie dann trotzdem, heimlich davon zu naschen? – Also wirklich, Hanna, du solltest ein wenig besser auf die beiden Lauser achtgeben. Am Ende stehen wir morgen noch ganz ohne Kuchen da, und das, wo sich deine Tante mitsamt Familie angekündigt hat – vor dem Besuch graut's mir so oder so schon ein wenig. Die Tante redet immer gar so viel, vor allem von Krankheiten und dergleichen … – Wo war ich? – Ach ja, der Tee. Gehst du nach den Jungen sehen, Hanna? Dann kannst du sie gleich selbst schelten, wenn es nötig sein sollte. Wir können inzwischen an Miechens hübsch gedecktem Tisch Platz nehmen. Ach, und bring noch von dem Spritzgebäck mit, das hat deine Tochter bestimmt nicht finden können. Ich habe die Dose aus Versehen hinter die Gläser mit dem Eingemachten gestellt – oder war es hinter den Töpfen? Ich glaube, ich gehe lieber selbst nachsehen. Geht ihr schon voraus, ihr beiden, und sagt Marie, sie darf noch ein paar Blumen von hinten dazu pflücken, aber nicht von den Astern, die sind nicht mehr so schön. Sie soll –«

»Ja, Litte, ist recht«, unterbrach Puttkamer den Redefluss seiner Frau und schob diese sanft, aber bestimmt auf den Flur hinaus. »Wir werden es ihr sagen. Beeile du dich lieber, sonst wird der Tee kalt, und dann nützen uns die allerhübschesten Blumen und das feinste Spritzgebäck nichts. Da vorne kommen übrigens Herbert und Bill vom Wald herüber, fröhlich pfeifend und ganz ohne Kuchenkrümel um den Mund, wie mir scheint. Ich gehe ihnen mal entgegen. Komm, Hanna, geh du schon vor auf die Terrasse und nimm deinen Brief mit, ich möchte auch ein wenig daraus erfahren, was mein lieber Schwiegersohn in Biarritz so alles treibt. Die schöne Gräfin ist wohl inzwischen abgereist, ja?«

Johanna zog ein Gesicht, aber erst, nachdem ihr Vater hinausgegangen und ihre Mutter den Flur hinunter in die entgegengesetzte Richtung geeilt war, immer noch leise vor sich hin schimpfend. Was wussten Vater und Mutter schon von Otto und seiner Gräfin! Sie wusste ja selbst kaum mehr, aber inzwischen war es ihr auch ganz gleichgültig, was war und was nicht und was die Zeitungen in Frankreich darüber schrieben. Otto war auf dem Heimweg und mit etwas Glück oder, besser gesagt, wenn Gott wollte, würden sie einander recht bald wiedersehen. Wenn nicht hier, dann wenigstens in Berlin. Denn obwohl Johanna Berlin ja eigentlich nicht mochte, würde sie doch lieber den Rest ihres Lebens dort mit ihrem Otto verbringen, als einsam und ahnungslos in Reinfeld festzusitzen, während er sich in der Welt herumtrieb und mit anderen Frauen vergnügte, egal, wie harmlos diese Vergnügungen auch sein mochten. Nein, sie hatte wahrhaftig genug von den Orlows dieser Welt.

An diesem Abend fiel es ihr leicht zu schreiben: *Deine C. Orlow hat Dich nun wohl verlassen und Du bangst dich schrecklich, mein Ottochen – ich habe das tiefste Mitgefühl und weiß, wie grässlich Bangen nach lieben Menschen ist; aber ich freue mich doch auch so sehr, dass Du mit Gottes Hilfe nun bald bei uns sein wirst, dass eigentlich die Orlows nicht sehr mein Herz beschweren. Ich danke es ihnen herzlich, dass sie Dich so reizend unterhalten haben …*

Punkt. Dann schrieb sie ihm noch von den Kindern und von ihren Eltern und bat zum Schluss, dass er ihr doch, wenn er Gelegenheit hätte, noch etwas Hübsches aus Paris mitbringen möge.

Während Johanna tags darauf in der Stettiner Zeitung von einer Versetzung ihres Mannes nach London las und darüber, wenn schon nicht glücklich, so doch einigermaßen beruhigt war – alles, nur nicht Paris, dachte sie –, hatte Bismarck indes ganz andere Pläne. Während seiner Zeit in Frankreich war sein Freund Albrecht von Roon aktiv damit beschäftigt gewesen, Bismarcks Rückkehr nach Berlin vorzubereiten, und zwar für keinen geringeren Posten als den des Ministerpräsidenten.

Eine Depesche mit entsprechender Anweisung von Roon erreichte Bismarck am Morgen nach der orlowschen Abreise aus Biarritz, und Bismarck machte sich sofort auf den Weg nach Berlin, wo ihn nicht nur von Roon, sondern auch der König erwartete.

»Ich will nicht regieren, wenn ich es nicht so vermag, wie ich es vor Gott, meinem Gewissen und meinen Untertanen verantworten kann. Das kann ich aber nicht, wenn ich nach dem Willen der heutigen Majorität des Landtags regieren soll, und ich finde keine Minister mehr, die bereit wären, meine Regierung zu führen, ohne sich und mich der parlamentarischen Mehrheit zu unterwerfen. Ich habe mich deshalb entschlossen, die Regierung niederzulegen und meine Abdikationsurkunde, durch die angeführten Gründe motiviert, bereits entworfen. Hier ist sie«, erklärte der König dem erstaunten Otto von Bismarck und schob ihm ein entsprechendes Schriftstück zu.

»Ohne geeignete Minister kann ich nicht regieren«, wiederholte der Regent mit Nachdruck und sah Bismarck dabei herausfordernd an.

Dieser erwiderte: »Eure Majestät, erlauben Sie mir bemerken zu dürfen, dass Ihnen bereits seit Mai bekannt ist, dass ich durchaus bereit wäre, in das Ministerium einzutreten. Ich bin auch gewiss, dass Roon mit mir bei Ihrer Majestät bleiben würde, und ich zweifele nicht, dass die weitere Vervollständigung des Kabinetts gelingen würde, falls andere Mitglieder sich durch meinen Eintritt zum Rückzug bewogen finden sollten. Die Entscheidung hierüber liegt natürlich bei eurer Majestät.«

Der König stellte nach einigem Erwägen und Hin- und Herreden die Frage, ob Bismarck denn bereit sei, auch als Minister für Militärorganisation einzutreten, und nach dessen Bejahung die Frage, ob im Zweifelsfalle auch gegen die Majorität des Landtages und deren Beschlüsse.

Auf Bismarcks uneingeschränkte Zusage erklärte der Regent schließlich: »Nun, dann ist es meine Pflicht, mit Ihnen die Weiterführung des Kampfes zu versuchen, und ich abdiziere nicht. Begleiten Sie mich noch auf einen Spaziergang in den Park, damit wir alles Weitere besprechen können?«

Als am Tag nach dem 22. September die Nachricht über Bismarcks Ernennung zum Ministerpräsidenten und zum Minister des Auswärtigen Amtes Reinfeld erreichte, brachen gleich mehrere Menschen dort in Tränen aus: Der alte Puttkamer weinte vor Stolz, seine Frau aus Trauer über den bevorstehenden Verlust der Tochter und der Enkelkinder, und Johanna selbst aus Stolz und Wut zugleich. Nun musste sie also doch nach Berlin – in die verhasste Wilhelmstraße, in die sie nie einen Fuß hatte setzen wollen …

Berlin, Wilhelmstraße 76

Mit der Ernennung zum Ministerpräsidenten erfüllte sich Bismarcks lang gehegter Traum, große Politik gestalten zu dürfen, dem König dabei noch unmittelbarer als zuvor als Preußischer Gesandter zu dienen und sein geliebtes Preußen in eine neue Epoche zu führen, die jetzt, das fühlte er, begann.

»Ich weiß wohl, wie du dazu stehst, mein Liebstes. Aber du hast gewusst, was dich erwartet, als du einwilligtest, meine Frau zu werden. Ja, du hast es gewusst, als wir noch nicht einmal verlobt waren – weißt du noch, damals auf Blanckenburgs Gut beim Scheibenschießen? Du fragtest, ob ich keine höheren Träume hätte oder etwas dergleichen, und ich glaube mich entsinnen zu können, dass ich schon damals davon sprach, große Politik zu machen – oder gar keine. Wenigstens bin ich, was das angeht, konsequent.«

Johanna, die froh war, endlich wieder mit ihrem Mann vereint zu sein, nickte stumm. Ja, natürlich erinnerte sie sich – wie könnte sie diese ersten Begegnungen, die ersten kleinen, vertraulichen Gespräche, das erste Herzflimmern jemals vergessen? Auch an ihre »Predigt« bezüglich seiner Einstellung zum christlichen Glauben erinnerte sie sich fast wortwörtlich. Seitdem war ja Gott sei Dank viel passiert. Bismarck war ihrem eigenen Glauben ein ganzes Stück näher gekommen – zumindest betete er und las regelmäßig in der Bibel, die sie ihm geschenkt hatte. Er vergaß auch nie, Gott für alles Gute, was ihnen widerfuhr, zu danken.

»Ja, Ottochen, ich weiß. Es ist ja auch gut so, wenn du nur glücklich bist. Du wirst schon wissen, was du tust, und der König ist gut beraten mit dir als Minister. Einen besseren hätte er sich gewiss nicht aussuchen können. Du wirst ein wenig Geduld mit mir haben müssen, fürchte ich, denn von heute auf morgen werde ich mich an das höfische Leben und all die Vorschriften und Einschränkungen, die es mit sich bringt, nicht gewöhnen können. Ich bin eben nur eine einfache, pommersche Landfrau, vergiss das nicht – die bekommst du nicht von einem Tag auf den anderen zur

Exzellenz gemacht. Und dann das Stadtleben als solches … ich werde oft Heimweh haben, Otto, aber –«

Hilflos sah sie um sich und versuchte ein versöhnliches Lächeln, als sie den kleinen Garten auf der Rückseite des Palais in der Wilhelmstraße erblickte. »Nun, wenigstens kann man an schönen Tagen draußen sitzen, und ein paar Tulpen werden hier ja wohl auch blühen, wenn der Frühling kommt. Ich werde noch welche pflanzen, bevor ich abreise.«

Ihr Mann beugte sich hinab, um sie zu küssen. »Ich helfe dir dabei. An den Tulpen soll's nicht scheitern! Und nun komm, sieh dir die anderen Räume an. Ich dachte, die Jungen könnten ein Schulzimmer in der ersten Etage bekommen – selbstverständlich überlasse ich es dir, einen geeigneten Hauslehrer für sie auszuwählen. Für Marie käme sicherlich eine französische Gouvernante infrage, meinst du nicht? Sobald die Möbel aus Petersburg da sind, können wir uns richtig wohnlich hier einrichten. Ich hoffe nur, dass sie dieses Mal ein wenig pfleglicher mit den guten Stücken umgehen; wenn ich allein an meinen schönen Schreibtisch denke, den möchte ich gerne heil und in einem Stück hier stehen haben. Und du bekommst einen neuen Spiegel, oval und mit Goldrahmen, davon hast du doch immer geträumt.«

Johanna errötete. Eigentlich war sie nicht für Luxus, im Gegenteil, sie war zu einem viel bescheideneren Leben erzogen worden und wollte auch selten etwas für sich. Nur einmal, nach einem Besuch bei der Großfürstin Helene in ihrem Petersburger Palais, hatte sie ihrem Mann – unvorsichtigerweise – von einem ebensolchen Spiegel vorgeschwärmt, weil sie ihn so wunderschön gefunden hatte. Sie hätte wissen sollen, dass Bismarck solche Äußerungen nie vergaß. Er liebte es, sie zu verwöhnen, und las ihr beinahe jeden Wunsch von den Augen ab. Aber was nützten ihr die kostbarsten Möbelstücke und Kleider, wenn sie sich dafür von ihrem Zuhause trennen musste – für immer, wie es schien.

Der größte Raum im Haus war das ovale Zimmer mit dem ovalen Tisch, an dem der Ministerrat tagte. Daneben befanden sich sowohl Bismarcks Privatgemächer als auch die von Johanna – gleich gegenüber, wie Johanna nicht umhin konnte zu bemerken, als er sie durchs Haus führte. Auch das Kinderspielzimmer, die beiden Schulzimmer und zwei Salons befanden sich auf dieser Etage. *So konnten sie also, selbst wenn der Ministerrat tagte, stets nahe beieinander sein,* dachte Johanna zufrieden, während sie ihrem Mann wieder nach unten folgte.

»Nun, mein geliebtes Nannchen, kannst du hier glücklich werden?«, fragte er sie und sah sie dabei so zärtlich an, dass es ihr ganz warm ums Herz wurde.

Sie sah dankbar lächelnd zu ihm empor und legte dann ihre Arme um seinen Hals. »Ach, mein Otto, mein Geliebtester, ich bin überall glücklich, wo wir zwei zusammen sind, das weißt du doch! Ich habe es dir versprochen, dass ich dir überallhin folge, und werde mein Wort auch halten. Wo du mir bist, bin ich zu Haus – weißt du's noch?«

Schweigend zog er sie in seine Arme und hielt sie fest umschlossen. Er wusste es noch.

Johanna reiste bald darauf – die Tulpen waren ordnungsgemäß gepflanzt worden – nach Reinfeld zurück, um die Kinder und ihre Sachen zu holen. Ebenso galt es, sich von ihren Eltern und dem Haus zu verabschieden, in dem sie so viele glückliche, wenngleich bescheidene Jahre verbracht hatte, und das auch ihren Kindern ein Zuhause geworden war. Der Abschied von der Mutter fiel ihr besonders schwer, da diese schwer erkrankt war und die Ärzte kaum noch Hoffnung auf Genesung äußerten, sodass Johanna befürchten musste, sie nicht mehr lebend wiederzusehen.

Als schließlich der letzte Abend gekommen war, bat ihr Vater sie noch einmal zu sich in die Bibliothek.

»Setz dich zu mir, mein Kind«, sagte er, wie immer etwas abwesend, und nahm die Lesebrille von der Nase, um sich die Augen zu reiben, die, wie Johanna erschrocken feststellte, ganz rot und entzündet waren. Offenbar litt ihr Vater doch mehr unter der Krankheit der Mutter, als er zugab – und nun stand auch noch ihre Abreise bevor!

Wie schwer muss ihm das Herz sein, dachte Johanna mitleidsvoll und nahm ihm gegenüber auf einem harten, unbequemen Stuhl mit zerschlissenem Polster und wackeligen Beinen Platz.

Oh, wenn sie nur bleiben könnte! Wenn sie nur alle bleiben könnten – wenigstens bis …

Aber weiter getraute sie sich nicht zu denken. Stattdessen sah sie ihren Vater offen an und fragte: »Wirst du uns denn an Weihnachten besuchen kommen, Papa? Wir haben so viel Platz in dem Haus dort, wir können euch leicht unterbringen. Mutter natürlich auch. Sie wird doch Weihnachten wieder besser sein, nicht wahr?«

Sie wusste natürlich, dass das sehr unwahrscheinlich, ja, angesichts des besorgniserregenden Zustands, in dem ihre Mutter sich befand, eigentlich ganz unmöglich war. Dennoch versuchte Johanna, sich an jeden Strohhalm zu klammern. Weihnachten, das war ja noch zwei Monate hin – in zwei Monaten konnte viel passieren.

»Oder ist es vielleicht doch besser, wenn wir zu euch kommen – ja, das wird besser sein, dann muss Mutter nicht die lange Reise auf sich nehmen, gerade jetzt, im Winter, das – das wäre bestimmt nicht gut für sie ... Vater? Vater, was ist? Weinst du?«

Der alte Puttkamer hatte sein Gesicht in beide Hände gelegt und schüttelte stumm den Kopf. Doch Johanna ließ sich nicht täuschen. Sie sprang auf, kam um den Schreibtisch herum, hinter dem ihr Vater in seinem hohen Lehnstuhl saß, und schlang beide Arme um die Schultern des alten Mannes.

»Vater! Ach, lieber Vater ... Wenn ich euch doch nur nicht alleine lassen müsste mit eurem Kummer – gerade jetzt, wo ihr mich so sehr braucht ...«

»Aber ich komme wieder«, versprach sie, das Gesicht an das des Vaters gelegt. »Weihnachten sind wir alle da. Ich verspreche es dir! Ich gehe auch noch und sag's der Mutter. Weihnachten sehen wir uns wieder – hier in Reinfeld. Und wir werden es sehr gemütlich haben, ja? Ja?«

Langsam, kaum merklich schüttelte ihr Vater den Kopf. Er sagte nichts und sie, die nicht mehr wusste, wie sie ihn noch trösten, was sie ihm noch Liebes sagen konnte, schwieg nun ebenfalls. Tränen brannten in ihren Augen, doch sie drängte sie unter Aufbietung all ihrer Willenskraft zurück. Sie durfte jetzt nicht auch noch weinen, sie musste stark sein – für ihren Vater und auch für ihre Mutter, die oben in ihrem Zimmer lag und schlief. Den ganzen Tag über hatte sie Schmerzen gehabt und der Arzt war zwei Mal da gewesen. Johanna hatte beim Packen immer wieder Pausen gemacht, um inständig für ihre Mutter zu beten. Als sie nach dem Abendessen noch einmal nach ihr gesehen hatte, war sie endlich eingeschlafen.

»Weißt du, Hanna«, hörte sie plötzlich die tiefe, raue Stimme ihres Vaters, »ich glaube, es ist alles gut so. Deine Mutter hat Frieden, das hat sie mir oft gesagt in den letzten Tagen. Du bist glücklich, das ist für sie das Wichtigste. Und nun darfst du endlich mit deinem Otto zusammenleben – zu ihm gehörst du ja und nicht mehr zu uns, das weiß auch deine Mutter. Wir können und dürfen euch hier nicht länger festhalten. Wenn du morgen früh fährst und deine Mutter noch schläft, dann ...« Seine Stimme brach und war kaum mehr als ein heiseres Flüstern. »Dann weck sie nicht, Hanna. Lass sie schlafen – den Abschiedskuss werde ich ihr an eurer statt geben, sie wird das verstehen.« Er tätschelte geistesabwesend ihre Hand. »Sie wird's verstehen, Hanna.«

Johanna schluckte, drückte die Hand ihres Vaters ganz fest und kämpfte abermals verzweifelt gegen die Tränen. Doch dieses Mal verlor sie den Kampf.

In Berlin angekommen, war Johanna in den nächsten Wochen so damit beschäftigt, das Haus einzurichten – der Schreibtisch aus Petersburg hatte die weite Reise nach Berlin ebenso wenig überlebt wie der gerade erst in Paris erstandene Sekretär, den Bismarck für seine Frau bestimmt hatte –, dass sie kaum bemerkte, wie die Zeit dahinflog. Von ihrem Vater hörte sie, dass es der Mutter ein wenig besser ging als im Herbst und sie jetzt selbst von Weihnachten zu sprechen begonnen hatte. So wurden Pläne gemacht, das Fest wie gewohnt in Reinfeld zu verleben.

Ihr Zusammenleben in Berlin hatte Johanna sich, insbesondere nach der langen Trennung von ihrem Mann, allerdings etwas anders vorgestellt. Er hatte kaum Zeit für sie und die Kinder, und selbst wenn er im Haus war, war er stets mit Ministerialangelegenheiten beschäftigt und oft so geistesabwesend, dass er sie kaum zu bemerken schien, selbst wenn sie mit ihm sprach. Doch ihm gegenüber klagte Johanna nicht, dafür liebte sie ihn viel zu sehr. Sie war dankbar für jede Minute, jede Stunde mit ihrem Bismarck, ganz besonders, wenn sie ihn einmal ganz für sich hatte, was selten genug vorkam.

Man sieht ihn nie und nie, beschwerte sie sich im Frühling in einem Brief an Robert von Keudell. *Morgens beim Frühstück fünf Minister während des Zeitungsüberfliegens – also ganz stumme Szene. Darauf ver-*

schwindet er in seinem Kabinett, nachher zum König, Ministerrat, Kammerscheusal – bis gegen fünf Uhr, wo er ebenso oft bei irgendeinem Diplomaten speist als bei uns, bis acht Uhr, wo er nur en passant Guten Abend sagt, sich wieder in seine grässlichen Schreibereien vertieft, bis er um halb zehn zu irgendeiner Soiree gerufen wird, zu der ich manchmal mitmuss, manchmal auch nicht. Danach arbeitet er wieder bis gegen ein Uhr und schläft dann natürlich schlecht … Und so geht's Tag für Tag – soll man dabei nicht elend werden vor Angst und Sorge um seine armen Nerven?

Am Morgen seines achtundvierzigsten Geburtstages war Bismarck kaum aus dem Bett zu bekommen. Er war am Abend davor bei einem seiner Amtskollegen zum Diner eingeladen gewesen und hatte danach, wie so oft, noch bis tief in die Nacht über seinen Papieren gesessen. Jetzt tat ihm der Kopf weh, ob vom Wein oder vom mangelnden Schlaf, war unklar und für Johanna, die mit Kuchen und Kerzen und ihren drei festlich gekleideten Kindern in der Tür stand, auch vollkommen unwichtig.

»Papa, du musst aber aufstehen, wir haben draußen eine Überraschung für dich vorbereitet!«, rief Herbert, der ältere der beiden Jungen. »Bill und ich haben nämlich …«

Doch sein kleiner Bruder stieß ihn in die Seite, worauf Herbert ein verärgertes »Aua!« ausstieß und Bill zurückknuffte.

Marie drängte sich an ihren streitenden Brüdern vorbei und kam an das Bett ihres Vaters. Sie hielt einen stark duftenden Blumenstrauß aus Narzissen, Tulpen und Hyazinthen in der Hand und versuchte, ihn dem Vater zu überreichen. Der jedoch drehte sich zur Seite und hielt sich die Nase zu.

»Pfui, die stinken ja! Was hast du da denn gepflückt, Kind? Hat der Pudel zuerst darauf ge…?«

»Otto, aber wirklich!«, schalt Johanna und nahm die verstörte Marie in die Arme. Die Jungen kicherten und bekamen prompt einen bitterbösen Blick von ihrer Mutter zugeworfen. Marie streckte ihnen heimlich die Zunge heraus.

»Es sind Narzissen, Otto, die duften nun einmal so stark, wenn sie gerade aufgegangen sind. Sie sind aus unserem Garten, deine Tochter hat sie eben gepflückt. Tulpen waren noch nicht auf, die habe ich leider kaufen müssen. Und nun komm, heraus aus dem Bett mit dir!«

Bismarck drehte sich wieder um und versuchte böse auszusehen, was ihm jedoch angesichts seiner ihn so erwartungsvoll anblickenden Kinder nicht gelingen wollte. Johanna hatte die Hände in die Hüften gestemmt und blitzte ihn herausfordernd aus ihren dunklen Augen an.

Er seufzte. »Ich bin sicher, du hast es gut gemeint, mein Kind. Du kannst die Blumen in eine Vase stellen und in den Salon bringen, Miechen, aber nicht auf den Frühstückstisch, ja? Lasst mir noch ein wenig Zeit, ich komme gleich hinunter.«

Aus Reinfeld kam Geburtstagspost, ein Napfkuchen mit Kerzen stand auf dem Tisch, und das Frühstück im Familienkreis konnte zu Johannas Befriedigung einmal in ungewohnter Ruhe eingenommen werden. Danach ging es in den Garten, um das selbst gebaute Vogelhaus der Jungen zu bewundern. Marie hatte es noch mit Blumen geschmückt und mit Moos ausgelegt, »damit die Vögel es hübsch gemütlich hätten«. Natürlich konnten die Jungen es nicht lassen, heimlich Grimassen zu ziehen, während sie das sagte.

Die vielen Gratulanten, die sich angekündigt hatten, wurden vertröstet, da Bismarck sich einerseits noch immer nicht viel besser fühlte und andererseits diesen Zustand nutzen wollte, um den Tag ganz seiner Familie zu widmen. Am Nachmittag jedoch lag er auf dem Sofa und war von dort auch nicht mehr wegzubekommen, sodass dieser Geburtstag recht ereignislos zu Ende ging.

Ereignislos ging es im Parlament hingegen nicht gerade zu. Bismarck hatte sich mit seiner Eingangsrede, die die berühmten Worte »nicht durch Kammerreden wird die Einheit Deutschlands bewirkt werden, sondern durch Blut und Eisen!« keine Freunde dort gemacht, ja, er traf damit sogar auf erheblichen Widerstand. Die Zeitung in Berlin schrieb:

Man kann dem Herrn Ministerpräsidenten nur Nachsicht gewähren, denn er hat wohl zu stark gefrühstückt, sonst hätte er wohl so etwas nicht sagen können.

Doch Bismarck blieb bei seiner Meinung und vertrat diese nicht nur dem Parlament, sondern auch ausländischen Politikern gegenüber. So sagte er zu dem Amerikaner Motley, mit dem er freundschaftliche Kontakte pflegte: »In zehn Jahren ist Deutschland einig!«

Wenn Bismarck verärgert und abgespannt aus dem Parlament kam, empfing Johanna ihn stets mit besonders viel Liebe und Fürsorge – nichts war ihr wichtiger im Leben, als dass ihr Otto glücklich war und es ihm gut ging. Umso erfreuter war sie zu erfahren, dass ihr Gatte ihren Jugendfreund Robert von Keudell zum Hilfsreferenten ernannt hatte. Der hatte schon lange darauf gewartet, von Johannas Mann einen Regierungsposten angeboten zu bekommen, ja, er hatte sogar persönlich darum gebeten. Nun sagte er ohne zu zögern zu.

»Gott segne deinen Eingang bei ihm, lieber Keudell, ich freue mich, dass du da bist, wenn auch mit Zittern, und wiederhole stets: Vereinige und verwechsel nur ja nie den Minister mit dem Freund, den du ja kennen- und lieben gelernt hast. Wenn der Minister einmal verstimmt ist und dich in solch unerquicklicher Lage anbrummt, weiß der Freund nichts davon und liebt dich ungestört allezeit«, sagte sie zu Keudell, als der eines Abends bei ihr im Salon am Flügel saß, während Bismarck in seinem Arbeitszimmer saß und schrieb.

Von solcher Liebe wusste Keudell nichts, im Gegenteil: Er fühlte deutlich, dass Bismarck ihn nur Johanna zuliebe in den Dienst berufen hatte. Aber er sagte nichts. Er war dankbar für den guten Posten und froh, in Johannas Nähe sein zu dürfen. Die beiden kannten sich seit ihrer Jugend – Keudell war ein Cousin Anna von Blumenthal-Quackenburgs, die wiederum in der Nähe der Puttkamers lebte und auch Johanna kannte. Auf dem Weg nach Berlin hatte Keudell im Jahre 1845 Halt bei seiner Cousine und der Tante gemacht. Seither waren er und Johanna, die er dort zum ersten Mal getroffen hatte, gute Freunde. Weshalb aus dieser Freundschaft nie mehr geworden war, wusste vielleicht keiner recht zu sagen außer Johanna selbst, der es jedoch nie in den Sinn gekommen wäre, etwas anderes als freundschaftliche Zuneigung für Keudell zu empfinden.

»Danke, Johanna, ich werde mich an deinen guten Rat erinnern, wann immer dein lieber Gatte mich anbrummen sollte – als Minister natürlich, nicht als Mensch. Aber du weißt ja, ich kann recht viel ab. Deshalb bin ich schließlich hier. Und ich bin recht froh drum, muss ich sagen. Berlin ist schön – gefällt es dir denn inzwischen ein wenig besser? Deine ersten Briefe von hier klangen alles andere als begeistert.«

»Ach«, begann Johanna und es war ihr deutlich anzumerken, dass sie wenig Lust verspürte, über Berlin zu sprechen. »Du weißt ja, ich bin nicht für das Stadtleben gemacht – noch viel weniger für das Leben bei Hofe. All diese Empfänge und Bälle und Soireen … die Kleider, der Schmuck, das selbstgefällige Gehabe mancher Frauen dort, all dem kann ich herzlich wenig abgewinnen. Aber es muss sein, das weiß ich wohl. Mein Mann erwartet es so von mir und tut auch recht daran. Als Frau des Ministerpräsidenten«, erklärte sie nicht ganz ohne Stolz, »habe ich natürlich ganz andere Verpflichtungen denn als einfache Frau eines Landadligen auf einem hinterpommerschen oder märkischen Gut. Und manchmal …« Sie senkte scheu den Blick auf ihr edles dunkelrotes Seidenkleid, das Bismarcks modebewusste Schwester Malwine für sie ausgewählt hatte. »Manchmal gefällt es mir sogar ganz gut.«

Schnitter Tod

Im Sommer 1863 ging es Johannas Mutter so schlecht, dass der Vater Johanna bat, sofort zu ihnen nach Reinfeld zu kommen. Bismarck konnte seine Frau nicht begleiten, da der König ihn nicht entbehren konnte. Während also Johanna den August bei den Eltern verbrachte und jeden Morgen ängstlich zum Schlafgemach der sterbenskranken Mutter schlich, um zu sehen, ob sie noch atmete, verbrachte Bismarck eine recht angenehme Zeit in Karlsbad und Gastein, wo sich der König zur Kur aufhielt und zwischendurch seine Regierungsgeschäfte mit seinem Ministerpräsidenten besprechen wollte.

Nach seiner Rückkehr Anfang September schrieb Bismarck nach Reinfeld: *Du schreibst eigentlich recht selten, und das beunruhigt mich wegen Mutters Befinden.*

Zwei Tage später erreichte ihn Johannas Telegramm, in dem sie ihm mitteilte, dass ihre liebe Mutter am Nachmittag gestorben sei. Dabei stand auch: »Bitte komme gleich!«

Das tat Bismarck denn auch und traf bereits am Abend des nächsten Tages mit den Kindern in Reinfeld ein. Die Kinder waren zutiefst bestürzt über dieses Ereignis. Zum ersten Mal waren sie mit dem Tod konfrontiert worden und verstanden so gar nicht, weshalb die geliebte Großmutter plötzlich bleich und still im Sarg lag, anstatt ihnen aus der dicken, bauchigen Kanne heiße Schokolade einzuschenken, wie sie es sonst immer bei ihrer Ankunft getan hatte. Schweigend und zitternd standen sie jetzt, einander an den Händen haltend, im Salon, in welchem Luitgarde von Puttkamer aufgebahrt lag, und konnten trotz des Entsetzens, das sie dabei empfanden, doch nicht den Blick von ihr wenden.

Bismarck stand bei seiner Frau im Erker und hielt sie im Arm, wenn sie weinte. Er hatte – trotz aller Differenzen mit der politisch interessierten und auch sonst recht eigensinnigen Luitgarde – diese doch sehr innig in sein Herz geschlossen. Er liebte sie fast mehr als er seine eigene Mutter je geliebt hatte. Wie oft hatte er ihren Rat erbeten, sie nach ihrer Meinung gefragt? Wie viel leichter war ihm das Herz gewesen, wenn er Johanna und die Kinder aus beruflichen Gründen allein hatte lassen müssen, wenn er sie sicher und wohlbehütet hier in Reinfeld wusste!

Ihr Tod war für ihn deshalb fast ebenso schmerzhaft wie für Johanna, dennoch versuchte Bismarck, so gut er konnte, sie und die Kinder in dieser für sie alle schweren Stunde zu trösten. Sein Schwiegervater hatte sich in die Bibliothek zurückgezogen. Er wollte mit seinem Kummer allein sein.

Die Beerdigung verlief ruhig – fast zu ruhig, wie Johanna hinterher sagte. Ihr Vater, starr und stumm vor Trauer, schritt schweigend und mit ausdruckslosem Gesicht hinter dem schlichten Eichensarg her, der von sechs Männern über die blumenbestreuten Wege des Dorffriedhofs getragen wurde. Während der Pastor die Grabrede hielt, stand Heinrich von Puttkamer da, ruhig, scheinbar sehr gefasst, und nur die hektischen, kleinen Bewegungen, mit denen er seinen Hut immerzu in den Händen drehte, verrieten seine enorme innere Anspannung.

Herbert und Bill versuchten, ihre Unsicherheit und das Unbehagen, das sie fühlten, durch Albernheiten zu überspielen, sodass ihre Mutter sie mehr als einmal scharf zurechtweisen musste. Marie, wachsweiß im Gesicht, hielt sich die ganze Zeit über dicht hinter ihrer Mutter und holte nur gelegentlich ihr Taschentuch hervor, um sich die Augen zu trocknen. Sie war wahrscheinlich diejenige, die am besten verstand, was da vor sich ging. Vor allem war sie sich auch über die Folgen im Klaren: Die unbeschwerte Kindheit auf dem Gut ihrer Großeltern war mit dem Tod der Großmutter ein für alle Mal vorbei. Von nun an würden sie die meiste Zeit bei ihren Eltern in Berlin verbringen und wenn sie nach Reinfeld kamen, würde nur ihr Großvater da sein, der die Großmutter nicht würde ersetzen können. Keine heiße Schokolade und kein Napfkuchen mehr, keine Gänseblümchenkränze und Stickbilder, mit denen sie die Mutter überraschen konnte. Und den Klavierunterricht für Herbert und Bill würde auch ein anderer übernehmen müssen – vielleicht Herr von Keudell, der ja jetzt für den Vater arbeitete, aber der war nur halb so lustig wie die geliebte Großmutter. Das mussten wohl selbst die Jungen zugeben, die wegen des Klavierunterrichts immer geklagt und gestöhnt hatten.

Keudell, dachte Marie, als sie den Weg zurück zum Gasthaus gingen, in dem es Suppe und anschließend Kaffee und Kuchen geben würde, *ist im-*

mer so furchtbar ernst. Der braucht mal jemanden, der ihn so richtig zum Lachen bringt. Am besten eine Frau – aber ob er jemals eine andere Frau außer ihrer Mutter lieben konnte? Marie wusste nicht genau, was sie aus Keudell machen sollte. Stets höflich, stets korrekt, freundlich und zuvorkommend – besonders den Damen gegenüber –, wich er doch selten von Mutters Seite, wenn er nicht gerade im Kabinett zu tun hatte. Vater schien es nicht einmal zu stören. Wahrscheinlich sah er in ihm keinen Nebenbuhler, wenigstens keinen ernst zu nehmenden, und ließ ihn deshalb gewähren. Keudell war ja auch nett. Ein wenig seltsam vielleicht, aber nett.

»Hast du gesehen, wie Großvater eben zurückgeschaut hat?«, hörte sie Herberts mit Mühe gedämpfte Stimme neben sich. »Da ist's mir ganz gruselig zumute gewesen – so ein Blick! Uh-huh!«, rief er und schüttelte sich in jugendlicher Übertreibung. »Ganz kalt sind mir die Schauer über den Rücken gelaufen, und das, obgleich es so heiß ist. Ich glaube, Großvater wird den Verstand verlieren, jetzt, wo die Großmutter tot ist. Vielleicht stirbt er sogar dran – an der Trauer. Das kann man, ganz bestimmt! Du glaubst mir nicht, wie? Aber wenn man –«

Marie stieß ihn so kräftig in die Seite, dass er einen Satz machte. »Sag doch so etwas nicht! Sieh lieber mal nach Mama, ein wenig Zuwendung würde ihr gerade guttun, glaube ich. Wie wäre es, wenn du ihr –«

Da begann Bill neben ihr zu weinen. Schnell ergriff Marie die Hand des jüngsten Bruders und funkelte den älteren wütend an. »Da siehst du, was du angerichtet hast mit deinem dummen Geschwätz!«

Sie nahm Bill bei der Hand und schloss, ohne Herberts Antwort abzuwarten, raschen Schrittes zum Vater auf, der mit der schluchzenden Mutter im Arm voranging. Kaum, dass sie ein paar Schritte gegangen war, tat Herbert ihr schon wieder leid, und sie blieb stehen, um auf ihn zu warten. Gemeinsam gingen sie das letzte Stück des Weges und betraten das kleine Gasthaus im selben Moment, in dem ein heftiger Wolkenbruch über sie hereinbrach.

»Da, siehst du, Bill, die Großmutter weint auch!«, versuchte Herbert nun, wenngleich etwas ungeschickt, seinen Bruder zu trösten.

Ja, wenn du ihm auch solchen Unsinn erzählst, muss sie ja weinen, dachte Marie grimmig und stieß die Tür zur Gaststube auf.

Johanna schob den Vorhang zurück und sah hinaus in den Regen. Es schüttete wie aus Kübeln und das schon seit drei Tagen. Drei Tage Regen, drei Tage Schnee ... dann tut es nicht mehr weh, wie es in dem alten Kinderreim hieß. Aber der Schmerz über den Verlust der geliebten Mutter würde bleiben. Er würde nicht weggehen, nur weil es regnete oder schneite oder weil danach irgendwann wieder die Sonne schien. Nein, dieser Schmerz würde bei ihr bleiben, für wie lange, das wusste sie nicht – vielleicht bis ans Ende ihrer eigenen Tage.

Johanna stieß sich mit einem müden Seufzer vom Fenstersims ab und ließ sich auf der Kante des kleinen Sofas nieder, das in ihrem Zimmer stand. *Warum, Gott, hast du mir die Mutter so früh schon nehmen müssen? Sie war doch noch gar nicht alt – vierundsechzig! Und ich habe sie so sehr geliebt. Die Kinder haben sie geliebt. Papachen hat sie geliebt – der wahrscheinlich am allermeisten. So sollte es ja auch sein unter Eheleuten, die seit fast fünfzig Jahren miteinander Tisch und Bett geteilt hatten, durch mancherlei Freud und Leid miteinander gegangen waren.*

Hast du mich damit strafen wollen, Herr? Und wenn ja, wofür? Hätte ich Otto nicht heiraten sollen, hätte ich nicht mit ihm nach Sankt Petersburg gehen sollen?

Während sie in Sankt Petersburg gelebt hatten, war es Luitgarde von Puttkamer schlechter gegangen, zum ersten Mal hatte sie, wenn Johanna zu Besuch war – natürlich immer zu selten und von zu kurzer Dauer –, vom Sterben gesprochen, was Johanna zutiefst erschreckt und beunruhigt hatte. Dennoch hatte sie das Reden der Mutter vom Tod nicht ernst nehmen wollen – nicht ernst genug, wie es nun schien. Ihr Herz hatte sich geweigert zu glauben, was der Verstand ihr wohl deutlich zeigte: dass ihre Mutter sterbenskrank war. Nun hatte ihre liebe Seele Ruhe gefunden, doch Johanna quälten Selbstvorwürfe und nagende Zweifel an der Richtigkeit ihrer eigenen Entscheidungen. Wenn sie nun doch auf ihr Herz gehört und Bismarck dazu gedrängt hätte, sich hier in Pommern niederzulassen, statt nach Petersburg und dann nach Berlin zu gehen? – *Aber nein, Bismarck hatte früh deutlich gemacht, dass er auf dem Land nicht glücklich werden würde. Er wollte die Welt verbessern, so war er nun einmal, das hatte sie von Anfang an gewusst. Was hätte sie also anders machen sollen?*

Johanna erhob sich wieder und begann, ruhelos im Zimmer auf- und abzugehen. Bismarck war heute früh nach Berlin zurückgefahren, der König könne ihn nicht länger entbehren. Ihr Vater könne sie hier auch nicht entbehren, wenigstens nicht so bald, hatte sie entgegnet. So hatten sie gestern Abend gemeinsam beschlossen, dass sie und die Kinder noch einige Zeit hierbleiben würden, bis ihr Vater über das Schlimmste hinweg war und allein gelassen werden konnte.

Das Schlimmste.

Was konnte eigentlich noch schlimmer werden, fragte sie sich, während sie abermals vor dem Fenster zum Stehen kam. *Wie hätte Gott uns schlimmer strafen können als durch ihren Tod? Warum hatte er ihre Gebete nicht erhört? Ihre und die des Vaters?*

Lag es womöglich daran, dass ihr Glaube zu klein war? Ging es ihr ebenso wie den Jüngern im Matthäusevangelium, als sie den mondsüchtigen Jungen nicht heilen konnten, weil sie, wie Jesus es ausdrückte, zu wenig Glauben besaßen? Wenn sie nur genug glaubten, könne dieser Glaube Berge versetzen – sagte Jesus.

Habe ich, dachte Johanna, *dem Herrn Jesus nicht genügend Vertrauen entgegengebracht, als ich für Mutters Genesung gebetet habe?*

Ein leises Klopfen an der Tür ließ sie zusammenfahren.

»Herein?«

Es war Krischan, der sie zu Tisch holen wollte.

»Ich habe keinen Hunger, Krischan. Bitte entschuldige mich.«

»Aber Fräulein Jo – ich meine, Frau von Bismarck, Ihr Vater wartet auf Sie, die Kinder … wenn Sie nicht da sind, wird niemand etwas essen. Und dann muss ich wieder alles wegwerfen – eine Schande, das müssen Sie zugeben, und gesund ist's auch nicht, drei Tage lang nichts zu essen, wenn ich mir diese Bemerkung erlauben darf, gnädige Frau.«

Johanna musste wider Willen lächeln. Der gute, alte Krischan! Sie war wirklich froh, dass wenigstens er noch hier sein würde, wenn sie und die Kinder abreisten. Er und Anna. So würde ihr Vater in dem großen, leeren Haus nicht ganz und gar allein sein.

»Ich komme, Krischan«, entgegnete Johanna leise und raffte ihre langen Röcke, bereit, dem Diener nach unten zu folgen, »aber nur, weil du mich gar so lieb drum bittest.«

Krischan verbeugte sich und hielt der Frau Ministerpräsidentin die Tür auf. »Danke sehr.«

Als endlich der Tag der Abreise kam, war das Laub schon zu einem guten Teil gefallen. Es war Ende Oktober und es wehte ein kalter Ostwind. Heinrich von Puttkamer stand einsam und verlassen auf den Stufen seines Hauses und sah der davonfahrenden Kutsche traurig nach. Er erinnerte sich noch sehr genau an jenen Tag vor nunmehr über sechzehn Jahren, an dem Johanna dieses Haus verlassen hatte, um Otto von Bismarcks Frau zu werden. Damals hatte er in seiner Trauer noch die Kraft finden müssen, seine noch unglücklichere Frau zu trösten. Wer aber sollte ihn jetzt trösten? Die Hunde waren längst verstorben und nicht mehr ersetzt worden – vielleicht sollte er darüber nachdenken, noch einmal neue anzuschaffen. Johanna hatte ihm dazu geraten.

»Du brauchst jemanden, der das Haus bewacht und dir an den langen, dunklen Winterabenden Gesellschaft leistet. Und jemanden, der dich jeden Tag mindestens einmal nach draußen zwingt, damit du dich nicht hier drinnen vergraben kannst. Es würde dir guttun, Väterchen. Wenn ich das nächste Mal hierherkomme, möchte ich wieder von Hundegebell begrüßt werden!«

Puttkamer hatte gelacht und zugleich mit dem Kopf geschüttelt. Liebe, eigensinnige Johanna! Stets musste alles nach ihrem Willen gehen – wie Bismarck es geschafft hatte, ihr über die Jahre immer wieder seinen eigenen als den ihren vorzumachen, damit sie am Ende genau das tat, was *er* eigentlich wollte und sich dabei in dem Glauben wähnte, es sei ihr eigener Wunsch gewesen, war ihm ein Rätsel. Einen feinen Schwiegersohn hatte er da bekommen. Einen ganz feinen.

Der alte Mann wandte sich seufzend ab. Und genau deswegen hatte er Johanna am Ende auch ziehen lassen müssen. Sie gehörte zu ihrem Otto, der nun aus Karlsbad zurückgekehrt war, wo er mit dem König gekurt hatte, und zu Recht forderte, dass seine Frau und seine Kinder wieder bei ihm seien. Was hatte er im letzten Herbst zu Johanna gesagt?

Zu ihm gehörst du ja, und nicht mehr zu uns, das weiß auch deine Mutter. Wir können und dürfen euch hier nicht länger festhalten.

Das hatte seine Litte gewusst und das wusste er auch, als er die Eichentür hinter sich schloss. Mit schweren, langsamen Schritten ging Puttkamer durch die Halle und den langen Gang hinunter zur Bibliothek, in der sein Tee unterdessen kalt geworden war.

Wieder in Berlin verbrachte Johanna jede freie Minute, in der die Kinder und ihr Mann sie nicht brauchten, im Gebet und mit Bibellesen. Der pietistische Grundgedanke war durch die dramatischen Ereignisse der letzten Wochen und Monate bei ihr erneut entflammt und sie war fest entschlossen, nicht nur ihr Haus, sondern auch die Regierungsmitglieder, ja, sogar die Offiziere, die ihrem Mann unterstanden, zu bekehren. So steckte sie denen, während sie im Gelben Salon tagten, heimlich Traktätchen in die im Vorzimmer abgelegten Mützen – bis ihr Mann sie eines Tages deshalb zur Rede stellte.

»Meine liebe Johanna«, begann er, »ich verstehe wohl, wie du dich fühlst und habe auch stets großen Respekt vor deinem Glauben gehabt, den ich im Übrigen ja auch teile. Aber dies hier«, er hielt eines der Traktate in die Höhe, »geht eindeutig zu weit. Ich muss mir ausbitten, dass in meinem Hause nichts getrieben wird, was an Seelenfängerei erinnert. Habe ich mich deutlich genug ausgedrückt?«

Als Johanna ihn daraufhin nur schweigend ansah, fügte er in etwas milderem Tonfall hinzu: »Glaube mir, Johanna, Liebste, die in Gott ruhende Muttschchen würde genauso denken wie ich!«

Darauf brach Johanna in Tränen aus und stürzte aus dem Zimmer.

Bismarck blieb ratlos dreinblickend zurück, das Traktat wie eine zu Unrecht eingesetzte Rute in der rechten Hand. War er doch zu streng mit ihr gewesen? Hätte er sie in die Arme nehmen sollen, statt zu schimpfen?

Schließlich wandte er sich seufzend wieder seiner Schreibtischarbeit zu. Da sollte noch einer die Frauen verstehen!

»Meinetwegen auch Gräfin!«

Nicht nur Johanna, auch Bismarck hielt die Trauerzeit von einem Jahr streng ein. In dieser Zeit musste Johanna keinerlei öffentliche Veranstaltungen besuchen und keine anderen Gäste als die nächsten Verwandten und die engsten Freunde in der Wilhelmstraße empfangen, was ihr nur lieb war. Jetzt, mit Ende dreißig, verspürte sie weniger Lust denn je, die »Dame von Gesellschaft« zu spielen. Nicht einmal Bismarck zuliebe konnte sie diese Rolle länger als einen Abend durchhalten – schon allein deswegen verfolgte sie die politische Karriere ihres Mannes mit Argwohn.

Im Oktober 1864, ein gutes Jahr nach Luitgarde von Puttkamers Tod, reiste Bismarck noch einmal nach Biarritz – zur Erholung, wie er sagte. Aber Johanna wusste sehr genau, dass das nicht der einzige Grund war. Bismarck hoffte, die schöne Gräfin von Orlow dort wieder zu treffen. Als er sich am Abend vor seiner Abreise innigst von Johanna verabschiedete und versprach, ihr jeden Tag zu schreiben, wurde ihr auf einmal ganz bang ums Herz: Würde er sich ernsthaft in die Orlow verlieben, wenn sich ihm die Gelegenheit böte? Johanna selbst fühlte sich alles andere als attraktiv und begehrenswert in ihrer augenblicklichen Verfassung, das Asthma machte ihr seit dem Tod der Mutter immer öfter und vor allem immer schwerer zu schaffen. An manchen Tagen fühlte sie sich schon morgens so schwach, dass sie kaum aufstehen mochte. Die Kinder forderten dennoch ihre volle Aufmerksamkeit, ja, und dann war auch immer noch so viel im Haus zu tun, Dienstpersonal zu beaufsichtigen … wann sollte sie da wohl noch Zeit finden, Klavier zu spielen und hübsch auszusehen? Außerdem war sie keine dreißig mehr, das spürte sie jeden Tag mehr – im Gegensatz zur Orlowa, der blühenden Jugend in Person …

Doch als Johanna am nächsten Morgen im Türrahmen stand und ihrem Mann beim Packen seiner persönlichen Sachen zusah, brachte sie es nicht übers Herz, ihm den wahren Grund für ihre Abneigung gegen diese Reise zu nennen. Stattdessen bemerkte sie lakonisch, die Arme vor der Brust verschränkt:

»Für drei Wochen – ja, eher weniger – eine solche Hetztour zu unternehmen, halte ich für den reinsten Irrsinn. Ich ängstige mich deinetwegen, Ottochen! Ich hätte es viel praktischer gefunden, wenn beide Orlows – und die sind es doch, die du zu sehen begehrst, nicht wahr? – zu dir geeilt wären. Sie sind jung, sie sind gesund, sie haben das Geld und sind darüber hinaus gänzlich unbeschäftigt, wie mir scheint. Im Gegensatz zu dir, mein armer Liebling.«

»Eben deswegen fahre ich ja, mein Niedchen«, entgegnete der Ministerpräsident unbekümmert, ohne von seinem Koffer aufzusehen, »um mich endlich einmal wieder ein wenig zu erholen. Der König hat mir diese drei Wochen freigegeben, nun will ich sie auch nutzen. Bei deinem Vater werde ich doch nicht gesund, es fehlt ja auch an Seeluft und Wärme dort. – Dir würde sowohl das eine als auch das andere ebenfalls sehr guttun, wenn du mir diese Bemerkung erlauben willst, aber du musst ja durchaus hierbleiben und besorgte Tochter spielen. Was dir ja auch hoch anzurechnen ist!«, fügte er eilig hinzu, als er der steilen Falte auf Johannas Stirn gewahr wurde. »Der Vater braucht dich und du bist gerne hier, warum also solltest du nicht bleiben? – Sei's drum, ich bin fertig mit Packen und möchte nun noch in aller Gemütlichkeit mit dir frühstücken, wenn's geht alleine und ohne Streit. Was macht das Asthma, mein Liebling, geht es ein wenig besser?«

Johanna lächelte tapfer. »Ach ... es geht schon, Ottochen. Wenn du nur bei mir bist, dann geht es mir gut. Pass nur ja gut auf dich auf und sei sehr fröhlich mit der reizenden Kathi.«

Falls sie gehofft hatte, ihm mit dieser letzten Bemerkung deutlich gemacht zu haben, dass es ihr eigentlich ganz und gar nicht behagte, ihn an den Atlantik ziehen zu lassen – dorthin, wo die reizende Kathi weilte –, hatte sie sich getäuscht. Bismarck lachte nur und gab ihr einen Kuss. »Du bist hinreißend, wenn du zornig bist, Johanna mia. Ich liebe dich und deine süße, kleine Stirnfalte – werde beides wohl recht arg vermissen, dich und die Falte.«

Er küsste sie abermals, nahm ihre zierliche Hand zärtlich in seine großen starken Hände und zog sie mit sich aus dem Zimmer. »Komm, lass uns ein Glas Champagner trinken, das wird uns beiden jetzt guttun und uns unsere Sorgen vergessen lassen.«

Ihre Sorgen vergaß Johanna in Reinfeld zwar recht bald, doch ihr Asthma machte ihr auch dort noch schwer zu schaffen. So schwer, dass Bismarck, inzwischen glücklich in Biarritz und bei den Orlows angekommen, ihr täglich besorgte Briefe dorthin schickte.

Mit der Behandlung der Ärzte bin ich ganz und gar nicht einverstanden, schrieb er. *Höre doch ja nicht auf, Trauben kommen zu lassen, recht viele. Ich habe den Glauben, dass sie Dir besser dienen als die Giftmischereien aus der Apotheke.*

Bismarck ahnte, dass die Trennung von ihm ihr zusätzlich seelischen Kummer bereitete und es ihr deshalb nicht besser ging.

Ich werfe mir vor, nicht bei Dir geblieben zu sein, denn gewiss wirkt die Trennung beunruhigend auf Deine Nerven – aber es wird Dich trösten, dass ich mit Gottes Hilfe hier wieder sehr gesund werden werde ... Ich hoffe außerdem, bereits am 25. wieder in Berlin zu sein. Wie ist es mit Dir, mein Liebes, wirst Du denn reisen können?

Herbert hatte ihm auf seine Bitte hin Auskunft über den Zustand der Mutter gegeben und ihm geschrieben, dass sie wenig Appetit habe und aufgrund der Medizin, die sie schlecht vertrage, kaum noch esse.

Wirf das unnütze Zeug fort, wenn es Dir den Magen zerstört, die Nahrung kann Dir kein Apotheker ersetzen. Ich sorge mich überhaupt, dass die Ärzte in der besten Meinung, Dich damit schnell wiederherzustellen, Dir zu viel Arznei geben.

Am 24. Oktober reiste Bismarck, wenngleich schweren Herzens, aus Biarritz ab, um wieder bei seiner Frau und den Kindern in Berlin zu sein. *Es waren behagliche Tage, sie sind mir ausgezeichnet bekommen, ich fühle mich sehr gestärkt und danke Gott dafür, wenn ich auch gern noch länger bliebe, lieber noch Dich und die Kinder herholte, um hier den Winter ohne Eis und Schnee zu verleben. – Kathi spielt über mir zum Abschied noch b-moll Beethoven,* schrieb er am 23. Oktober.

Wie schön, dachte Johanna, ließ den Brief sinken und nahm auf dem Fell, das vor dem Kamin in der Wohnstube ihres Vaters lag, Platz. Im ersten Impuls hätte sie den Brief am liebsten ins Feuer geworfen, doch dann überlegte sie es sich anders. Das war die Sache ja gar nicht wert. Er war auf dem Weg nach Hause, war vielleicht schon in Berlin eingetroffen, und die Orlow weilte noch immer in Biarritz – an der Seite ihres Gatten, wohin sie schließlich auch gehörte. Vielleicht würde Johanna stattdessen im nächsten Jahr wirklich mitfahren, dann konnte sie sich endlich selbst von der Harmlosigkeit der Beziehung überzeugen. Marie wurde achtzehn, das war ein schöner Anlass, an den Atlantik zu fahren. Und dann mussten sie das junge Mädchen offiziell »in die Gesellschaft einführen«, wie es so schön hieß.

Die arme Marie! Sie war, ganz ähnlich wie ihre Mutter, von schlichtem, sanften Gemüt und bescheidenem Charakter und deswegen eher für ein ruhiges Leben auf dem Land geschaffen. Ein einigermaßen wohlhabender und rechtschaffener Landadliger aus Pommern wäre genau der richtige für sie. Nicht mehr, nicht weniger. Wenn er auch noch ihren pietistischen Glauben teilte, umso besser. Aber das war vielleicht schon ein wenig zu viel des Guten.

Johannas Gesundheitszustand verschlechterte sich im darauffolgenden Winter so dramatisch, dass Bismarck begann, sich ernsthafte Sorgen um seine kränkliche Frau zu machen. Arzt um Arzt wurde konsultiert und alle waren einer Meinung: Nur eine Kur könne Abhilfe schaffen, wenn schon nicht auf lange Sicht, so doch wenigstens für einige Zeit, damit sich der von den vielen Asthmaanfällen geschwächte Körper endlich einmal wirklich erholen könne.

Nach vielem Sträuben gab Johanna sich schließlich geschlagen und willigte ein, im Sommer nach Bad Homburg zu reisen. Marie, die die Mutter nicht alleine lassen wollte, sollte sie begleiten.

»Du weißt doch, wie sehr Mamachen an uns hängt, Papa!«, erklärte sie ihrem Vater nicht ganz ohne Vorwurf, denn der schien gänzlich ungerührt angesichts der bevorstehenden Trennung. *Natürlich,* dachte Marie, *er fährt ja auch ständig in der Gegend herum, heute Berlin, morgen Frankfurt, übermorgen Paris und nächste Woche London. Von all den Orten, deren Namen ich mir nicht einmal merken kann, ganz zu schweigen.*

»Natürlich weiß ich das, Miechen«, gab Bismarck etwas schroff zurück. »Was denkst denn du, weshalb ich sie nach Bad Homburg schicke? Weil ich sie loswerden will? – Mitnichten! Weil es ihr endlich einmal besser gehen soll. Ich mache mir Sorgen um eure Mutter, Marie. Große Sorgen sogar. Ich …«

Aber er konnte nicht weitersprechen. Die Tränen standen ihm in den Augen und er wandte sich rasch ab, damit Marie sie nicht sehen konnte.

Marie sah schweigend zum Fenster hinaus. Draußen regnete es – seit Tagen schon, wie sie feststellen musste. Nicht einmal der Pudel wollte bei diesem Wetter vor die Türe gehen – und der kleine Garten lag trostlos und verlassen da. Wie trostlos würde er erst aussehen, wenn sich in diesem Sommer keiner mehr um ihn kümmerte? Sie und ihre Mutter waren es gewesen, die unermüdlich Blumen gepflanzt und Unkraut gezupft und einen Gärtner bestellt hatten, der die Hecke und den Rasen in Ordnung hielt. Ihr Vater würde sich um all das nicht mehr kümmern, wenn sie fort waren – wenn er denn überhaupt zu Hause war.

Sie seufzte still. Da ihr Vater sie nicht ansah und keinerlei Anstalten machte, die Unterhaltung fortzusetzen, erhob sie sich und ging zur Tür. Die Hand schon auf der Klinke, wandte sie sich noch einmal um.

»Ich gehe hinauf und sehe nach Mamachen. Vielleicht braucht sie Hilfe beim Packen.«

Ihr Vater schwieg weiterhin beharrlich und so entschwand Marie, abermals leise seufzend, durch den Spalt in der Tür. Wenn er doch nur reden würde! Wenn er doch nur mit ihnen halb so viel reden würde wie mit seinen Bundestagsgenossen und Offizieren und Regenten! Der König schien ohne ihren Vater kaum auskommen zu können; ständig wurde er zu ihm in den Palast gerufen oder war mit ihm auf Reisen. In der vergangenen Woche war Bismarck in den erblichen Grafenstand erhoben worden – Bismarck selbst und damit natürlich sie alle, die von nun an, ob sie es wollten oder nicht, gräflichen Geschlechts waren. Ihre Mutter hatte diese Ehrung anfangs rundheraus ablehnen wollen – Gräfin, oh nein, Gräfin wolle sie lieber nicht sein. Dafür sei sie gar nicht gemacht, es genüge ihr vollkommen, Frau Ministerpräsidentin zu sein. Nachdem ihr Mann ihr gut zugeredet hatte, hatte sie den Titel dann aber doch angenommen. »Und wenn du den dummen Titel nur deshalb annimmst, um dem König die Freude nicht zu verderben«, hatte er gesagt und wie so oft hatte sie schließlich nachgegeben, wohl wissend, dass sie nicht darum herumkommen würde. Es war ihr auch durchaus bewusst, dass es ein unverzeihlicher Affront gewesen wäre, diese hohe Ehrung abzulehnen. Ein Affront, der ihrem Mann in nicht unerheblichem Maße hätte schaden können. Also fügte Johanna sich ihrem Schicksal, jedoch nicht ohne den heimlichen Kommentar: »Meinetwegen auch Gräfin. Aber es bleibt eine nicht leicht zu verwindende Unannehmlichkeit!«

Nichtsdestotrotz hatte sie gleich am nächsten Tag das entsprechende Grafenwappen zu dem Briefkopf auf ihrem blassblauen Briefpapier hinzufügen lassen. Ein klein wenig geehrt fühlte sie sich anscheinend also doch.

Langsam stieg Marie die Treppen zur ersten Etage hinauf, in der sich die Schlafgemächer befanden. Dort angekommen, fand sie ihre Mutter still auf dem Bett liegend, die abgegriffene alte Bibel, die sonst stets auf ihrem Nachttisch lag, noch in der Hand, die Augen geschlossen. Ihr Atem ging schwer, fast röchelnd.

Besorgt eilte das junge Mädchen an das Bett, griff nach der Hand der Mutter. »Mama? Mama, ist alles in Ordnung? Soll ich Vater rufen? Oder den Arzt?«

Ihre Mutter schlug die Augen auf, versuchte ein Lächeln. »Nein, Miechen, nein. Lass nur – ich bin nur müde, das ist alles. Ich muss nur ausruhen und schlafen. Sagst du Vater noch Gute Nacht von mir? Er wird ja später noch einmal hereinkommen, aber sag ihm, er soll sich nicht beeilen. Ich werde ohnehin nicht mehr wach sein, wenn er kommt. Alles ist gut, Marie, sorge dich nicht. Morgen fahren wir nach Bad Homburg und dann wird es mir bald besser gehen.« Sie drückte die Hand ihrer Tochter und schloss die Augen wieder.

»Dann wird es mir bald besser gehen …«

Marie schluckte. Doch sie erwiderte tapfer den Händedruck ihrer Mutter, beugte sich über ihr blasses Gesicht und küsste die kalte, schweißnasse Stirn. »Ist gut, Mama, ich sag's ihm. Ich sag's ihm …«

Sie blieb noch eine Zeit lang am Bett der Mutter knien, dann nahm sie ihr sanft die Bibel aus der Hand, legte sie sorgsam auf den Nachttisch zurück und verließ auf leisen Sohlen das Zimmer. Die ruhigen, jetzt viel gleichmäßigeren Atemzüge verrieten ihr, dass ihre Mutter wieder eingeschlafen war und es ihr, zumindest für den Augenblick, gut ging. Und wenn sie Gott später in ihrem Abendgebet von Herzen darum bat, vielleicht auch die ganze Nacht.

Und gedenkst Du Deines Versprechens, nämlich, dass Du Miechen und mich in diesem Jahr noch nach Biarritz bringst? – Ich habe es nicht vergessen, auch wenn die Badeärzte hier mich ziemlich gut beschäftigen, von morgens früh bis spät am Nachmittag muss ich irgendetwas tun, was angeblich dem Asthma guttut – oder eher, ihm nicht guttut, dafür aber meinen armen Lungen, dass sie wieder frei atmen können! Mir geht es schon viel besser seit meiner Ankunft hier im Juni, aber Ihr fehlt mir doch sehr, vor allem Du, mein Geliebter. Wann wirst Du mich wieder in Deine Arme schließen? – Zu Miechens Geburtstag wollen wir wieder zu Hause sein, und wenn sie (die Ärzte, die alles am besten zu wissen scheinen) mich dann noch nicht gehen lassen wollen, dann kommst doch wenigstens Du zu uns, nicht wahr?

Die Ärzte wollten sie tatsächlich so bald nicht gehen lassen, und so verbrachte Johanna den ganzen Sommer in Bad Homburg. Derweil plante Bismarck die versprochene Frankreichreise: Er erstellte eine Liste von Büchern, die Johanna vor Antritt der Fahrt unbedingt lesen sollte, und entwarf das Reiseprogramm. Ganz nebenbei machte er sie in seinen Briefen immer wieder darauf aufmerksam, dass sie auch in Bad Homburg sehr auf ihr Auftreten in der Öffentlichkeit zu achten habe:

Ohne Toiletten geht es auch nicht, denn da Du das Unglück hast, meine Frau zu sein, so werden die Zeitungen sich Deiner und Deines Aussehens auch gelegentlich annehmen. Das ist das Elend der Stellung, dass jede Freiheit des Privatlebens aufhört, und deshalb mahne ich auch, dass Du in Homburg keine Sparsamkeiten übst, die für die preußische Ministerpräsidentin außerhalb der Linie liegen könnten, und die das Publikum nicht nach Deinem Geschmack und Vermögen, sondern nach Deinem Rang unerbittlich vorzeichnet. Mein Niedchen, ich liebe Dich über alles, und wenn es nach mir ginge, könntest Du jeden Tag im blauen Kattunkleid leise summend wie eine junge Magd durch unseren Garten streifen und duftende Kräuter sammeln, aber Du bist jetzt nun einmal eine viel beachtete Persönlichkeit, der die Rolle der bescheidenen Hausfrau nicht mehr gestattet ist.

Sei nicht traurig! Es liebt und verehrt Dich trotzdem oder gerade deshalb
Dein B.

Erst im Oktober traf Bismarck in Bad Homburg ein, um Frau und Tochter abzuholen. Das Laub war schon zur Hälfte heruntergefallen, der Kurort und auch das Hotel, in dem seine Frauen logierten, lagen einsam und verlassen da, sodass sie noch am selben Tage aufbrachen und über Köln nach Paris reisten.

Johanna konnte keinen Gefallen an der viel gerühmten und besungenen Stadt an der Seine finden.

»Ich weiß wirklich nicht, warum sich die Menschen so mit Paris haben!«, meinte sie auf dem Heimweg von einem Souper im *Café de la Paix* zu ihrem Mann. »Man könnte ja meinen, es gebe hier Gott weiß was für Herrlichkeiten. Die Geschäfte hier jedenfalls sind mit denen in Berlin oder Frankfurt nicht zu vergleichen, aber dafür sind sie, was du wohl zugeben musst, unglaublich teuer.«

Bismarck lachte leise und drückte sanft ihren Arm. »Ach, Nanne, was du nur wieder hast. *Mit denen in Berlin oder Frankfurt nicht zu vergleichen.* Meine Liebe, dies hier ist Paris! Und du sagst, dir gefällt Frankfurt besser. Also wirklich, ich muss schon sagen.«

Johanna entzog ihm ihren Arm und blitzte ihn zornig an. »Aber es stimmt! Nicht wahr, Miechen, du warst auch ganz erschrocken über die Preise in den sogenannten Boutiquen – da vergeht einem doch die Lust aufs Einkaufen.«

»Die du ja sowieso nicht hast, mein süßes, bescheidenes Landfräulein«, lachte Bismarck und nahm erneut ihren Arm. »Nun, morgen werden wir ja dann endlich an den Atlantik kommen, dort musst du nicht einkaufen und teuer soupieren. Da darfst du dich von der Sonne verwöhnen lassen und im Meer baden, sonst nichts.«

Johanna warf ihm noch einen letzten vorwurfsvollen Blick zu, beschloss aber, nichts mehr zu sagen. Sie wollte sich nicht beschweren, dafür war der Abend viel zu schön, und sie freute sich wirklich auf den Atlantik, auch wenn sie nicht im Traum daran dachte, darin zu baden.

Die Gegend ist durchaus nicht überwältigend schön – fällt mir gar nicht ein!, schrieb Johanna an Keudell. *Aber das Meer und der Himmel unvergleichlich und die Luft so bezaubernd weich, so wunderbar belebend, wie nicht wieder. Morgen, Mittag, Abend, Nacht – immer gleich köstlich. Man hat durchaus keine Idee von solcher Luft bei uns. Bismarck und Marie baden mit Leidenschaft und sind sehr wohl – gottlob –, ich werde es vielleicht noch, so Gott will, augenblicklich ist's nicht besonders.*

Es ging Johanna wirklich nicht gut, trotz der Seeluft, sodass sie oft ganz verzagt war und sich mit Selbstvorwürfen quälte, weil sie ihrem Mann die Kosten für diese Reise zugemutet hatte, die ihr nun so gar nichts nützte. Als sie am Morgen des 29. Oktober abreisten, regnete es heftig.

»Habt ihr gehört, wie in der Nacht die Fensterläden geklirrt haben?«, fragte Marie ihre Eltern beim Frühstück im Hotel. »Ich dachte, der Sturm wolle sie alle mit Gewalt herausreißen, so kräftig hat er an den Läden gerüttelt. Es hat mich geradezu gegruselt – ich bin ganz tief unter die Decke gekrochen!«, gab sie zu. Ihre Brüder waren ja nicht da, um sie zu necken. Die besuchten jetzt das Gymnasium und mussten immerzu lernen; für derlei Vergnügungsreisen hatten sie keine Zeit mehr.

Marie nahm sich noch ein Croissant und bestrich es dick mit Konfitüre, bevor sie hineinbiss. »Aber es war auch auf eine nette Weise sehr romantisch, findet ihr nicht? Zu denken, ein richtiger Abschiedssturm, nur für uns!«

Stürmische Zeiten

Johanna ging rastlos im Salon auf und ab, blieb immer wieder am Fenster stehen und sah auf die Straße hinab, auf der doch eigentlich jeden Augenblick ihr Mann erscheinen müsste. Er war, wie an jedem Nachmittag, beim König zur Besprechung. Aber heute schien er sich in der Zeit vertan zu haben, was Johanna höchst unangenehm war, denn sie hatten Gäste – Gäste, die Bismarck höchstpersönlich zum Diner eingeladen hatte, und die sie, Johanna, jetzt irgendwie unterhalten musste. Verärgert und auch ein wenig besorgt riss sie sich vom Fenster los und wandte sich lächelnd zu der kleinen Gesellschaft um.

»Sie werden im Palast wohl etwas besonders Wichtiges zu besprechen haben, sonst ist er ja immer pünktlich«, erklärte sie, »wenigstens fast pünktlich – aber immer zuverlässig. Bestimmt kommt er gleich … Da, ich höre schon seine Schritte in der Halle unten. Haben Sie noch ein klein wenig Geduld, ich will ihm rasch entgegengehen!«

Das brauchte sie nicht, denn in diesem Augenblick wurde die Tür zum Salon aufgerissen, und Bismarck persönlich kam herein, etwas erhitzt, aber ansonsten wohlauf und durchaus fröhlich.

»Entschuldigen Sie bitte vielmals die Verspätung, meine sehr verehrten Gäste. Ich wurde leider aufgehalten – wodurch, davon werde ich Ihnen in Kürze ausführlicher berichten, wenn ich mich ein wenig frisch gemacht habe. Wenn Sie mich also nochmals für einen Moment entschuldigen wollen –« Indem er sich zu seiner Frau hinabbeugte, um sie auf die Stirn zu küssen, setzte er flüsternd hinzu: »Übrigens, mein liebes Herz, man hat soeben auf mich geschossen, fünf Mal insgesamt – aber du brauchst nicht zu erschrecken! Ich bin durch Gottes Gnade unverletzt geblieben. Lass nur die Suppe schon servieren, mein Lieb, ich bin gleich bei euch.«

Johanna fuhr sich erschrocken mit der Hand an den Mund, um einen Entsetzensschrei zu unterdrücken, doch ihr Mann war bereits hinausgeeilt.

Bleich vor Entsetzen drehte sie sich zu den Gästen um, die fröhlich miteinander zu plaudern begonnen hatten und erfreut aufsahen, als das Mädchen mit der Suppenterrine hereinkam. *Natürlich,* dachte Johanna bitter, *sie haben ja keine Ahnung, was passiert ist.* – Oh, wie sie sich danach sehnte, mit Bismarck allein zu sein, die ganze Geschichte von ihm zu hören und ihm tausend Fragen zu stellen, ihn danach auch wenigstens tausend Mal zu küssen und zu herzen, ihn genau zu untersuchen, ob ihm auch wirklich nichts passiert sei … – *Fünf Schüsse!*

Während seine Frau, wie gelähmt vor Schreck, vollkommen stumm bei Tisch saß und ohne Appetit auf ihren Teller sah, auf dem das Filet inzwischen kalt geworden war, aß Bismarck mit großem Appetit und erklärte den wie gebannt zuhörenden Anwesenden dabei sehr genau, wie sich das Attentat ereignet hatte:

»Ich ging gerade Unter den Linden entlang, war fast auf der Höhe der russischen Botschaft, in Gedanken noch beim König und auch schon ein wenig bei Ihnen hier, als ich auf einmal dicht hinter mir zwei Schüsse hörte. Nicht ahnend, dass diese meiner Person gelten sollten, drehte ich mich um und sah einen jungen Mann dort stehen – keine drei Schritte entfernt! –, der sich nicht einmal die Mühe machte, sich zu verstecken oder gar davonzulaufen. Er hielt den Revolver auf mich gerichtet und hätte wohl gleich noch einmal gefeuert, doch ich sprang auf ihn zu und packte seine Hand, um ihm die Waffe zu entwenden. Dabei löste sich wohl noch ein Schuss, der aber ebenfalls ins Leere ging. Abermals drückte er ab, bevor ich ihn daran hindern konnte – zwei Mal kurz hintereinander. Ein echter Attentäter war das nicht, ja, nicht einmal ein geübter Schütze, so, wie die Schüsse nacheinander alle im Nichts verhallten. Aber erschrocken habe ich mich schon, vor allem, als ich sah, wie er mich so hasserfüllt anblickte … Wie dem auch sei«, meinte er und hob sein Weinglas, das der Diener sogleich mit schwerem Burgunder auffüllte, »in diesem Augenblick marschierte eine Wachablösung des Zweiten Garderegiments ganz nahe an uns vorbei. Die Soldaten erkannten den Ernst der Lage und griffen sofort ein, allerdings auf keine besonders kluge Weise: Sie schoben nämlich das herbeiströmende Publikum auf mich zu, anstatt es abzuwimmeln. Einer der Schaulustigen schien gar zu glauben, dass hier eine gewöhnliche Rauferei im Gange sei – David gegen Goliath sozusagen. Er wollte schon dem kleinen Gauner zu Hilfe kommen, da hörte ich eine tiefe, energische Stimme ›Rindvieh‹ zu ihm sagen. Es war ein Leutnant, dem ich nun den Attentäter – einen gewissen Cohen-Blind – übergeben konnte. So setzte ich denn meinen Weg unversehrt fort und bin nun«, er hob sein Glas und sah strahlend zu der jungen Frau von Roon, Schwiegertochter des Kriegsministers und Tochter des Freundes Moritz von Blanckenburg, hinüber, die vor Angst ebenfalls ganz blass geworden war, »glücklich hier gelandet, um mit Ihnen zu tafeln und einen unbeschwerten Abend zu verbringen. Zum Wohl!«

»Zum Wohl!«, murmelte man und: »Auf Ihre Gesundheit, Herr Ministerpräsident!«

»Ja, aber Ottochen …«, flüsterte Johanna, die Mühe hatte, die Fassung zu bewahren, und legte besorgt eine Hand auf den Arm ihres Mannes. »Bist du denn sicher, dass du unversehrt bist? Hast du nicht ein Loch in deinem Rock gehabt, als du hereinkamst? Ich bin sicher, dass ich eines gesehen habe, zwei sogar, wenn ich mich recht entsinne …«

»Das stimmt«, bestätigte Bismarck ebenso leise mit einem Augenzwinkern, »es waren zwei im Rock, dazu in der Weste und im Hemd, nur an mir selbst fand ich nirgendwo eines, als ich mich vorhin noch gründlich untersuchte. Mag schon sein, dass die Kugeln an der seidenen Unterjacke abgeglitten sind – ich weiß es nicht. Dieses Abgleiten von Kugeln«, er sprach jetzt wieder lauter, als er merkte, dass die anderen noch immer an seinen Lippen hingen, »kommt übrigens bei Rotwild häufig vor. Es sind die federnden Rippen, die die Geschosse einfach abwerfen. Ich habe das schon oft beobachten können, wenn mich das Fehlen der Tierhaare darauf aufmerksam machte. So wird wohl auch meine Rippe gefedert haben – sie tut zwar ein bisschen weh, aber es ist nichts daran zu sehen, wie ich schon sagte. Auch beim Ausschreiten hatte ich keine Schmerzen. Vielleicht ist auch die Kraft der Schüsse nicht voll entwickelt gewesen, da er die Mündung unmittelbar auf meinen Rock drückte.«

Wieder starrten ihn die Damen bei Tisch voller Entsetzen an, sodass er lachend hinzufügte: »Wie dem auch sei, der Unglücksschütze ist nun in sicherem Gewahrsam, man wird ihn wohl gründlich verhören und dann auch gerecht bestrafen. Alles Weitere findet sich schon.«

Johanna war empört. »Also, wenn *ich* einmal tot bin«, brachte sie schließlich mit zitternder Stimme hervor und rückte dabei energisch ihre goldene Brosche zurecht. »Wenn ich einmal tot bin und dann die Himmelsleiter hinaufsteige, an der Höllentür vorbeikomme und dort den Mordgesellen stehen sehe, so werde ich ihm noch einen kräftigen Schubs geben, dass er ganz tief ins Feuer fliegt!«

Bismarck nahm einen tiefen Schluck aus seinem Weinglas und erwiderte trocken: »Meine liebe Johanna, solche Gedanken sollte man auf der Himmelsleiter nicht haben!«

Seine Majestät, der König, traf noch am selben Abend ein, um den geretteten Bismarck persönlich zu beglückwünschen. Er hatte seinen Leibarzt mitgebracht, Professor Lauer, von dem Bismarck sich nun gründlichst untersuchen lassen musste. Der König war erst davon überzeugt, dass seinem Ministerpräsidenten auch wirklich nichts fehlte, als der Arzt ihm dies bestätigte. Daraufhin empfahl sich der König und machte sozusagen Platz für den Polizeipräsidenten von Bernuth, den Bismarck sogleich und ohne mit der Wimper zu zucken vor den Gästen andonnerte: »Wie ist es möglich, Herr Polizeipräsident, dass am hellen, lichten Tage Unter den Linden, über die ich jeden Tag zur gewohnten Stunde gehe, ein derartiger Vorfall möglich ist? – Fünf Schüsse, Herr Wachtmeister, mit Verlaub! Und kein Schutzmann weit und breit, um so etwas zu verhindern oder wenigstens rechtzeitig einzugreifen. Das ist mir unbegreiflich!«

Unbegreiflich war es Bismarck auch, wie es der Polizei passieren konnte, dass der Attentäter – ein Tübinger Student, der, wie man herausgefunden hatte, mit dem festen Vorsatz, Bismarck zu töten, aus London gekommen war – sich noch am selben Abend in seiner Gefängniszelle die Pulsadern aufschnitt und verblutete.

»Jetzt können sie den Kerl nicht einmal mehr verhören und verurteilen!«, schimpfte Bismarck, als er am nächsten Morgen davon erfuhr.

Johanna, die ohnehin noch voller Wut auf den unseligen Attentäter war, drückte sich weniger diplomatisch aus: »Wie konnte man das zulassen! So eine Unachtsamkeit – unverzeihlich, sage ich! Dieser Mensch hätte öffentlich gerädert werden müssen!«

»Hm-hm!«, räusperte sich ihr Mann und hob überrascht seinen Blick von der Zeitung.

»Ich meine«, beeilte sich daraufhin Johanna – leicht errötend – noch hinzuzufügen, »schon zur Abschreckung, nicht wahr?«

Bismarck nickte lächelnd und widmete sich dann wieder seiner Zeitung und seinem Kaffee, als sei nichts gewesen. Insgeheim freute er sich über Johannas leidenschaftlichen Ausbruch, der ihm deutlich zeigte, wie sehr sie ihn liebte. Wie gut es tat, so heiß und innig geliebt zu werden! Seine Johanna, das wusste Bismarck, wäre wie eine Furie auf den Attentäter losgegangen. Das Rädern hätten sich die Richter dann sparen können.

Am selben Tag sorgte – zumindest für die ahnungslose Johanna, die im Gegensatz zu ihrer verstorbenen Mutter kaum Interesse an der Politik ihres Landes zeigte – eine neue Nachricht für Aufregung in der Wilhelmstraße 76: Die Preußen erklärten den Österreichern den Krieg. Waren sich beide Staaten vor einem Jahr noch einig gewesen, so war von dieser Einigkeit jetzt, im Mai 1866, nichts mehr zu spüren. Nachdem Preußen sich mit Italien verbündet hatte, hatten die Österreicher gewissermaßen im Gegenzug mit den Franzosen einen Geheimvertrag gegen die Preußen geschlossen. Und das bedeutete Krieg!

Anfang Juli standen sich preußische und österreichische Truppen bei Königgrätz gegenüber. Bismarck reiste kurz darauf ebenfalls dorthin, um sich selbst ein Bild von der Schlacht zu machen. Zum Abschied küsste er seine ängstlich dreinschauende Frau zärtlich auf die Stirn und schloss sie in seine Arme. »Ach, mein Niedchen ...«, murmelte er in die Fülle ihres dichten, dunklen Haares hinein, »mein geliebtes Niedchen ...«

Dann trat er einen halben Schritt zurück, blickte ihr fest ins Auge und erklärte feierlich: »Jetzt, wo es abermals heißt Abschied nehmen, will ich dir eines wiederholen, weil es mich gerade in diesen Tagen wieder bewegt: Ich gehöre zu dir, Johanna, und ich liebe dich wie einen Teil von mir selbst. Je mehr ich die Menschen kennen- und hassen gelernt, umso lieber bist du mir. Ja, Nanne, ich fürchte, ich wäre nichts geworden, was Gott gefällt, wenn ich dich nicht hätte. Pass gut auf dich auf, mein Herz – ich komme wieder.«

Johanna nickte tapfer, doch sie konnte ihre wahren Gefühle nicht verbergen. Tränen rannen ihr über die Wangen, als sie später am Fenster stand und der Kutsche nachwinkte, bis sie um die Straßenbiegung verschwunden war. Dass es nun doch noch Krieg hatte geben müssen! Lernten die Menschen denn niemals aus?

Bismarck war entsetzt angesichts der unzähligen Verwundeten und schrieb an Johanna, die in Bad Homburg kurte, sie möge doch Zigarren und Zeitungen an die Lazarette schicken, um damit den verwundeten Soldaten eine kleine Freude zu machen und sie ein wenig von ihren Schmerzen abzulenken.

Am 9. Juli schrieb er Johanna aus Hohenmauth:

Weißt Du noch, wie wir vor 19 Jahren auf der Bahn von Prag nach Wien hier durchfuhren? Kein Spiegel zeigte die Zukunft …

Uns geht es gut, trotz Napoleon; wenn wir nicht übertrieben in unseren Ansprüchen sind und nicht glauben, die Welt erobert zu haben, so werden wir auch einen Frieden erlangen, der der Mühe wert ist …

Na, das will ich stark hoffen, dachte Johanna, die sich wieder einmal große Sorgen um ihren Bismarck machte – um ihn und auch um die armen, jungen Soldaten, die so tapfer in den Krieg gegangen waren, als sei es ein Kinderspiel. Einer von ihnen war Philipp, Bismarcks ältester Neffe, der bereits durch einen Lanzenstich verwundet war, wie sie durch Keudell gehört hatte, der es wiederum von Gerhard von Thadden wusste.

Unsere Leute sind zum Küssen, jeder, so todesmutig, ruhig, folgsam, gesittet, mit leerem Magen und nassen Kleidern, nassem Lager, wenig Schlaf, abfallenden Stiefelsohlen, freundlich gegen alle, kein Plündern und Sengen, bezahlen, was sie können und essen verschimmeltes Brot. Es muss doch ein tiefer Fond von Gottesfurcht im gemeinen Manne bei uns sitzen, sonst könnte das alles nicht sein.

Das wohl nicht, dachte Johanna, während sie all das kopfschüttelnd las. Abfallende Stiefelsohlen, nasse Kleider und Lager, verschimmeltes Brot! Ihr Herz zerfloss geradezu vor Mitleid mit den armen Männern und sie beschloss, heute Abend besonders lange und intensiv für sie zu beten. Und für Bismarck natürlich.

Nachrichten über Bekannte sind schwer zu haben, man liegt meilenweit auseinander, keiner weiß, wo der andere ist, und hat niemand zu schicken, Menschen wohl, aber keine Pferde. Seit vier Tagen lasse ich Philipp suchen, aber ich kann nicht entdecken, wo er liegt, und jetzt sind wir schon acht Meilen weiter.

Johanna seufzte. Sie nahm einen Schluck Tee aus der feinen Porzellantasse, die man ihr auf ihren Balkon gestellt hatte, und sah in den Hotelgarten hinunter, wo zwei blonde Mädchen in weißen Kleidern Federball spielten und eine dicke, alte Dame an einem der gusseisernen Tische saß und ihren noch viel dickeren Mops mit Sahnetorte fütterte. Manchen Menschen geht es einfach zu gut, dachte Johanna und sah vor ihrem geistigen Auge die armen Soldaten durch den Schlamm kriechen – barfuß. Was würden die wohl jetzt für ein Stück Sahnetorte geben – und dafür, ihre Töchter und Söhne wieder spielen zu sehen!

Wenn Ihr von jemandem keine Nachricht habt, so könnt Ihr unbedingt annehmen, dass er lebt und gesund ist, denn alle Verwundungen von Bekannten erfährt man in längstens 24 Stunden …

Leb wohl, ich muss in Dienst. Dein treuester vB.

Nach der gewonnenen Entscheidungsschlacht wartete Johanna in ständiger Sorge und voller Sehnsucht jeden Tag darauf, dass ihr Mann heimkam. In ihrer Not wandte sie sich an Keudell, der ihr von Königgrätz Bericht erstattet hatte – dreizehn Stunden habe der Reichskanzler im Sattel seines Fuchses gesessen, im grauen Mantel, die buschigen Augenbrauen unter dem imposanten Kürassierhelm, ein Bild, das in ihm, Keudell, Erinnerungen an seine kindliche Vorstellung von Riesen aus dem Norden wachgerufen habe.

Johanna schrieb: *Hier sind alle Konservativen besorgt, dass wir zu mild sein könnten gegenüber den Österreichern und bestürmen sogar mich mit*

Bitten, zur Wut anzureizen. Dass wir nicht in Wien einziehen werden, grämt mich übrigens auch sehr! Die Jungen zittern und beben, dass ihr Papachen zu sänftlich verfahren möchte. Übrigens, fügte sie hinzu, *ist mir alles eins, wenn ich nur endlich wüsste, dass Bismarck ganz gesund ist!*

Bismarck, dem der Inhalt dieser Briefe nicht verborgen blieb – das Pflichtbewusstsein seines Adjutanten ließ eine solche Geheimnistuerei einfach nicht zu –, lachte laut, als er davon hörte. »Ich sehe sie wie eine Germanin auf der Wagenburg, angefeuert von ihren beiden jungen Teutonen!«

Als Bismarck im Oktober endlich nach Hause zurückkehrte, bereiteten die Berliner ihm einen feierlichen Empfang. Doch der Ministerpräsident war physisch wie auch seelisch schwer erschöpft, seine Nerven waren stark angegriffen. Johanna gegenüber sprach er sogar von Rücktritt.

Johanna, die gewiss nicht unglücklich über eine solche Entscheidung gewesen wäre, wusste jedoch, dass ihr Mann es nicht wirklich ernst meinen konnte und führte diese Äußerung auf seine schwere Erschöpfung zurück. Er würde sich niemals freiwillig ins Privatleben aufs Land zurückziehen, nicht, solange er noch seinen eisernen Willen hatte – und den hatte er. Also blieb Johanna still und freute sich einfach nur, ihn wieder bei sich zu haben.

Im November reisten die beiden wie zwei jung Verliebte nach Rügen, wo sie zunächst ein paar heitere und unbeschwerte Tage verbrachten – doch dann wurde Bismarck wieder krank: Magenschmerzen quälten ihn so sehr, dass er sich freiwillig vom Arzt auf Diät setzen ließ. Der Urlaub war, wie es schien, verdorben. Johanna, die sich so auf Rügen gefreut hatte, war wieder einmal die Krankenpflegerin ihres Mannes. Dieser Aufgabe widmete sie sich wie stets mit Liebe und Hingabe, doch der ungeduldige und wehleidige Bismarck machte es ihr nicht leicht.

Als der Fürst Wilhelm Malte von Putbus und seine Frau erfuhren, dass Bismarck krank in einem Gasthof auf Rügen lag, luden sie den Ministerpräsidenten und dessen Frau ein, bei ihnen im Schloss zu wohnen. Allerdings war das Schloss durch ein Feuer zum Teil schwer beschädigt, sodass die Gäste im Gartenhaus einquartiert werden mussten. Den Gastgebern war dies sichtlich unangenehm, doch die bescheidene Johanna versicherte, dass es ihnen nichts ausmachen würde. Das »Gartenhaus« war, wie sich herausstellte, ein großes, imposantes, tempelartiges Gebäude mit weitem Blick auf das Meer.

Johanna war ganz entzückt. »Nicht wahr, Ottochen, hier werden wir es wohl ein paar Tage aushalten können, was meinst du?«

Bismarck grunzte seine Zustimmung und begab sich, ohne ein weiteres Wort zu sagen, auf direktem Wege ins liebevoll hergerichtete Gästebett.

So erholte sich der Ministerpräsident allmählich von seinem Leiden, bis er eines Abends Ende November erklärte, er fühle sich reisefähig und müsse wegen dringender Regierungsgeschäfte nach Berlin zurück.

Aus diesem Grund gab der Fürst noch ein festliches Diner zu Ehren des Ministerpräsidenten. Als man im Laufe des Abends neben allerlei anderen Köstlichkeiten ein zartrosa Parfait von Gänseleber servierte, gab Johanna dem Diener ein Zeichen, an Bismarck vorbeizuservieren. Graf von Putbus, dem dieser kleine, aber prägnante Vorfall nicht entgangen war, lehnte sich zu ihr hinüber und bemerkte schmunzelnd: »Sie werden, verehrteste Gräfin, wohl die einzige außer Seiner Majestät dem König in Preußen sein, die dem Premier befehlen darf!«

Doch bevor Johanna, die leicht errötet war, etwas darauf erwidern konnte, schlug Bismarck an sein Glas und erhob sich, um eine kurze Dankesrede zu halten. Er richtete seinen Blick auf Johanna und schloss mit den Worten: »Die Frau ist des Mannes Mutter, auch des Mannes Schicksal. Lassen Sie mich heute diesem meinem guten Schicksal danken!«

Varzin

Im April 1867 machte Bismarck seiner Frau, die noch immer den »guten, alten Tagen von Schönhausen« nachtrauerte, eine Freude der besonderen Art: Nachdem der Ministerpräsident vom Landtag für seine Verdienste um die preußische Politik und die Machterweiterung Preußens eine Dotation von 400 000 Reichstalern erhalten hatte, kaufte er die Gutsherrschaft Varzin in Ostpommern, der ursprünglichen Heimat der Puttkamers.

Johanna war regelrecht aus dem Häuschen vor Freude, als sie davon erfuhr. »Oh, Ottochen, mein Geliebter, mein – ach, wie soll ich dir nur danken? Ein Landhaus in Pommern, und noch dazu ganz in der Nähe der Kirche, in der wir uns vor zwanzig Jahren das Jawort gaben – du erinnerst dich doch, mein Liebster? – Nein, wie schön! Dort werden wir ja dann auch endlich, endlich einmal Ruhe haben und …« Sie fiel ihm überglücklich um den Hals. »Oh, danke, Otto, danke, danke …«

Lachend fuhr er ihr über das glatte, sorgfältig gescheitelte Haar, das noch immer tiefschwarz glänzte, obwohl sie jetzt über vierzig war und sich selbst oft, halb im Ernst, halb im Scherz, als »altes Muttschchen« bezeichnete.

»Wenn du nur glücklich bist, mein Niedchen, dann bin ich's auch. Es freut mich, dass es dir gefällt. Das heißt, ob es dir wirklich gefällt, wirst du mir natürlich erst sagen können, wenn du's mit eigenen Augen gesehen hast. Das wird, fürchte ich, noch eine kleine Weile dauern, hoffentlich aber nicht mehr als ein paar Wochen. Napoleon III. hat uns eingeladen, die Weltausstellung in Paris zu besuchen. Das kann ich ihm nicht abschlagen, noch dazu, weil der König selbst reist und mich als Begleitung wünscht. Keudell kommt ebenfalls mit, er freut sich schon darauf. Kommt ja auch nicht allzu viel herum in der Welt, der Gute. Nun, wie sieht es aus mit einer Tasse Tee im Salon? Aus der Küche duftet es ganz köstlich nach Napfkuchen, der soll doch bestimmt für uns sein.«

Jetzt lachte Johanna, die eben noch die Stirn krausgezogen hatte, als ihr Mann Napoleon und Paris erwähnt hatte. – Doch sie wollte sich nicht ärgern, der Tag war viel zu schön. Wenn ihr Mann schon einmal Zeit zum Teetrinken hatte, dann wollte sie ihm nicht gram sein wegen einer solchen Lappalie. Auf ein paar Wochen konnte es nun wohl nicht mehr ankommen. Sie würden ein neues Zuhause auf dem Lande haben, in ihrem geliebten Pommern, so, wie sie es sich im Stillen immer gewünscht hatte. Was konnte sie noch mehr verlangen?

In dieser Nacht träumte Johanna. Sie träumte von Viartlum und Varzin – an das sie sich noch vage von früher her erinnerte, da ihre Jugendfreundin, Anna von Blumenthal, dort gelebt hatte – in ihrem geliebten »buckligen Ländchen«. Von blühendem Flieder träumte sie und von Blauregen am Haus, von Pferdegewieher und krähenden Hähnen und Hundegebell. Wie schön würde es sein, all diese vertrauten Geräusche und Gerüche wieder um sich zu haben! Die weiten Felder, die immergrünen Wälder und die sanfte, hügelige, mit Heide bewachsene Landschaft, erfüllt vom Duft der Sommerblumen und dem Gesumm der emsigen Bienen. Wie lange war es her, dass sie ein Reh aus dem Dickicht hatte hervorbrechen oder einen Auerhahn sich aufplustern sehen, in dem Glauben, er sei ein Pfau? Wie lange schon hatte sie das Gurgeln eines Baches nicht mehr gehört, den Ginster blühen sehen, leuchtend gelb und intensiv duftend?

»Der stinkt doch«, hatte ihr Vater immer behauptet, »wie kannst du sagen, er dufte?«

»Aber ich *mag* den Geruch – ich liebe fast keinen anderen Geruch so sehr wie den des gelben Ginsters, wenn er blüht. Sag du nur dagegen, was du willst. Der Flieder, der duftet vielleicht noch schöner, aber den liebt ja jeder, das ist nichts Besonderes.«

Daraufhin hatte ihr Vater gelacht, gleichzeitig den Kopf über den Eigensinn seiner einzigen Tochter – die er aber vielleicht gerade wegen ihres Eigensinns so sehr liebte – geschüttelt und sich dann wieder seiner Zeitung gewidmet.

Johanna sah alles genau vor sich, hörte die Hunde ihres Vaters bellen, die längst nicht mehr lebten, hörte ihre sanfte, kastanienbraune Stute wiehern, die Bismarck ihr nach der Verlobung geschenkt und die sie dann nach Schönhausen mitgenommen hatte. Inzwischen lebte auch Brunette nicht mehr und Johanna hatte kein neues Pferd haben wollen, zumal ihre Gesundheit ihr das Reiten kaum mehr erlaubte. Ja, und dann die gute, alte

Anna, wie sie morgens mit der Blechkanne klapperte, in der die frische Milch war, die sie als Kind immer zum Frühstück getrunken hatte.

»Meine geliebte Heimat«, murmelte Johanna im Schlaf und drehte sich mit einem tief zufriedenen Seufzer im Bett um.

Selten hatte sie so gut geschlafen wie in dieser Nacht.

Als sie aber am Morgen nicht vom krähenden Hahn, sondern stattdessen von rollenden Droschkenrädern auf Kopfsteinpflaster geweckt wurde, war Johanna zum Weinen zumute. Sie war ja nicht in Pommern, sie war noch immer in Berlin, in dem »Gefängnis« in der Wilhelmstraße, wie sie es manchmal nannte, und aus dem sie so gerne befreit werden wollte. Ein Droschkenkutscher rief einem anderen im Vorbeifahren etwas zu, dröhnendes Gelächter und zischende Peitschenhiebe erfüllten die Luft.

Johanna vergrub stöhnend den Kopf in den Kissen. Ach, wie sehnte sie sich nach der köstlichen Ruhe Pommerns! Wenn sie doch nur gleich gehen könnten! Heute ...

Geduld, mahnte eine innere Stimme, *hab Geduld, Johanna. Alles zu seiner Zeit.*

Nachdem Bismarck das erworbene Gut im Juni schließlich besichtigt hatte, schrieb er Johanna nach Berlin: *Es ist schön hier, mein Herz, und es wird Dich freuen zu hören, dass es doch sehr dicke Buchen hier gibt, Schonungen, Bäche, Moore, Heide, Ginster, Rehe, Auerhähne, undurchdringliche Buchen- und Eichenaufschläge und viele andere Dinge, an denen ich meine Freude habe. Es wird Dir gefallen!*

Weniger erfreut war Bismarck von dem schlechten Zustand, in dem sich das alte Rittergut befand. Das Haus war baufällig, die Säulen, die die Eingangstür säumten, wackelten wie alte, morsche Bäume, die Farbe blätterte überall ab – und das war nur der äußere Eindruck. Offenbar hatte sich seit Jahren kein Mensch mehr um die Instandhaltung des Herrenhauses gekümmert. Die Vorbesitzer waren verschuldet gewesen und hatten wahrlich andere Sorgen als frische Farbe und Seidentapeten gehabt.

Doch sowohl für Bismarck als auch für Johanna war die Landschaft eigentlich viel wichtiger als das Haus, das freilich dringend hergerichtet werden musste, schon allein der Gäste wegen, die man auch hier empfangen würde. Also ließ Bismarck kurzerhand einen Flügel an das alte Haus anbauen und stellte einen Gärtner ein, der im Park noch einige Bäume pflanzte und vor dem Haus ein hübsches Rosenrondell anlegte – als besondere Überraschung für Johanna.

Während Johanna sich bei ihrem Vater in Reinfeld aufhielt, richtete ihr Mann das Schloss ein. Die Zimmer waren recht groß, die vorhandenen Möbelstücke auch – allein das Bett, in dem Bismarck schlief, hätte mühelos eine vierköpfige Familie beherbergen können. Das neben dem Schlafzimmer gelegene Bad hatte die Ausmaße eines Schwimmbades.

Abgesehen davon, dass seine Johanna ihm fehlte, fühlte Bismarck sich in Varzin wie zu Hause.

An Johanna schrieb Bismarck:

Mein Geliebtes,

wenn ich gefrühstückt und gezeitungt habe, wandere ich mit Jagdstiefeln in die Wälder …

Komm doch nur schnell her und lass die Jungen alleine folgen! Betten werden hoffentlich in Köslin liegen, wohin ich auf Dein Telegramm schrieb, dass schleunigst alle Kisten geschickt werden. Bringe kein Mädchen außer Deiner Jungfer mit, Du brauchst vielleicht auch die nicht. Hier ist ein sehr gelobtes Wäschemädchen, die drei Jahre bei Blumenthal das Weißzeug besorgt hat. Der alte Diener ist auch recht brauchbar, und insbesondere der Koch, und ich muss all diese Leute doch bis Michaeli behalten. Bringe also weder Riepe noch die Magd her, wenn es nicht aus persönlichem Wohlgefallen geschieht. Schicke bitte etwas undurchsichtiges grünes Zeug, aus dem wir einen dunklen Fenstervorhang machen lassen können, und etwas zum Vorspannen auf der inneren Seite der Glastüren, durch welche man nicht gesehen zu werden wünscht.

Und komme Du bald!

Den letzten Satz hatte er wohl noch in Eile dahingeworfen, Johanna aber bedeutete er in dem Moment, als sie ihn las, die Welt: Bismarck sehnte sich nach ihr, er brauchte sie – jetzt!

Mit einem glückseligen Seufzer schloss sie die Augen und presste den Brief an ihre Brust. Oh, wie sie diesen Mann liebte! Ein schöneres Geschenk als Varzin hätte er ihr nicht machen können. Er kannte sie so durch und durch wie kein anderer und wusste deshalb so genau, was ihr Herz begehrte.

Plötzlich schlug Johanna die Augen wieder auf, als sie mit Erschrecken feststellte, dass sie, obgleich sie doch nun wirklich zu Bescheidenheit erzogen worden war, sich schon so an den Luxus, den sie jetzt als Gräfin und Frau des Ministerpräsidenten genoss, gewöhnt hatte. Ihr Otto las ihr ohnehin jeden Wunsch von den Augen ab, und jetzt kaufte er gar ein Gut, als sei dies die selbstverständlichste Sache der Welt! Sicher, für ein Fürstenpaar gehörte es sich, mindestens zwei oder drei Güter zu besitzen – da waren ja auch noch Kniephof und Schönhausen. An die Söhne, die später einmal jeder eines davon erben sollten, musste schließlich auch gedacht werden. Trotzdem erschreckte sie der Gedanke, dass ihr Mann so ohne Weiteres ein Gut erwerben konnte, während andere Adelsfamilien, wie die Blumenthals, so verarmt waren, dass sie den Familienbesitz verkaufen mussten. Bis zu diesem Augenblick war Johanna sich dieser Tatsache nicht einmal richtig bewusst gewesen. War es denn recht, so viel zu besitzen, dass man ständig neue Möbel, neues Geschirr und endlose Meter Stoff kaufen musste, um jeden dieser Haushalte angemessen auszustatten? Von dem Personal ganz zu schweigen. Bei ihrem Vater waren nur noch Anna und Krischan im Dienst. Sie hingegen hatten das Haus in der Wilhelmstraße voll von Dienern und Mägden, sodass für Johanna als Hausfrau kaum noch etwas zu tun blieb, als die Kosten zu überwachen. Die Jungen besuchten inzwischen das Gymnasium in Berlin und würden im nächsten Frühjahr ihre Abiturprüfung ablegen. Für sie wurde deshalb kein Hauslehrer mehr benötigt, und Marie wurde jetzt, mit fast neunzehn, von Tag zu Tag mehr Dame. Das Kind in ihr war fast verschwunden. Nur, wenn sie im Garten mit den Hunden tobte oder mit ihren Brüdern zankte, wenn diese sie neckten – was sie gleichermaßen gern und oft taten –, schimmerte es noch durch.

Seufzend wandte Johanna sich zu dem hohen, ovalen Spiegel um, der in ihrem Zimmer stand und betrachtete sich kritisch. Marie sah ihr ähnlich, nur, dass sie nicht so mager war, wie sie selbst es mit neunzehn gewesen war. Zwar war Marie nicht besonders klug oder begabt, aber sie hatte ein liebes, verträumtes Wesen – erst gestern hatte Johanna sie vom Fenster ihres Schlafzimmers aus beobachtet, wie sie im Garten zwischen den Blumen hockte und einen Frühlingsstrauß pflückte, ganz selbstvergessen und wahrscheinlich leise vor sich hin summend, wie sie es oft tat, wenn sie alleine im Garten war.

Sicherlich träumte Marie von dem Prinzen, der sie eines Tages mit auf sein Schloss nehmen würde, so wie sie es in ihrem Alter auch getan hatte. Johanna lächelte versonnen. Ihr Prinz hatte zu dem Zeitpunkt schon bald einen Namen gehabt: Otto von Bismarck.

Das Haus ist ziemlich scheußlich, ein verwohntes, altes Ungetüm mit zehntausend Kammern und Winkeln, schiefen Decken und Fußböden, sodass man Versenkung und Einstürzung auf Schritt und Tritt befürchtet. Vier Zimmer oben und vier unten sind erträglich, alle anderen sind Scheusäler, aber der Park allein ist so reizend, wie man ihn selten findet. Solche dicken, kräftigen, alten Buchen und Eichen habe ich weder im Harz noch im Taunus noch im Oden- oder im Schwarzwald gesehen. Gott gebe, dass wir ungestört wenigstens drei Wochen hierbleiben können!

Johanna setzte die Feder ab und las kritisch das eben Geschriebene durch. Zugegeben, allzu gut kam das Haus nicht weg bei ihrer Beschreibung. Aber einige der leer stehenden Zimmer waren wirklich allzu grausig, man mochte sie kaum betreten. Bismarck versuchte sie damit zu trösten, dass die Maler sie hübsch tapezieren könnten und man neue Teppiche hineinlegen würde, damit es gemütlicher darin aussähe. Aber recht vorstellen konnte sie sich das nicht. Einige Zimmer hatten einen derart unmöglichen Schnitt, dass sie nicht einmal wusste, was sie hineinstellen sollte. Als Ankleidezimmer mochten sie bestenfalls dienen, aber nicht einmal eine Gräfin brauchte mehr als ein Ankleidezimmer.

Seufzend widmete sie sich wieder ihrem Brief. Keudell musste schließlich wissen, wo sie und ihr Otto abgeblieben waren. Er sollte auch den Kindern entsprechenden Bericht erstatten, die ebenfalls bald in Varzin eintreffen sollten.

Der Anbau, den Bismarck hatte vornehmen lassen, machte das Haus von außen auch nicht gerade schöner. Aber der Besitz lag windgeschützt zwischen kleinen Hügeln, über die sich weitläufig der Park hinwegzog, und sah – wenigstens aus der Ferne betrachtet – aus, als habe man ihn in die idyllische Hügellandschaft mit hineingemalt. Ein kleines Flüsschen – das streng genommen wahrscheinlich nicht einmal ein Flüsschen war, eher ein Bach – schlängelte sich durch den gesamten Park und mündete in die Wiesen.

Schade, dachte Johanna, als sie dort mit Bismarck spazieren ging, *hier hätten unsere Jungen Frösche und Kaulquappen fangen können, als sie noch klein waren.* Wieder ein Seufzer. –

»Was seufzt du so viel, mein Herz?«, fragte Bismarck prompt. »Ist dir nicht wohl? Sollen wir lieber zurückgehen? Wir sind schon recht weit gegangen, es ist auch recht warm. Vielleicht ist es besser, wir kehren um und trinken etwas Kühles.«

Doch Johanna schüttelte den Kopf. »Ach, nein, nein, das ist nicht nötig. Es geht mir gut, wirklich. Ich dachte nur gerade an unsere Jungs, wie groß sie geworden sind – und dass sie hier unten, an diesem hübschen kleinen Bach, wohl nicht mehr spielen werden. Sie werden keine Frösche mehr fangen, keine …«

»Ach, bestimmt! Wenn sie sie ihrer Schwester am Abend ins Bett legen können, dann schon!«

Bismarck lachte dröhnend, Johanna leise. Dann drehte er seine kleine Frau zu sich um, sodass sie genau vor ihm stand. Er sah sie lange schweigend an, bevor er sprach. Dann strich er ihr sanft das Haar aus der Stirn, das sich aus dem Knoten gelöst hatte, und sagte: »Meine liebe Johanna – meine liebe, liebe Frau! Sag, bist du glücklich?«

Sie sah lächelnd zu ihm auf. »Ja, mein Einziger, mein Geliebter. Oh ja, das bin ich! Ich bin zu Hause, du hast mich nach Hause gebracht. Dafür werde ich dir ewig dankbar sein. Es ist unvergleichlich schön und so ganz reizend hier in meinem buckligen, kleinen Ländchen, findest du nicht? Das Haus – nun ja, da werden wir einiges tun müssen. Aber das hier …« Sie sah sich glücklich lächelnd um, und ihre Stimme wurde auf einmal ganz leise, als spräche sie nur zu sich selbst. »Das hier ist einfach unbeschreiblich schön. So friedlich, so ruhig …«

»Ja«, erwiderte Bismarck und folgte ihrem Blick, »friedlich und ruhig, das ist es. Genau das ist es, was ein Ministerpräsident Seiner Majestät des Königs hin und wieder braucht, um sich zu erholen. Dieses Fleckchen Erde, Johanna, wird mein – nein, unser beider – Zufluchtsort sein.«

Im Laufe des Sommers trafen die ersten neugierigen Gäste ein, um Varzin in Augenschein zu nehmen, darunter auch Robert von Keudell, der sich allerdings sichtlich unbeeindruckt von dem neu erworbenen Landsitz der Bismarcks zeigte.

»Nun ja, ich muss sagen, besonders schön ist es nicht gerade – die Räume sind allesamt unförmig und dunkel, und die Möbel …«

Der Adjutant sah sich missbilligend im Esszimmer um, das von einem dunklen Monstrum von Buffet dominiert wurde, auf welchem zu allem Überfluss auch noch etliche Kratzer und Kerben zu sehen waren, die bezeugten, dass dies keinesfalls ein neues Möbelstück sein konnte. »Die Möbel, so praktisch sie auch sein mögen, machen es nicht gerade schöner – mit Verlaub. Verzeih mir bitte, dass ich so direkt bin.«

Johanna aber lachte nur und schritt zum Fenster hinüber, um die schweren, dunkelgrünen Samtvorhänge aufzuziehen. »Ich will es dir zeigen. Komm her und sieh!«

Sie wandte sich um. In ihren dunklen Augen blitzte es, und für einen kurzen Moment glaubte Keudell, das junge Mädchen wieder vor sich zu sehen, das er einst gekannt hatte. Wann war Johanna zuletzt so fröhlich und unbefangen gewesen?

Johannas sanfte und zugleich herausfordernde Stimme klang an sein Ohr. »Komm her und sag mir, was du siehst – *bitte.*«

Keudell trat zu ihr und sah hinaus. Und wirklich, der Park, der vor ihm im Sonnenlicht lag, bot einen traumhaften Anblick: mächtige Buchen und Eichen – Bismarcks ganzer Stolz, wie Johanna ihm bereits bei seiner Ankunft erklärt hatte – säumten die unzähligen, kleinen, verschlungenen Pfade, die die romantisch-wilde Landschaft um das Gut herum wie willkürlich mit Bleistift gezogene Linien durchzogen. Die Rosen verströmten einen geradezu betörenden Duft, der durch das offene Fenster hineindrang, und Vogelgezwitscher erfüllte die Sommerluft. Ja, wenn Keudell sich das so ansah, wenn er diesen Duft einatmete und den Gesang der Vögel da draußen hörte, dann konnte er Johanna schon verstehen, dass sie mit einer solchen Begeisterung von ihrem Varzin sprach. Vielleicht konnte man aus diesem Ungetüm von Haus ja tatsächlich noch etwas machen; die Maler waren schließlich noch nicht fertig und auch alle Räume noch nicht eingerichtet. Wer weiß, vielleicht würde es bis Weihnachten ja ganz nett hier aussehen.

Keudell drehte sich zu Johanna um, die ihn erwartungsvoll ansah. Seine Meinung war ihr offenbar wichtig und so lächelte er und sagte: »Nun, das muss ich wohl zugeben, der Garten – besser gesagt, der Park, denn es sind ja wohl an die dreihundert Morgen, wie dein Gatte mir sagte – ist eine wahre Pracht. Hier habt ihr wirklich einmal Ruhe und könnt die knappe Zeit miteinander genießen. Komm, Johanna, lass uns hinausgehen, es ist ja so wunderbar sonnig und warm, da müssen wir wahrhaftig nicht hier drinnen hocken und …« *… auf diese grässlichen, dunklen Möbel sehen,* hatte er sagen wollen, doch er biss sich schnell auf die Lippen. Johanna liebte ihr neues Zuhause und er wollte – durfte – es ihr nicht schlechtmachen.

Auch in Varzin musste man Gäste empfangen, das sah selbst Johanna ein, die am liebsten jeden Tag mit ihrer Familie allein geblieben wäre, um sich an der Stille und der Schönheit der Natur zu erfreuen. Aber die Bankette, die man hier gab, waren keineswegs feudal, vielmehr ländlich-derb. Es gab kalte Koteletts, Kiebitzeier, Schinken, Rügenwalder Teewurst, Aal, Flundern, Gänsebrust und Käse so groß wie Wagenräder, dazu Buttermilch, Bier und starken Wein. Bismarck legte Wert auf gutes Essen – mehr als auf eine gute Einrichtung, an der es nach wie vor in nahezu allen Räumen fehlte.

»Leute, die großen Wert auf Möbel legen, pflegen schlecht zu essen«, erklärte er kategorisch, als einer seiner Diplomaten es gewagt hatte, etwas nicht sehr Nettes über die Einrichtung im Esszimmer zu sagen. Damit war das Thema für ihn erledigt.

An einem besonders heißen Tag im August schritt Johanna den Hauptweg entlang, auf der Suche nach ihrem Mann, der nach dem Frühstück um elf hinausgegangen und seitdem nicht zurückgekehrt war. Es war mittlerweile fast vier Uhr nachmittags und man erwartete Gäste für den Abend.

»Wo er nur wieder steckt«, murmelte sie zu sich selbst, den Saum ihres grauen Seidenkleides vorsichtig raffend, damit er nicht im Staub schleifte. Es hatte seit über zwei Wochen keinen einzigen Tropfen geregnet, das Gras war stellenweise schon ganz braun geworden vor Trockenheit. So schön es auch war, jeden Morgen am Fenster in den strahlend blauen Himmel hinauszusehen – die Blumen und Pflanzen und vor allem die Felder der Bauern brauchten Regen. Heute lag zum ersten Mal so etwas wie Gewitter in der Luft; es war drückend heiß, kein Windhauch regte sich. – Für Johannas Asthma war das nicht das beste Wetter, die Schwüle machte ihr zu schaffen, aber sie ließ sich nichts anmerken. Hier wollte sie nicht krank und kraftlos sein und im Bett liegen. Hier wollte sie das Leben genießen – jeden Tag aus Gottes Hand, wie ihre Mutter immer zu sagen pflegte.

Plötzlich vernahm sie ein Hecheln hinter einem der Himbeerbüsche, gefolgt von einem lauten, herzhaften Gähnen und zufriedenem Geschmatze. – *Das war unverkennbar Odin,* stellte Johanna belustigt fest. Und wo Odin war, konnte Bismarck nicht weit sein.

In Varzin hatte Bismarck wieder Hunde angeschafft; die mächtige, blaugraue Dogge Odin wurde sein besonderer Liebling und ständiger Begleiter auf seinen Streifzügen durch Wald und Flur. Wenn Bismarck nicht gerade auf der Jagd war oder an seinem Schreibtisch festsaß – denn auch hier vernachlässigte er für keinen einzigen Tag seine Pflichten gegenüber König und Vaterland –, fand Johanna ihn, so wie heute, oft im Gras liegend, Odin friedlich schnaufend an seiner Seite, einen Gedichtband oder einen französischen Roman in der Hand.

»Darf ich stören?«, fragte sie leise, nachdem sie unbemerkt herangetreten war.

Ihr Mann brummte und ließ dabei das Buch sinken. Doch als er sie sah, stahl sich sogleich ein Lächeln auf sein eben noch grimmiges Gesicht.

»Du bist es, mein Herz – komm, setz dich zu mir. Soll ich dir etwas vorlesen, ein Gedicht vielleicht? Oder wollen wir eine Weile spazieren gehen?«

»Gerne, aber langsam und wenn es geht, in Richtung Haus. Mir ist schon ganz schwindelig von dieser Hitze und wie ich dich kenne, hast du auch seit dem Frühstück keinen Tropfen Wasser mehr zu dir genommen. Heute kommen übrigens die Kleist-Retzows zum Souper, das hast du doch wohl nicht vergessen?«

Johanna sah ihn ernsthaft fragend an – man konnte fast ein wenig Koketterie in ihrem Blick lesen – und Bismarck erhob sich lachend, um sie versöhnlich in seine Arme zu ziehen.

»Natürlich habe ich es nicht vergessen! Nur die Zeit ...« Er zog seine silberne Taschenuhr, ein Erbstück seines Vaters, aus der Hosentasche, und klappte sie auf. »Die Zeit, du liebe Güte, die habe ich vergessen. Verzeih mir, mein Liebchen! Komm, hake dich bei mir unter, ich will dich sicher zum Haus geleiten.«

Lächelnd nahm sie seinen Arm und ging langsam mit ihm zum Haus zurück, während Odin hechelnd um sie herumtänzelte. Schließlich gab er es auf – zwischen seinem Herrn und seiner Herrin fand sich kein Zentimeter Platz, so nahe gingen sie beieinander – und jagte ihnen voraus, begierig, an seinen Trinknapf zu kommen.

Keudell hatte recht gehabt: Johanna liebte Varzin. Dies war ihr Zuhause, ihr Reich, ihr stiller Zufluchtsort. Hier blühte sie auf wie eine Rose, deren Wurzeln man dem heimatlichen Boden entrissen und die man nun mit behutsamer Hand zurückgepflanzt hatte.

Zwischenspiel
Friedrichsruh, Sommer 1894

Später am Abend saß das Ehepaar zusammen im Salon und sah in schweigender Eintracht zum Fenster hinaus, wo die Sonne, einem glutroten Feuerball gleich, soeben hinter den Büschen und Bäumen versank. Es war ein schöner Tag gewesen, ein stiller, friedlicher Tag, an dem Johanna wenig Schmerzen gehabt – was nur noch selten vorkam in den letzten Monaten –, dafür aber recht viel gelacht hatte. Bismarck war zufrieden. Er hatte Portwein kommen lassen, von dem er ihr jetzt einschenkte, und ließ die Doggen zu seinen Füßen liegen.

»Jetzt ist es Abend geworden«, stellte Johanna mit tonloser Stimme fest, den Blick unbewegt auf das hohe Fenster gerichtet. – Überflüssigerweise, wie man denken könnte, doch ihr Mann wusste die Mehrdeutigkeit dieser Bemerkung sehr wohl zu deuten und nahm rasch ihre Hand, als könne er sie so daran hindern zu gehen, ihn zu verlassen. Er brauchte sie doch noch, brauchte ihre Gegenwart, ihre leise, sanfte Stimme, die zu ihm sprach, ihr immer seltener erklingendes Lachen, ihren Geruch nach Seife und Lavendel, und ihre kleine, schmale Hand, die so oft die seine suchte.

»Ja, mein Herz. Ist dir kalt? Soll ich eine Decke holen?«

Johanna schüttelte den Kopf.

»Kann ich sonst irgendetwas für dich tun? Hier ist dein Portwein, du hast ihn noch gar nicht angerührt. Möchtest du etwas anderes trinken?«

»Nein«, erwiderte Johanna freundlich und wandte ihm dabei endlich ihr Gesicht zu, »es ist gut, Otto, lass nur. Ich trinke gleich einen Schluck.«

Bismarck nickte, leerte sein eigenes Glas in nur einem Zug und goss sich gleich nach. Doch er ließ das Glas auf dem runden Tisch zwischen ihnen stehen und sah stattdessen seine Frau besorgt an. Müde sah sie aus, müde und abgespannt. Dabei hatte sie wirklich nicht viel getan heute. Ihre Rosen hatte sie schon seit drei oder vier Jahren nicht mehr selbst geschnitten, auch ihre geliebten Kräuter hatte sie nicht mehr gesammelt und gebündelt und zum Trocknen in der Küche aufgehängt. Das hatte ihr immer besonders viel Freude bereitet. – »Da kann ich mich ganz in mir selbst verlieren«, hatte sie ihm vor Jahren einmal erklärt, »kann meinen Gedanken und Träumen nachhängen und im stummen Zwiegespräch mit unserem Herrn verweilen.«

Dabei hatte sie den duftenden Lavendel ebenso rasch wie kunstvoll zusammengebunden und über Kopf an dem Seil aufgehängt, das über der Kochstelle in Varzin gespannt war. Früher Viartlum, zuletzt Varzin.

Hier in Friedrichsruh betrat sie die Küche selten. Sie war gerne hier, aber ihr Zuhause war es nicht. Das war immer – oder wenigstens nach dem Tod der Eltern – Varzin gewesen.

»Weißt du noch, Niedchen, in Varzin? Weißt du noch, als du's zum ersten Mal sahst und so erschrocken warst über den jämmerlichen Zustand, in dem sich das Haus befand? Du wärst, so glaube ich fast, am liebsten auf der Stelle umgekehrt und davongelaufen.«

»Oh nein«, widersprach sie und wenigstens für den Bruchteil einer Sekunde flackerte das alte Temperament in ihren Augen wieder auf, »bestimmt nicht. Dafür hat mir die Landschaft allzu gut gefallen. Der Park, die Bäume und das liebe, kleine Flüsschen ... Oh, ich kann es rauschen hören, mein Otto, hörst du es auch? Hörst du, wie es uns ruft? Warum kommt ihr nicht, kommt ihr nicht, kommt ihr nicht?«

Sie hatte sich aufgerichtet und nach vorne gebeugt, als suche sie etwas da draußen im Garten, das ihr Antwort auf diese Frage geben könnte. Dann fragte sie plötzlich, ohne sich ihrem Mann zuzuwenden: »Was tun wir eigentlich noch hier, Ottochen? Wieso sind wir nicht in Varzin?«

Weil du krank bist, mein Engel, sehr krank. Weil ich Angst hätte, du würdest die Reise nicht überstehen. Weil ich dich, so lange es irgend geht, behalten möchte. So lange Gott mich lässt. Denn du bist mein Ein und Alles, meine Liebe, mein Leben ...

Doch statt einer Antwort sah Bismarck sie mit tränennassen Augen an – er, der große, stattliche Mann, der von so vielen Menschen auf der Welt geachtet, ja, gefürchtet wurde, der sein Land zu dem gemacht hatte, was es jetzt war: ein geeinigtes Deutschland. Er, der so viel im Leben erreicht hatte, weinte bei dem Gedanken daran, die Frau zu verlieren, die er liebte und der er alles, was er war und was er hatte, verdankte. Wie oft hatte er das gesagt? – »Ich wäre nichts ohne meine Frau!« – Oder, als man ihn geneckt hatte, ein rechter Einsiedler geworden zu sein, seit er sich aus der Politik und hierher in den Sachsenwald zurückgezogen hatte: »Ich bin gar kein Einsiedler, eher ein Zweisiedler!«

Und das war er. Für ein Leben allein war Bismarck nicht geschaffen, ein Leben ohne seine Nanne würde für ihn nicht mehr lebenswert sein. Das wurde ihm in diesem Moment erneut schlagartig bewusst, als sie sich ihm zuwandte und ihn unter Schmerzen anlächelte. »Morgen fragen wir Schweninger, ob er mich reisen lässt. Ja?«

Es schnürte ihm die Kehle zu, er konnte nicht sprechen. Schnell stürzte er das zweite Glas Portwein hinab und erhob sich aus seinem Sessel, um im Zimmer auf- und abzugehen.

Die Hände immer wieder in Verzweiflung ringend, blieb er schließlich schwer atmend vor seiner ihn fragend, bittend, ja, fast flehend ansehenden Frau stehen und sagte: »Also gut. Ich frage ihn morgen. Aber du musst mir versprechen, vernünftig zu sein. Wenn er dich nicht reisen lassen will, so musst du eben hierbleiben. Er wird seine guten Gründe haben. Wir können Gott dankbar sein, dass er uns letztendlich einen so guten, vernünftigen Arzt geschickt hat, der sein Handwerk wirklich versteht. Ihm vertraue ich. Versprichst du mir also, ihm auch zu vertrauen und vernünftig zu sein, mein Liebstes? Auch dann, wenn er Nein sagt?«

Johanna antwortete nicht, sah ihn immer nur stumm aus ihren großen, dunkelblauen Augen an, die in dem schmalen, bleichen Gesicht noch größer und noch dunkler wirkten.

»Ich bleibe ja bei dir, mein Herz, ganz gleich, wo wir sind, ob hier oder in Varzin. Ich verlasse dich ganz bestimmt nicht mehr«, versprach Bismarck und kniete vor ihr nieder, nahm ihre Hände in die seinen und streichelte sie sanft.

Johanna nickte.

Flora erhob sich von ihrem Platz am Fenster, an den sie sich zurückgezogen hatte, und kam langsam herübergetrottet. Sie legte ihre dicke Hundeschnauze auf Johannas Schoß und sah sie aus treuen Augen an, als wolle sie sagen: Ich bleibe auch bei dir!

Jetzt stahl sich ein schwaches Lächeln auf Johannas Gesicht. Sie beugte sich hinab, um die Dogge zu streicheln und sagte: »Ja, Flora, du bist ein feiner Hund. Du wirst gut auf deinen Herrn aufpassen …«

… wenn ich nicht mehr bin.

Wieder verspürte Bismarck diesen Kloß in seinem Hals, der es ihm unmöglich machte, zu sprechen, und dabei schrie alles in ihm: *Nein, nein, du darfst nicht gehen! Du bist so viel jünger als ich, du darfst nicht vor mir gehen, es ist nicht recht!*

Aber Gott fragt nicht danach, was wir Menschen für recht halten. Er weiß es eben doch am besten, hörte er Johannas Stimme, obwohl sie nicht sprach.

Sie hatte die Hand noch immer auf dem massigen Kopf der Dogge liegen, hatte sich dabei aber im Sessel zurückgelehnt und saß ganz ruhig da, mit geschlossenen Augen, als schliefe sie. Ihr Atem ging ganz ruhig.

»Bring mir bitte meine Bibel, Ottochen. Ich möchte noch ein wenig darin lesen. Einen Psalm oder zwei, bevor ich schlafen gehe. Und dann trinke ich auch noch von deinem Portwein, der macht mich so schön müde …«

Bismarck erhob sich sofort, um ihrem Wunsch nachzukommen, und kehrte gleich darauf mit der abgegriffenen Bibel zurück, die Johanna mit sich herumtrug, seit sie sich kannten. Doch in diesen wenigen Minuten war sie schon eingeschlafen, das unberührte Glas Portwein auf dem Tisch.

Bismarck legte ihr die Bibel in den Schoß, setzte sich in seinen Sessel und sah in den Nachthimmel hinaus. Johanna würde bald wieder aufwachen, das wusste er. Dann würde er ihr nach oben helfen, wo sie in ihrem Bett viel besser schlafen würde. Morgen früh würde Doktor Schweninger sie untersuchen und danach entscheiden, ob sie reisefähig war oder nicht. *Vielleicht,* dachte Bismarck, als er seine Frau so ansah, *ist es wirklich besser, ich bringe sie bald nach Varzin. Es ist ihr Zuhause, ihr Zufluchtsort …*

»Otto?«

Sofort war er hellwach.

»Ja, mein Herz?«

Johanna sah ihn bittend an. »Ich glaube, ich schaffe es heute nicht mehr, selbst zu lesen. Liest du mir vor? Psalm 23?«

»Natürlich.«

Er räusperte sich, nahm die Bibel und schlug wie von unsichtbarer Hand geführt gleich die richtige Seite auf. Dann begann er mit tiefer, sicherer Stimme zu lesen:

»Der Herr ist mein Hirte, mir wird nichts mangeln. Er weidet mich auf einer grünen Aue und führet mich zum frischen Wasser. Er erquicket meine Seele. Er führet mich auf rechter Straße um seines Namens willen. Und ob ich schon wanderte im finstern Tal, fürchte ich kein Unglück; denn du bist bei mir, dein Stecken und Stab trösten mich. Du bereitest vor mir einen Tisch im Angesicht meiner Feinde. Du salbest mein Haupt mit Öl und schenkst mir voll ein. Gutes und Barmherzigkeit werden mir folgen mein Leben lang und ich werde bleiben im Hause des Herrn immerdar.«

»Ja«, seufzte Johanna und ergriff dabei überraschend plötzlich seine Hand, »das werde ich. Und nun amen, lass uns schlafen gehen. Vielleicht sitzen wir morgen oder übermorgen Abend schon in Varzin …«

Er lächelte. »Ja. Komm, nimm meinen Arm, ich helfe dir auf.«

Als sie gemeinsam zur Tür hinausgingen, löschte er im Vorbeigehen das Licht.

Teil III

Mein geliebtes Herz
Die Jahre 1870–1894

Ein weltgeschichtliches Ereignis

Im Sommer 1870 musste Johanna gleich von dreien ihrer vier Lieben Abschied nehmen: von Bismarck, von Herbert und von Bill. Es war kein leichter Abschied, denn alle drei Männer zogen nach Frankreich – in den Krieg.

Weinend blieb Johanna am Bahnsteig stehen, auf dem sie eben noch ihre Söhne umarmt und geküsst hatte. Jetzt war der Zug im Nebel verschwunden, nur noch leise war das Rattern und Quietschen der Räder zu hören, bevor sich auch diese Geräusche im Nichts verloren.

Langsam machte sie kehrt und ging zu der wartenden Kutsche zurück. Marie beugte sich aus dem Fenster und streichelte ihre tränennasse Wange. »Nicht weinen, Mamachen – sie werden schon wieder kommen, ganz bestimmt. Du wirst sehen, spätestens an Weihnachten sind sie wieder da und wir werden alle fröhlich um den Tannenbaum tanzen!«

Johanna sah ihre Tochter stumm an und schüttelte den Kopf. Wie schön musste es sein, jung und ahnungslos zu sein und ohne eine Sorge in der Welt in den Tag hinein zu leben, selbst dann, wenn diese Welt vollkommen aus den Fugen geraten war!

Dann ließ die Gräfin sich in die Kutsche helfen und sank erschöpft in die Lederpolster. Sie wollte nicht mehr reden, sie wollte auch nicht weinen, sie wollte einfach nur die Augen schließen und diese Fahrt irgendwie überstehen. Und auch die nächsten bangen Wochen und Monate hoffte sie mit Gottes Hilfe irgendwie zu überstehen.

Dass es nun doch noch zum Krieg hatte kommen müssen! Aber Bismarck hatte es gewusst, und wenn sie selbst nicht bis zum Schluss so naiv und gutgläubig gewesen wäre, hätte sie es auch wissen müssen. Nachdem Leopold von Hohenzollern-Sigmaringen – ein entfernter Vetter König Wilhelms – der spanische Thron angeboten worden war, hatte Napoleon prompt reagiert und Preußen militärische Maßnahmen angedroht, sofern er nicht »jetzt und für alle Zeit« auf den Thron verzichtete. Die Tatsache, dass Leopold seine Kandidatur zurückzog, hielt den kampfeslustigen Napoleon allerdings nicht davon ab, einen Botschafter nach Bad Ems zu entsenden, wo sich Wilhelm I. in diesem Sommer zur Kur aufhielt.

In einem Telegramm an seinen Ministerpräsidenten – der den Inhalt desselben gleich darauf in gekürzter, gleichzeitig jedoch verschärfter Form an die Presse weiterleitete, wodurch es als »Emser Depesche« Berühmtheit erlang – beschrieb Wilhelm I. dieses äußerst unerfreuliche Zusammentreffen: *Er [der Graf Benedetti] fing mich auf der Promenade ab, um auf zuletzt sehr zudringliche Art zu verlangen, ich solle ihn autorisieren, sofort zu telegrafieren, dass ich für alle Zukunft mich verpflichtete, niemals meine Zustimmung zu geben, wenn die Hohenzollern auf ihre Kandidatur zurückkämen. Ich wies ihn, zuletzt etwas ernst, zurück …*

Diese Zurückweisung verstanden die Franzosen – erwartungsgemäß – als Affront und erklärten kurz darauf den Preußen den Krieg.

Bismarck hatte durchaus mit Widerstand gerechnet, ja, er hatte sogar insgeheim gehofft, dass die Möglichkeit einer deutsch-spanischen Allianz – unter preußischer Führung – Frankreich zu einer Reaktion zwingen würde. Denn das Verhältnis zu Frankreich hatte sich im Laufe der letzten Jahre – genau genommen seit dem deutsch-österreichischen Krieg 1866 – ohnehin ständig verschlechtert. Damals hatte man den Franzosen im Gegenzug für ihre Neutralität ein vages Versprechen gegeben, das eventuelle Gebietsabtretungen zugunsten Frankreichs beinhaltete. Napoleon hatte Ansprüche auf Rheinhessen und die bayrische Pfalz erhoben, kaum, dass die Schlacht von Königgrätz entschieden war. Bismarck hatte diese Forderung voller Empörung zurückgewiesen und – für den Fall eines französischen Angriffs – sicherheitshalber geheime Schutzbünde mit den süddeutschen Regierungen geschlossen.

Also war wenigstens Bismarck nicht verwundert, als Frankreich die Kriegserklärung gegen Preußen aussprach und konnte seinerseits für die umgehende Mobilmachung gegen Napoleon und seine Armee sorgen.

Johanna aber hatte bis zum Schluss gehofft, die Franzosen würden sich wieder beruhigen – umsonst. Wann sie ihren Bismarck – und die beiden Söhne – wiedersehen würde, lag allein in Gottes Hand und sie konnte nichts tun als zu warten, zu hoffen und zu beten …

Vendresse, 3. September 1870

Mein liebes Herz!

Vorgestern vor Tagesgrauen verließ ich mein hiesiges Quartier, kehre heut zurück, und habe in der Zwischenzeit die große Schlacht von Sedan am 1. erlebt, in der wir gegen 300 000 Gefangene machten, und den Rest der französischen Armee, der wir seit Bar le Duc nachjagten, in die Festung warfen, wo sie sich mit dem Kaiser kriegsgefangen ergeben musste …

Der vor- und gestrige Tag kostete Frankreich 100 000 Mann und einen Kaiser. Heute früh ging Letzterer mit all seinen Hofleuten, Pferden und Wagen nach Wilhelmshöhe bei Kassel ab.

Es ist ein weltgeschichtliches Ereignis, ein Sieg, für den wir Gott unserem Herrn in Demut danken wollen, und der den Krieg entscheidet, wenn wir auch Letzteren gegen das kaiserlose Frankreich noch fortführen müssen.

Ich muss schließen. Mit herzlicher Freude ersah ich heut aus Deinen und Maries Briefen Herberts Eintreffen bei Euch. Bill sprach ich gestern, wie schon telegrafiert, und umarmte ihn angesichts Sr. Majestät vom Pferde herunter, während er stramm im Gliede stand. Er ist sehr gesund und vergnügt.

Leb wohl, mein Herz, und grüße die Kinder.

Dein vB.

Herbert war bei der Schlacht von Sedan, die an einem einzigen Tag mehrere Tausend deutsche und französische Soldaten das Leben gekostet hatte, verwundet worden – nicht lebensbedrohlich, aber immerhin so schwer, dass für ihn der Krieg beendet war. Unendlich erleichtert war Johanna gewesen, als sie ihn am Bahnhof von Bad Nauheim, wo sie sich gerade zur Kur aufhielt, in Empfang nehmen konnte.

»Wir beide werden ihn schon wieder aufpäppeln, nicht wahr, Mutter?«, hatte Marie gefragt, die ihre Mutter zur Kur begleitet hatte, und versuchte mit Mühe, ihren humpelnden Bruder auf dem Weg von der Kutsche zum Hoteleingang zu stützen.

»Natürlich, Miechen. Jetzt ist er erstmal hier, da kann ihm nicht mehr viel passieren – was mit Bill und eurem Vater ist, wage ich mir nicht auszumalen!«

»Ach, mach dir doch nicht so viele unnütze Sorgen, Mutter«, hatte Herbert unter Schmerzen geantwortet und sich dankbar auf das Treppengeländer des Hotels gestützt, »die werden schon auf sich aufpassen. Als ich abreiste, waren sie wohlauf. Und wenn die Franzosen jetzt endlich einmal Vernunft annehmen, ist dieser Albtraum auch bald vorbei. Lange kann es nicht mehr dauern.«

Währenddessen ging das grausame Gemetzel in Frankreich weiter und sowohl Johanna als auch Marie, die den Verwundeten abwechselnd pflegten, bangten Tag für Tag um ihre beiden noch am Kriegsschauplatz verweilenden Männer.

Mit einem Seufzer der Erleichterung legte Johanna jetzt den Brief auf den Sekretär zurück und griff nach der Feder, um unverzüglich eine Antwort zu verfassen.

Dann bat sie um Tee und setzte sich auf die Terrasse, wo sie den Spatzen beim Baden in der steinernen Vogeltränke zusah. *Was für ein friedliches Bild,* dachte sie bei sich, *ich wünschte, ich könnte so ein Vöglein sein, so frei von jeder Sorge und jedem Schmerz, und immer nur zwitschern und umherfliegen und im kühlen Wasser baden.*

Doch Johannas Herz war schwer von Sorge – nicht nur um die eigenen Männer, sondern auch um all die anderen, die in diesem Krieg kämpften. *Für was?,* fragte sie sich, während sie auf den Tee wartete. *Für wen?* Jetzt, da Frankreich seinen Kaiser verloren hatte, schien ihr dieser Krieg sinnloser denn je. *Wäre es nicht vernünftiger gewesen, ihn mit der verlorenen Schlacht von Sedan zu beenden? Musste jetzt noch mehr unnützes Blut vergossen werden?*

»Ihr Tee, Gräfin.«

Johanna zuckte beim Klang der zarten, hellen Stimme zusammen. Dann wandte sie sich mit einem gefassten Lächeln auf dem Gesicht zu dem Mädchen um, das schüchtern mit dem Teetablett im Türrahmen stand, und nickte. »Danke, Lene. Stellen Sie es hier ab, ich gieße mir selbst ein.«

Nachdem Lene gegangen war, versuchte Johanna sich an den Vögeln zu erfreuen, doch es wollte ihr nicht gelingen. Immer wieder stiegen die schaurigsten Kriegsbilder vor ihrem inneren Auge auf, bis sie es schließlich aufgab und erneut Bismarcks Brief zur Hand nahm. *Es ist ein weltgeschichtliches Ereignis, ein Sieg, für den wir Gott unserem Herrn in De-*

mut danken wollen, und der den Krieg entscheidet, wenn wir auch Letzteren gegen das kaiserlose Frankreich noch fortführen müssen.

Ja, dachte sie, Gott entscheidet. Und hoffentlich tut er das bald.

Trotz der Angst, die sie um ihre Männer hatte und der Albträume, die ihr der Krieg bescherte, war Johanna durchaus nicht dafür, mit den Franzosen – die in ihren Augen an allem Leid und Elend schuld waren – allzu zimperlich umzugehen. Als Bismarck mit seinem Angriff auf Paris zögerte, schrieb sie ihm am 10. Oktober voller Empörung: *Es ist doch nicht wahr, was der Schafskopf Loftus (der englische Botschafter in Berlin) hier allgemein ausposaunt, dass Du durchaus gegen ein Bombardement von Paris bist, um das Höllennest zu schonen?*

Ach, bitte, bitte, nur keine Mäßigung, keine Milde, keinen Großmut gegen dieses Sündenvolk. Bitte Strenge bis zum Äußersten gegen alles Gesindel, was gallisch schwabelt – es ist furchtbar, was sie unseren prächtigen Truppen und ohne Aufhören zugefügt haben und noch zufügen werden. Darum Tod und Verderben allen, Jung und Alt, nur die Wiegenkinder ausgenommen. Die können ja nichts dafür, dass sie so scheußliche Eltern haben.

Gleichzeitig war Johanna – zusammen mit etlichen anderen adligen und bürgerlichen Damen der Berliner Gesellschaft und unter der Schirmherrschaft Wilhelm I. – emsig dabei, Hilfsaktionen für die Hinterbliebenen des Krieges zu organisieren. Unermüdlich wurde Geld gesammelt, wurden Pakete gepackt und verschickt, und Johanna konnte ihrem Bismarck stolz berichten, dass sie auf einer einzigen Vereinssitzung über 12 000 Taler eingenommen hätten. Man betete für die deutschen Soldaten und für den Frieden, den alle herbeisehnten – gerade im Hinblick auf Weihnachten –, auch wenn Johanna sehr wohl wusste, dass es noch ein langer Weg bis dahin war.

Damit es ihrem Otto auch seelisch gut ging, schrieb sie ihm immer wieder ermunternde Worte und fügte auch, wann immer sie konnte, passende Bibelverse hinzu.

Ich weiß nicht, ob mein Liebster außer Losungen, Seemanns und rotem Gebetbüchlein noch Psalme mithat, bin überzeugt, dass in dem gottlosen Scheusalslande nirgends Bibeln existieren und möchte Dir deshalb nur diesen Vers aus dem 37. Psalm hinschreiben, dass Du es nicht vergisst: Befiehl dem Herrn deine Wege und hoffe auf ihn, er wird's wohl machen, schrieb Johanna in ihrem Brief vom 31. Oktober an Bismarck, und: *Dann noch dieser: Sei stille dem Herrn und warte auf ihn. Das soll Dir Mut und Kraft geben, mein Geliebter! Oh, wie bete ich täglich zu Gott, dass er mir Dich und auch unser Billchen bald unbeschadet wieder zurückbringt!*

Während man also daheim auf die erlösende Nachricht vom Ende des Krieges wartete, versuchte Bismarck weiterhin mit den Franzosen zu verhandeln. Gleichzeitig war er bemüht, die Einheit Deutschlands herbeizuführen – ein kräftezehrendes Vorhaben, das im November zu einer erneuten Nervenerkrankung Bismarcks führte. Johanna musste Morphium nach Frankreich schicken, damit ihr Liebster wenigstens nachts schlafen konnte.

Die arme Johanna war außer sich vor Sorge, zumal sie sich gerade in Reinfeld bei ihrem Vater aufhielt, dem es ebenfalls nicht gut ging. Seit dem Tod der Mutter war er nicht mehr derselbe; er lachte weniger, war noch stiller geworden, und nicht einmal Herbert hatte ihn dazu bewegen können, eine Partie Schach mit ihm zu spielen. So war Johanna regelrecht froh, als sie Anfang Dezember der drückenden Atmosphäre von Reinfeld entkommen konnte, um es sich, zusammen mit Marie und Herbert, in der Wilhelmstraße gemütlich zu machen. Sicher, es fehlten zwei in ihrer Runde, und nach einem richtigen Weihnachtsbaum stand auch niemandem der Sinn. Dafür hatten sie ein winziges Bäumchen nach Versailles geschickt. Dort gab es, wie Bismarck behauptete, kein Vergnügen, sondern nur Arbeit.

»Da wird er sich über das Bäumchen bestimmt freuen«, hatte Marie gesagt und Herbert einen Knuff versetzt, der schon wieder daran erinnern wollte, dass das arme Bäumchen, wenn überhaupt in einem Stück, ganz sicher vollkommen nackt in Frankreich eintreffen würde. Im Übrigen hätten sie dort sicher auch Tannenbäume.

»Das ist es eben mit euch Männern, ihr versteht das nicht. Alles, was mit Gefühlen zu tun hat, versteht ihr entweder gar nicht oder absichtlich falsch.«

Nach diesem wahrhaft traurigen Weihnachtsfest erreichte Johanna am 27. Dezember ein Telegramm von Bismarck, in dem er ihr mitteilte, dass Paris jetzt doch bombardiert würde. In Johannas Ohren waren das erfreuliche Nachrichten – nicht nur, weil die Franzosen es ihrer Ansicht nach verdient hatten, sondern auch, weil sie nun frische Hoffnung schöpfen konnte, dass der Krieg nun doch bald dem Ende zuging, vielleicht sogar noch im alten Jahr.

Wir sind unsinnig vor Freude über das eben erhaltene Telegramm, schrieb sie sogleich nach Paris, *nun lege Gott der Herr seinen reichen Segen in jede Bombe, dass sie furchtbare Trümmerhaufen bringe, dass kein Stein auf dem anderen bleibe. Wir beten ohne Unterlass, dass nun das Elend baldmöglichst beendet wird.*

Johanna wusste, dass es nicht recht war, so zu denken – wie konnte sie ernstlich verlangen, dass Gott eine todbringende Bombe segnete? –, aber sie hatte sich nun einmal in den vergangenen Monaten so sehr in ihren Hass auf die Franzosen und alles Französische hineingesteigert, dass sie in diesem Moment nicht anders konnte. Außerdem wollte sie ja, dass dieser unsinnige Krieg zu Ende ging, damit sie endlich, endlich ihren geliebten Bismarck wieder in die Arme schließen konnte. Sie hoffte, dass Gott das verstehen würde.

Bismarck war zur selben Zeit in Versailles damit beschäftigt, den endgültigen Abschluss des Friedensvertrags mit Frankreich zu beschleunigen – Adolph Thierse, der jetzt an der Spitze der neuen französischen Regierung stand, schien ihm dabei durchaus entgegenkommen zu wollen, allein, er konnte sein aufgebrachtes Volk nicht von den Bedingungen, die Bismarck stellte, überzeugen. Die Deutschen forderten nicht wenig: Nicht nur Elsass-Lothringen sollte an das Deutsche Reich abgetreten werden, man verlangte außerdem die beträchtliche Summe von fünf Milliarden Goldfranken als Wiedergutmachung.

Ungeachtet der noch nicht abgeschlossenen Friedensverhandlungen und den damit verbundenen Unruhen in Paris, beging man am 18. Januar 1871 im Spiegelsaal von Versailles die Feierlichkeiten zur Kaiserproklamation und der damit verbundenen Reichsgründung der Deutschen. Für die Franzosen war dies natürlich ein weiterer Affront und eine tiefe Kränkung, hatten sie doch gerade den Krieg und obendrein noch ihren Kaiser an die Deutschen verloren.

Im Chor lassen wir Dich leben, beugen uns vor Deiner Klugheit, umarmen Dich zärtlich und sind gewaltig stolz, dass Du, das Beste, Liebste, Klügste, Geistreichste und Energischste, uns zu eigen gehörst! Liebling ohne Gleichen!, schrieb Johanna ihrem Mann nach Versailles.

Am liebsten wäre sie höchstpersönlich nach Versailles gefahren, um ihren geliebten Otto mit Glückwünschen und Küssen zu überschütten, doch davon wollte Bismarck nichts hören. Noch tobte der Krieg – zwei Tage nach der Kaiserproklamation begann erneut das Bombardement auf Paris und auch wenn das Ende jetzt in Sicht war, war Frankreich alles andere als sicher.

Am 28. Januar 1871 kapitulierte Paris, doch noch immer war kein Ende der Verhandlungen in Sicht. Allmählich wurde selbst Bismarck, der die »schwierige Kaisergeburt« (unter anderem hatte es viel Überredungskunst und vor allem Geld gebraucht, um den bayerischen König Ludwig II. von der Wichtigkeit eines einigen deutschen Kaiserreiches zu überzeugen) bis dahin so kühlen Kopfes vorangetrieben hatte, unruhig. Er war mit Arbeit überlastet und zeigte sich seinen Mitarbeitern gegenüber immer häufiger nervös und gereizt. Ständig fuhr er sie wegen geringfügiger Kleinigkeiten an, sodass insbesondere die jüngeren Adjutanten, so oft sie konnten, einen weiten Bogen um ihn machten.

Nichts kann man ihm recht machen, er ist einfach nie zufrieden, berichtete Herbert, der inzwischen wieder vollständig genesen und Anfang Januar zu seinem Vater nach Versailles gereist war, seiner Mutter nach Berlin. *Papa leidet furchtbar unter der ganzen Situation und ich wünschte, Du wärest hier. Sicherlich könntest Du ihn beruhigen – ich kann es jedenfalls nicht.*

Natürlich stand es außer Frage, dass Johanna jetzt nach Frankreich kam. Dazu hätte Bismarck angesichts der noch immer instabilen Lage auch niemals seine Erlaubnis gegeben, wusste er doch, wie leicht seine sensible Frau sich ängstigte und wie leicht solche Ängste einen neuen Asthmaanfall hervorrufen konnten. Nein, diese Sache musste er allein durchstehen, so schwer ihm das auch fiel: *Ich sehne mich, bei Dir zu sein und mit Dir in Einsamkeit auf dem Lande leben zu können. Dieses Leben erträgt kein gesundes Herz auf die Dauer.*

Fürstin wider Willen

Am 9. März traf der Kurierzug aus Paris im Potsdamer Bahnhof ein und Bismarcks hohe, breite Gestalt trat aus dem Frühnebel, der den Bahnsteig einhüllte, hervor, um Frau und Tochter in die Arme zu schließen.

»Da habt ihr euren Ollen wieder«, sagte er, sichtlich bewegt und überglücklich, wieder mit seiner Familie vereint zu sein.

Wie gerne hätte Johanna ihren Liebsten sofort und auf der Stelle mit nach Varzin genommen und ihn dort mit aufopfernder Liebe und Hingabe gepflegt, bis er wieder vollständig zu Kräften gekommen wäre. Ein paar Wochen, wenigstens Tage, in denen es einmal nur sie und ihn gegeben hätte! Doch für solche Träumereien blieb keine Zeit: Die Deutschen wollten den Kaiser und ihren Reichskanzler feiern und Johanna, ob es ihr nun gefiel oder nicht, musste wieder einmal zurückstecken. Vielleicht, dachte sie, während sie sich morgens von Herbert in die Kutsche helfen ließ, die sie zum Pariser Platz bringen sollte, finden wir im Sommer Zeit dafür. Oder im Herbst.

Ja, Bismarck zu lieben hieß, Geduld zu haben und zu warten; das hatte sie in den vergangenen Jahren gelernt. Aber sie wusste, dass ihr Mann es ihr dankte und sie nicht zuletzt für diese aufopfernde Treue und Geduld so sehr liebte, wie er es tat. Und seine Liebe war es, die ihr immer wieder Kraft gab.

Der Empfang, den die Deutschen ihrem Kaiser bereiteten, war einzigartig: Unter den Klängen des Pariser Einzugsmarsches zogen zunächst die Truppen durch das Brandenburger Tor. Fähnchen wurden geschwenkt, die Menge jubelte, und Johanna, die auf der Ehrentribüne vor dem Blücherpalais am Pariser Platz stand, beugte sich erwartungsvoll nach vorne, als der Jubel plötzlich um ein Vielfaches anschwoll: Der Kaiser selbst kam durch das Tor geritten, stolz und aufrecht auf seinem Schimmel – und dahinter, in Kürassieruniform, ihr Einziger auf seinem Grauen: ihr Bismarck!

Außer sich vor Stolz riss Johanna ihr weißes Taschentuch hoch und winkte ihm zu, auf Fußspitzen stehend, laut jubelnd, und mit Tränen der Freude in den Augen. Als sich ihre Blicke einmal kurz begegneten, lag eine solche Liebe und sehnsuchtsvolle Innigkeit darin, dass man hätte glauben können, für diesen Moment stünden – zumindest für die beiden – alle Uhren still. Doch ebenso schnell waren dieser Moment und auch Bismarck an der Tribüne vorüber.

Niemand schien bemerkt zu haben, wie die beiden Liebenden sich angesehen hatten, als seien sie plötzlich und nur für diesen winzigen Augenblick ganz allein auf dieser Welt gewesen. Jetzt kam der Reichskanzler schon an der Tribüne der Beamten vorbei und warf ihnen einen der Lorbeerkränze zu, die man ihm an den Sattelknopf gehängt hatte. Bismarck wusste, dass er ohne die beständig treue Mitarbeit dieser Menschen nicht das hätte erreichen können, was das Volk und insbesondere der Kaiser allzu gern ihm allein zu danken bereit gewesen wäre. Der größte Dank, den Bismarck empfand, galt jedoch selbst in diesem Moment, in dem das Volk ihm zujubelte, seiner Frau. Ohne Johannas unzählige Briefe, ohne ihre Gebete und ohne ihre beständige, treue, selbstlose Liebe, derer er sich selbst in der Ferne immer sicher sein konnte, wäre er niemals so weit gekommen. Er hätte die große nervliche Anspannung der letzten sechs Monate kaum durchgestanden.

Das sagte er Johanna auch, als sie ihn am späten Abend dieses ereignisreichen Tages mit einem kühlen Krug Bier in Empfang nahm.

»Weißt du, mein Niedchen, das ist ja alles recht schön und gut mit diesen Feierlichkeiten und Auszeichnungen, aber wirklich belohnt fühle ich mich erst jetzt, da ich wieder bei dir sein kann. Das ist der größte Lohn für all die Mühen, all die kräftezehrenden Entbehrungen der letzten sechs Monate: dass du wieder hier an meiner Seite sitzt und mir freundlich zulächelst, während ich mein Bier trinke. Auf dich, meine Liebste, mein Engel, mein Juwel, und auf die Jahre, die noch kommen mögen. Ich für meinen Teil bin dankbar für jeden einzelnen Tag, ja, für jede Stunde, die wir zusammen sein dürfen. Zum Wohl!«

Johanna lächelte müde. Sie wäre lieber nach oben gegangen, es ging ihr auch nicht besonders gut. Aber das wagte sie Bismarck gegenüber nicht zu sagen. Nicht jetzt. Er würde sich nur unnötig aufregen, und von Aufregungen, das wusste wohl niemand besser als sie, hatte er in den vergangenen

Monaten mehr als genug gehabt. Jetzt galt es, ihn erst einmal wieder richtig gesund zu pflegen, ihn aufzumuntern und ihn von all den Sorgen und Nöten eines gerade ernannten Reichskanzlers abzulenken.

Am 21. März trat zum ersten Mal der Deutsche Reichstag zusammen – ein großes Ereignis, dem die ganze Familie entgegenfieberte, und das nicht nur, weil ihr Ehemann und Vater jetzt Reichskanzler war. Der Kaiser hatte schon zuvor die Absicht kundgetan, bei dieser Gelegenheit seinen Reichskanzler in den erblichen Fürstenstand zu erheben.

»Darauf hätten wir doch gerne verzichten können«, bemerkte Johanna, als sie sich für die Feierlichkeiten im Palais angezogen hatte – wie immer schlicht, aber elegant im dunkelgrauen Seidenkleid – und unten in der Halle ihre seidenen Handschuhe überstreifte. »Als ob es nicht schon der Ehre genug wäre, Gräfin zu sein – Fürstin von Bismarck, du liebe Güte!

»Du weißt sehr gut, wie ich das sehe«, sagte ihr Mann und half ihr in den Mantel. »Ich stimme dir ja vollkommen zu, abgesehen davon, dass diese Standeserhöhung in die Basis meines Vermögens und meiner ganzen Lebensverhältnisse eine mir unsympathische Änderung bringt, wenn man an die höheren Steuern denkt. Aber du weißt auch: was Seine Majestät sich in den Kopf gesetzt hat, muss sein. Sei also dankbar und lächle, mein Herz. Dann kannst du nichts falsch machen. Das Reden überlass gerne mir.«

»Nun«, meinte Johanna, »immerhin ist ja der Brief, mit dem Seine Majestät der Kaiser dir die Würde verleiht, so sehr gnädig, beinahe liebreich abgefasst, dass man eigentlich nicht Nein sagen kann. Da wird der persönliche Empfang wohl auch zu überstehen sein.«

»Das wird er«, meinte Bismarck schmunzelnd und drückte seiner Frau einen zarten Kuss auf die Stirn, »und nun komm, die Kutsche wartet. Marie sitzt auch schon drin.«

Als Marie ihrem Vater gratulierte, beugte er sich verschmitzt lächelnd zu ihr herunter und flüsterte: »Schade, Miechen, wir waren im Begriff, eines der ältesten Grafengeschlechter zu werden. Aber trag 's mit Fassung wie deine Mutter.«

Bismarck hatte ernstlich vorgehabt, den Titel doch noch mit höflichster

Untertänigkeit abzulehnen. Doch der Kaiser hatte ihn einfach gar nicht erst zu Wort kommen lassen, hatte ihn wiederholt geküsst und umarmt und so allen Protest im Keim erstickt.

Auch die Kaiserliche Familie war bei diesem Anlass anwesend. Prinz Karl Friedrich war der Ansicht, dass der Fürst sich allzu gleichgültig, ja, undankbar gegenüber der ihm und seiner Familie zuteilgewordenen Ehre gab und nutzte die erste sich ihm bietende Gelegenheit, um Bismarck zur Rede zu stellen.

Der aber gab sich betont gelassen. Freundlich erklärte er dem jungen Thronfolger: »Mir kann das nicht viel bedeuten, Königliche Hoheit, da ich mich immer als Edelmann gefühlt habe.«

Der Hieb saß und Karl Friedrich wandte sich, ohne ein weiteres Wort zu sagen, ab. Doch die Antwort des Reichskanzlers hinterließ ihre Spuren. Man sagt, der Prinz und spätere Kaiser habe Bismarck diese Worte nie verziehen.

Als Johanna spät an diesem Abend neben ihrem Mann in der Kutsche saß und mit einem müden, aber sehr, sehr glücklichen Seufzer die Augen schloss, zog Bismarck sie noch näher zu sich heran und flüsterte: »So, Frau *Fürstin* von Bismarck, nun haben wir auch das geschafft – mit Bravour!«

»Ja«, flüsterte sie zurück, schon halb im Schlaf, »auch das, mein geliebter Fürst, mein Herr Reichskanzler, mein – ach … mein Ottochen …«

Schmunzelnd küsste der Kanzler ihr Haar, drückte sie noch einmal an sich und sah dann über ihren Kopf hinweg nach draußen in die Dunkelheit der Nacht hinaus, in Gedanken schon beim nächsten Tag.

In guten wie in schlechten Tagen

Es ist wahrhaftig nicht immer leicht, die Frau des Reichskanzlers zu sein, und jetzt auch noch Fürstin – aber für solche Augenblicke wie diesen lohnt es sich doch allemal!, dachte Johanna, als sie zum ersten Mal nach Friedrichsruh kam, um das Herrenhaus und den dazugehörigen Sachsenwald zu inspizieren. Beides gefiel ihr ausnehmend gut und vor allem: Ihr geliebter Bismarck schien sich hier von Anfang an wohlzufühlen. Hier hatte er endlich wieder das Gefühl von Freiheit und Weite, das er seit seinen unbeschwerten Junkertagen in Kniephof so vermisste. Wenige Monate nach der Reichsgründung hatte der Kaiser seinem Kanzler die Domäne Schwarzenbek im Herzogtum Lauenburg geschenkt – ein großzügiges Geschenk, das Bismarck sehr zu schätzen wusste. Allein der Wald umfasste 25 000 Morgen.

»Der Besitz, den Eurer Majestät Gnaden mir verleihen will, ist seiner Beschaffenheit nach ein Ideal meiner Träume und meine Freude ist, ihn nun Eurer Majestät zu verdanken. Ich habe die Zuversicht in Gott, dass im Sachsenwald Generationen Brandenburgischer Herzen nach mir leben werden.«

Johanna sah sich in dem stillen Wald um, in dem sie nur wenige Schritte entfernt von ihrem Mann stand, und sagte: »Die Doggen werden ihre helle Freude daran haben, hier durch das kniehohe Herbstlaub zu pflügen. Ich persönlich finde es fast ein wenig zu still im Augenblick, aber schön ist es, das muss ich sagen – wunderschön.«

»Das ist es!«, rief Bismarck begeistert. »Hunde gehören hierher, du hast vollkommen recht, meine Liebe! Wie immer übrigens.«

Er lächelte und legte einen Arm um ihre Schulter. »Wir werden also, sobald es geht, hierher umsiedeln, damit dein so hübsch beschriebenes Herbstidyll Wirklichkeit wird. Komm, lass uns zum Haus zurückgehen und sehen, wie weit es zu gebrauchen ist.«

Das nicht besonders schöne, dafür aber umso größere Haus – es war leicht doppelt so groß wie Varzin und sogar noch um einiges größer als Schönhausen – hatte bis vor Kurzem reichen Hamburger Kaufleuten nach der Jagd als Quartier gedient; der Name »Hotel Frascati« war auf einigen der Wäschestücke eingestickt, die Johanna bei ihrem Rundgang in einer Truhe fand. Es fühlte sich auch tatsächlich so ähnlich an, wie in einem Hotel zu wohnen. Um aus dem großen, leeren Haus ein Zuhause zu machen, würde es noch ein wenig Zeit und sehr viel Fingerspitzengefühl brauchen. Doch Johanna wusste, dass Bismarck sie gewähren lassen würde. Sie freute sich auf die vor ihr liegende Aufgabe. Glücklich schmiegte sie sich in seine Arme und sah zu ihm auf. »Wir werden hier noch manch schöne, ruhige Tage verbringen, meinst du nicht, mein Ottochen?«

»Das werden wir, Johanna, zwischen all den Empfängen und Banketten und Bierabenden … Ja, mein Nannchen, sieh mich nicht so entgeistert an, du weißt so gut wie ich, dass ein Reichskanzler so seine Verpflichtungen hat. Selbst hier auf dem Lande, da werden wir uns eben darauf einstellen müssen. Wir haben's in Varzin doch auch geschafft und haben trotzdem unsere Zuflucht dort. Also schaffen wir es auch hier. In diesem Sommer werden wir noch Ruhe haben, ich muss mit Seiner Majestät zur Kur. Da kannst du hier wirken und walten, wie du willst. Sollen wir die Hunde gleich herkommen lassen, damit du nicht so allein hier bist?«

»Nein, nein«, widersprach Johanna, nun nicht mehr ganz so glücklich, »das wird nicht nötig sein. Während du in Gastein mit dem Kaiser kurst, werde ich mit Miechen zu meinem Vater fahren. Du weißt, wie er sich immer freut, und es geht ihm ja doch immer schlechter. Mag sein, dass wir auch von ihm bald Abschied nehmen müssen … leicht wird's mir nicht werden, im Gegenteil. Mir ist schon ganz weh ums Herz bei dem bloßen Gedanken …«

Verständnisvoll drückte der große Mann seine zarte, kleine Frau an sich. »Ich weiß, mein Herz, ich weiß …« Dann küsste er sie und sagte: »Komm. Lass uns zum Haus zurückgehen, es bleibt noch viel zu tun und du musst dich auch endlich einmal ausruhen. Es war ein langer Tag.«

Johanna war gerne in Friedrichsruh, trotz der vielen Gäste, die sie auch hier empfangen mussten. Sie liebte die ungestörte Ruhe und die Weite des

Sachsenwaldes; Bismarck genoss seine Freiheit, wann immer es die Geschäfte zuließen. Herbert, der Älteste, lebte fortan fast ständig in Friedrichsruh. In Berlin ging er inzwischen seinem Vater im Reichstag zur Hand, aber zur Entspannung fuhr er, so oft er konnte, in den Sachsenwald.

»Dann wäre ja die Frage, wer welches Gut einmal erben wird, wohl schon geklärt«, bemerkte Bismarck einmal, als sie sich von Herbert verabschiedeten, um nach Berlin zurückzufahren. Von Berlin aus konnte man relativ schnell mit der Eisenbahn nach Hamburg gelangen und von dort aus nach Schwarzenbek. Freundlicherweise hatte der Eisenbahnverein dem Reichskanzler einen eigenen Salonwagen geschenkt, in dem das Paar bequem reisen konnte.

»Nun, mir soll es recht sein«, entgegnete Johanna und raffte ihre weiten Röcke, um in die Kutsche zu steigen. »Wenigstens ist fast immer jemand aus der Familie da, der im Haus nach dem Rechten sieht, wenn wir nicht da sind. Das ist doch sehr beruhigend zu wissen. In Varzin haben wir dann nur das Personal, und auch das nicht zu jeder Zeit.«

»Das ist wohl wahr. Aber wozu soll auch jemand die ganze Zeit über in der Einsamkeit von Varzin sitzen, wenn wir auf Monate nicht hinkommen, wie es ja manchmal durchaus der Fall ist? Wir können uns schließlich nicht dreiteilen. Herbert gefällt's wenigstens in Friedrichsruh und solange er sich noch keine Frau genommen hat, kann er da doch glücklich werden. Mein Liebling, weißt du eigentlich, dass es nur noch wenige Wochen bis zu unserer silbernen Hochzeit sind? Fünfundzwanzig Jahre Himmel auf Erden, so weit das möglich ist. – Ich weiß ja, dass du mich sonst gleich wieder rügst und sagst, das dürfe ich so nicht sagen, weil's dem Herrn nicht gefällt, solche Vergleiche zu ziehen. Aber bevor du das tust, sollst du wissen, dass du mir das teuerste und liebste Geschenk bist, das der Herrgott mir je gemacht hat. Ich hatte nie geglaubt, ja nicht einmal gehofft, jemals solch ein Glück zu finden, wie ich es mit dir gefunden habe. Ich danke Ihm jeden Tag dafür.«

Johanna, die in der Tat zum Widerspruch hatte ansetzen wollen, lächelte und drückte leise seine Hand. »Dass *du* an unseren Hochzeitstag denkst! Werden wir ihn hier in Friedrichsruh begehen oder in Varzin, was meinst du? Oder gibt dir der Kaiser am Ende gar nicht frei, so wie im vorigen Sommer, als du unbedingt mit ihm nach Gastein musstest?«

»Ich denke doch, dass er mir freigibt. Er ist schließlich selbst verheiratet und wird verstehen können, dass dieser Tag uns viel bedeutet. Wo wir ihn begehen werden, bleibt dir überlassen, mein Herz. Aber wir wollen es in aller Stille tun, nicht wahr?«

»Oh ja«, pflichtete Johanna ihm rasch bei und sah von ihren Handschuhen auf, mit denen sie eben noch beschäftigt gewesen war, »bitte, ganz im Stillen, und ohne Gäste. Ich möchte dich so gern einmal ganz für mich alleine haben, von morgens bis abends im Park spazieren gehen. An nichts anderes denken als an das Glück, das unser Vater im Himmel uns in den letzten fünfundzwanzig Jahren beschieden hat. Auch ich danke ihm jeden Tag für dich, mein Ottochen, und natürlich für unser hübsches, kleines Kleeblatt.«

»Das nun nicht mehr ganz so klein ist und auch, wenn einmal der Tag kommt, an dem unser Fräulein Tochter sich vermählt, nicht mehr lange ein zusammenhängendes Kleeblatt sein wird«, erwiderte Bismarck und sah seine Frau verschmitzt lächelnd an.

Wie erwartet, reagierte sie prompt, indem sie ihre Handschuhe, die sie eben noch sorgfältig zusammengelegt hatte, plötzlich achtlos auf den Boden der Kutsche fallen ließ, und ihn mit vor Entsetzen geweiteten Augen ansah. »Ja, Otto, meinst du denn, ich habe Grund zu der Annahme – zu der Sorge, der berechtigten Sorge, dass es bald so weit sein könnte? Hast du etwas gehört? Weißt du etwas, was ich nicht weiß und willst es mir nicht sagen? Sprich, lass mich nicht länger im Ungewissen! Gibt es einen Anwärter auf unser Miechen?«

Bismarck rieb sich vergnügt das Kinn. »Nein, mein Liebes, den gibt es nicht. Du kannst ganz beruhigt sein – fürs Erste jedenfalls. Ich wollte nur einmal sehen, wie du reagieren würdest. Und nun weiß ich es gewiss: Du wirst ein ebenso großes Theater darum machen wie dein und unser liebes Muttschchen vor fünfundzwanzig Jahren es getan hat. Deine Tochter herzugeben, wird dir schwerfallen, ganz gleich, wie edel und gut der Auserwählte auch sein mag. Das tröstet mich. Warum soll er es besser haben, als ich es damals hatte?«

Wütend funkelte seine Frau ihn an. »Da sprichst du schon wieder, als gäbe es ihn bereits, ja, als stünde er schon heimlich auf der Schwelle und wartete nur darauf, von dir hereingebeten zu werden. Aber das sage ich dir,

Ottochen: Ganz ohne Kampf gebe ich sie nicht her. Sie nicht und die beiden Jungs auch nicht. Das müssen schon ganz besondere Menschen sein, die eines unserer Kinder verdienen. Ganz besondere, Otto!«

Lachend ergriff er ihre Hand. »Ach, Johanna, wie schön du bist, wenn du in Zorn gerätst. Natürlich müssen es ganz besondere Menschen sein. Glaubst du denn, ich würde eines unserer Kinder an den Erstbesten oder die Erstbeste hergeben? Glaubst du, deine Eltern hätten das getan? Mitnichten. Du musstest hart erkämpft werden. So wird es mit unserem Miechen auch sein, da bin ich ganz deiner Meinung. Aber ob du es willst oder nicht, du musst dich schon einmal an den Gedanken gewöhnen: Irgendwann sind wir beiden allein übrig. So ist das Leben nun einmal, und so hat unser Herrgott es ja auch gewollt.«

Er drückte ihr einen Kuss auf die Stirn. »Komm, mein Niedchen, sei wieder gut. Ich hab es ja nicht bös gemeint. Da, sieh mal das Rehkitz, wie es über das Feld springt. Jetzt hat es das Wäldchen erreicht. Ist es nicht herrlich, so am frühen Morgen zu reisen? Ich könnt mir nichts Schöneres denken!«

Zum Tag ihrer silbernen Hochzeit schickte ihnen der Kaiser höchstpersönlich ein Telegramm mit seinen Glückwünschen nach Friedrichsruh. *Dass Ihnen beiden unter so vielen Glücksgütern, die Ihnen die Vorsehung für Sie erkoren hat, doch immer das häusliche Glück obenan stand, das ist es, wofür Ihre Dankgebete zum Himmel steigen. Unsere und meine Dankgebete gehen aber weiter, indem die den Dank in sich schließen, dass Gott Sie mir in entscheidender Stunde an die Seite stellte, und damit einer Laufbahn meiner Regierung eröffnete, die weit über Denken und Verstand geht. Aber auch hierfür werden Sie Ihre Dankgebete nach oben senden, dass Gott Sie begnadigte, so Hohes zu leisten. Und in und nach allen Mühen fanden Sie stets in der Häuslichkeit Erholung und Frieden, und das erhält Sie in Ihrem schweren Berufe.*

»Siehst du, meine Liebe, er hat mich nicht nur freigestellt, er hat auch unseren Ehrentag nicht vergessen«, bemerkte Bismarck schmunzelnd, der mit seiner breiten Gestalt hinter seiner am Frühstückstisch sitzenden Frau stand und ihr beim Lesen über die Schulter gesehen hatte. Er küsste ihr Haar und hob sein Champagnerglas. »Auf uns!«

Gleich am nächsten Tag setzte Johanna sich an ihren Schreibtisch und verfasste einen langen Brief an ihre Freundin Dexl, in welchem sie den Inhalt des kaiserlichen Handschreibens fast wörtlich wiedergab und mit ihren eigenen Worten noch hinzufügte: *Dank, Lob, Preis und Ehre für Gottes Gnade, die mich durch die Vereinigung aller meiner Liebsten und des Anblicks ihrer Gesundheit so beseligte, dass mir altem, verdorrtem Stümper immer die Augen übergingen in stiller Wonne und stillem Glück.*

Das war Johannas Art zu sagen, dass es ihr nicht gut ging – das Jammern lag ihr nicht, sie machte niemals Aufhebens um ihre fragile Gesundheit. Auch wenn sie sich manchmal abends an die Brust ihres Mannes lehnte und leise weinte, weil sie die Nacht fürchtete, in der die Atemnot meist am schlimmsten war. Bismarck war besorgt um ihr gesundheitliches Wohl und tat alles, um ihr die Qual zu erleichtern und die Angst zu nehmen. Im Herbst des vergangenen Jahres war sie mehrere Wochen lang zur Kur in Bad Reichenhall gewesen. Anfangs hatte es auch ausgesehen, als ob die frische Bergluft ihr guttun würde. Doch als sie im November die Nachricht vom Tod ihres Vaters erreichte, war Johanna abermals zusammengebrochen. Ein Asthmaanfall war dem nächsten gefolgt, bis sie am Ende so erschöpft und ausgemergelt gewesen war, dass die Ärzte es für unverantwortlich gehalten hatten, sie zur Beerdigung reisen zu lassen.

Die Tatsache, dass sie sich nicht hatte verabschieden können, hatte Johanna noch den ganzen Winter über zu schaffen gemacht. Immer und immer wieder hatte ihr Bismarck haarklein von der Beerdigung berichten und wiederholen müssen, was der alte Krischan ihm erzählt hatte: Dass ihr Vater in der Sterbestunde zu ihm gesagt hatte, wie stolz er auf seine einzige Tochter und auf seinen berühmten Schwiegersohn war.

»Ich habe es noch erlebt, Krischan«, waren seine Worte gewesen, »ich habe es wirklich noch erlebt.« Damit war Bismarcks steile politische Karriere und die Erhebung des Ehepaares in den Fürstenstand gemeint gewesen. Im Frieden mit sich und der Welt wäre er eingeschlafen, und läge jetzt bei seiner geliebten Litte unter hohen Tannen begraben.

»Ob ich wohl einstens auch dort begraben sein werde, in meinem geliebten Reinfeld?«, hatte Johanna ihn mit zitternder Stimme gefragt und ihn mit tränenbenetzten Wimpern angesehen.

»Daran darfst du noch gar nicht denken, mein Liebstes«, hatte er erwidert, die Stimme ganz rau vor Kummer. »Daran darfst du noch lange, lange nicht denken.«

Doch gerade heute wanderten Johannas Gedanken wieder und wieder zu ihren Eltern und nach Reinfeld zurück. Wie gerne sie dort gelebt hatte, wie glücklich sie gewesen war! Sie sah Krischan vor sich, wie er sie als kleines Mädchen oft auf seinen Armen ins Haus getragen hatte, wenn sie hingefallen und sich wehgetan hatte, oder wenn sie an ihrem Lieblingsplatz unter den Tannen beim Spielen eingeschlafen war …

Verträumt ließ sie nun die Feder sinken und sah zum Fenster, an dem der Regen in Strömen hinablief. Gestern war es noch schön gewesen, sommerlich heiß und schwül, dann hatte es in der Nacht kräftige Gewitter gegeben und merklich abgekühlt. Seit den frühen Morgenstunden regnete es ohne Unterlass, an Spaziergänge im Park war nicht zu denken.

Seufzend wandte sie sich wieder ihrem Brief zu, den zu beenden sie plötzlich nicht mehr die rechte Muße hatte. Ach, geliebtes Reinfeld! Das Gut war nach dem Tod des alten Puttkamers Johanna zugefallen, worüber sie sich herzlich freute, auch wenn sie nicht viel Gelegenheit haben würde, dorthin zu reisen. Wenn sie nicht gerade in Varzin oder hier in Friedrichsruh weilten, waren sie entweder in Berlin oder in einem der vielen Kurorte, die sie immer wieder in der Hoffnung besuchte, dass es mit ihrem Asthma doch noch einmal besser werden würde. *Morgen geht es wieder nach Bad Soden, schrieb sie, was mir gar nicht passt, lieber bliebe ich noch ein paar Wochen hier mit meinem großen Kleeblatt und täte so, als gäbe es die ollen Schmerzen gar nicht. Aber er drängt mich, dass ich fahren soll, und ich glaube, liebe Dexl, er hat wohl recht damit. Hat er das nicht immer?*

Entgegen dem Rat der Ärzte brach Johanna ihre Kur frühzeitig ab, da sie es nicht ertragen konnte, schon wieder so lange von ihrem geliebten Bismarck getrennt zu sein. Außerdem hielt dieser sich gerade als »vergnügter, kinderloser Strohwitwer« in Varzin auf. Dorthin zog es sie nun auch.

Kaum angekommen, musste sie jedoch mit Schrecken feststellen, dass es ihrem Mann ebenfalls nicht gut ging – im Gegenteil: Der Arzt wollte ihm gleich ein paar Wochen Kur in Bad Kissingen verordnen, wohin Johanna ihn aber wenigstens begleiten wollte. »Wenn schon die Aussicht auf ein paar ruhige Tage in meinem geliebten buckligen Ländchen dahin ist, so will ich wenigstens mit dir zusammen sein – ob Soden oder Kissingen, das ist doch einerlei«, meinte Johanna und ließ sich, kaum dass sie eine Nacht in Varzin verbracht hatte, von dem Diener in die Kutsche helfen.

In Bad Kissingen ging es Johanna wider Erwarten nicht besser. Während ihr Mann schon bald den ihnen freundlich zur Verfügung gestellten kaiserlichen Hofwagen für Ausfahrten in die nähere Umgebung nutzte, blieb sie traurig, müde und erschöpft im Hotel zurück. Dann fühlte sie sich mutlos und elend. Das sollten nun ein paar schöne, gemeinsame Erholungswochen sein! Stattdessen war sie oft zu schwach, ihn zum Frühstück in den Salon zu begleiten.

Eines sonnigen Morgens, Bismarck war gerade aus dem Haus getreten, vor dem sich wie so oft eine Traube von neugierigen Menschen angesammelt hatte, die den Reichskanzler sehen wollten, zerriss plötzlich ein Schuss die friedliche Stille. Johanna fuhr oben in ihrem Zimmer zusammen.

»Es ist etwas mit Bismarck!«, rief sie und stürzte zum Fenster. »Man hat auf ihn geschossen – kommen Sie, Herr Doktor, schnell! Sehen Sie! Da ist er, er lebt, Gott sei Dank, aber er ist verwundet, er hält sich den Arm. Nun machen Sie schon, gehen Sie hinunter – hier, Ihre Arzttasche, die werden sie ja wohl brauchen.«

Ungeduldig schob Johanna den Arzt, der sie hier in Bad Kissingen behandelte, zur Tür hinaus und trug ihm die schwere, schwarze Tasche noch hinterher. Der verblüffte Mann tat, wie ihm geheißen ward, eilte gleich darauf die Treppe hinunter und in den Hof hinaus, auf dem das Drama gerade seinen weiteren Lauf nahm. Der Attentäter, ein einfacher, blasser, unscheinbar aussehender Mann, wehrte sich mit Händen und Füßen, als man versuchte, ihn festzunehmen. Sein Widerstand erwies sich jedoch bald als zwecklos und er wurde von zwei Polizisten, die man herbeigerufen hatte, zum Bezirksamt abgeführt. Währenddessen untersuchte der Arzt die Wunde des Reichskanzlers. Am rechten Handgelenk war die Pulsader bloßgelegt, aber nicht verletzt, sodass die Fürstin, die inzwischen ebenfalls heruntergeeilt war, vorläufig beruhigt werden konnte.

»Oh, ich bin so wütend, ich möchte am liebsten mit Stuhlbeinen werfen!«, rief eine erboste Johanna, als ihr Mann am Nachmittag von einem Besuch im Bezirksamt zurückkehrte, wo er den Attentäter gefragt hatte, weshalb er ihn eigentlich hatte umbringen wollen. – Eine durchaus berechtigte Frage, wie Bismarck fand, doch seine Frau hatte herzlich wenig Verständnis für einen solchen Unfug. Das ließ sie sich auch deutlich anmerken. Außer sich vor Zorn ging sie im Zimmer auf und ab, blieb schließlich vor ihrem Mann stehen und sagte: »Das einzig Richtige wäre, diesen Ort des Schreckens sofort zu verlassen und nach Hause zu fahren. Ich jedenfalls halte es hier vor Todesangst und glühender Wut keinen Tag länger mehr aus. Kommst du mit oder musst du noch höchstpersönlich diesen Fall aufklären?«

Bismarck lachte. »Beruhige dich, Niedchen, ich habe es doch überlebt und die zuständige Polizei wird den Täter schon seiner gerechten Strafe zuführen. Es ist weder recht noch schön, wenn Landsleute aufeinander schießen. Das habe ich dem Herrn Attentäter auch gesagt.«

»Das kann ich mir lebhaft vorstellen«, murmelte Johanna, doch ihr Mann hatte es wohl gehört und zog sie lachend in seine Arme.

»Mein liebes Kind, zu viel der Aufregung schadet nur der Gesundheit, wegen der wir ja schließlich hergekommen sind. Lass uns doch nicht streiten wegen eines dummen Jungen, der glaubt, durch einen Mord etwas verändern zu können, was ihm persönlich nicht gefällt. Er ist in Gewahrsam, wir haben nichts mehr zu befürchten und können genauso gut noch ein paar Wochen bleiben.«

»Na, meinetwegen«, knurrte Johanna, »aber ausfahren tust du mir nicht mehr alleine.«

Am Abend schrieb sie sich ihre Wut über das Geschehene in einem Brief an die Frankfurter von der Seele: *Aber wird man den Mörder gründlich bestrafen, so, wie es das Schweinebiest verdient? Gewiss nicht! Unsere loddrige Polizei lässt ja die Verbrecher frei, womöglich noch reich beschenkt. – Ach, dass ich von der Wut, die seit sechzehn Jahren fast ununterbrochen in mir kocht, nicht längst geplatzt bin, ist doch eines der allergrößten Wunder, und die stete Atemlosigkeit kommt gewiss davon, dass all dies Gift in mir sitzt und immer unterdrückt werden muss!*

Bismarck, der den Brief nur kurz überfliegen wollte, um einen persönlichen Gruß darunterzusetzen, schüttelte lachend den Kopf. »Meine liebe Johanna, du hast manchmal eine ganz hübsche Sprache für eine Fürstin!«

Trotzig nahm sie ihm den Brief aus der Hand, legte ihn auf den Tisch und hielt Bismarck die Feder hin. »Unterschreibst du ihn nun oder nicht?«

Mutter der Braut

»Johanna, mein Liebes, du machst dir das Herz nur unnötig schwer. Du weißt doch: Die, die wir lieben, müssen wir auch loslassen. So ist das Leben nun einmal, da gibt's auch keine Extrawurst für Fürsten und Fürstinnen und schon gar nicht für deren Sprösslinge. Sie müssen ihren eigenen Weg gehen, Nanne. Auch Marie. Sie ist siebenundzwanzig im August! Fast schon eine alte Jungfer.«

Empört sah Johanna von ihrem Stickrahmen auf. Sie stickte an einem Bibelvers, den Herbert in seinem Arbeitszimmer aufhängen sollte. Der junge Mann las für ihren Geschmack viel zu wenig in der Bibel. Da wollte sie ihm wenigstens etwas Frommes mit in das »frivol gewordene Berlin« geben, in welchem sie ohnehin immer befürchtete, er könne, ebenso wie sein Bruder, in schlechte Gesellschaft geraten. Auf die Jungen aufzupassen, war weitaus schwieriger als auf die Tochter, die eigentlich selten von ihrer Seite wich. Es sei denn, Johanna war wieder einmal zur Kur in Soden, Kreuth, Gastein oder Tölz.

»Es ist schließlich nicht ihre Schuld, dass der Richtige noch nicht dabei war«, gab Johanna zurück, »und es ist schon manches Mädchen blindlings in ihr Unglück gelaufen, weil die Eltern oder, schlimmer noch, sie selbst meinte, nicht mehr warten zu können. Außerdem«, fügte sie etwas freundlicher hinzu, »hat nicht jedes junge Mädchen so ein Glück wie ich es damals hatte.«

Bismarck lächelte. »Nein, das wohl nicht. Aber du und ich, wir waren ja auch füreinander bestimmt. Das hat jedenfalls Marie von Thadden immer behauptet – weißt du noch?«

»Ja«, sagte Johanna leise und ließ den Stickrahmen sinken, »das weiß ich noch. Sie hat es nicht mehr erlebt, aber sie wird es hoffentlich gespürt haben, dass wir … nun, dass wir zwei einander am Ende noch finden würden.«

»Und das haben wir ja dann«, sagte Bismarck ebenso leise und legte seine große Hand auf die kleine, schmale seiner Frau.

»Ja, das haben wir«, lächelte Johanna.

Eine Zeit lang schwiegen sie, jeder für sich in Erinnerungen versunken, bis Johanna seufzend ihren Stickrahmen wieder aufnahm.

Gott ist die Liebe, und wer in der Liebe bleibt, der bleibt in Gott und Gott in ihm.

Bismarck stand auf, goss sich ein Glas Burgunder ein und ließ sich wieder in den Armsessel fallen, in dem er abends so gerne saß. Er schwenkte das Glas hin und her, sodass die tiefrote Flüssigkeit darin in kleinen Wellen hochschwappte, und sah nachdenklich ins Feuer.

»Aber so ein schlechter Mensch ist der Eulenburg ja nicht«, sagte er schließlich, »er meint es ehrlich, kommt aus einer wohlhabenden, angesehenen Familie und hat außerdem noch eine glänzende Laufbahn vor sich. Nun hast du unsere Tochter die letzten Jahre über von Ball zu Ball und von Basar zur Basar geschleppt – aus meiner Sicht ein zweifelhaftes Vergnügen, dieses Gedränge hält doch eigentlich kein Mensch bei klarem Verstand aus –, damit sie einen passenden Mann kennenlernt. Und nun ist es auch wieder nicht recht. Warum soll sie den Eulenburg nicht heiraten? Besser ihn als den hohlwangigen …«

»Ja, ja, schon gut, ich weiß, wen du meinst!«, rief Johanna und wollte sich beinahe schütteln bei dem Gedanken an den jungen Mann, von dem hier die Rede war. Sie hatten ihn auf einem Wohltätigkeitsbasar in Berlin kennengelernt und Marie, sonst immer freundlich, geduldig und allen Menschen wohlgesonnen, war schon bald regelrecht auf der Flucht vor ihm und seinen ungeschickten Komplimenten gewesen. »Der muss es wirklich nicht sein. Ich habe ja auch gar nichts gegen Eulenburg. Er ist ein sehr netter Mensch und, wie du schon sagtest, aus bestem Hause, ein Graf sogar. Was könnte ihr Besseres passieren? Mir wäre es nur lieber, sie würden noch ein wenig warten. Im nächsten Sommer, wenn …«

»Im nächsten Sommer wird sie achtundzwanzig sein«, gab Bismarck zu bedenken und nahm einen tiefen Schluck aus seinem Glas. »Wir wollen doch noch Enkelkinder haben, oder nicht? Möchtest du keine Großmutter sein?«

»Großmutter …«, sann Johanna, den Blick auf das, was sie gestickt hatte, gerichtet. »Ja, das wäre schon hübsch …«

Sie schwieg eine Weile, dann sah sie zu ihrem Mann hinüber. »Warum laden wir ihn nicht am nächsten Sonntag zum Diner ein? Dann kannst du alles Weitere gleich mit ihm besprechen.«

Die Verlobung des Grafen Wend zu Eulenburg mit Gräfin Marie von Bismarck wurde am 5. September 1875 offiziell verkündet. Doch nur wenige Wochen darauf machte ein hastig überreichtes Schreiben eines Kuriers alle romantischen Träume der jungen Braut zunichte: Ihr Verlobter war am Nervenfieber erkrankt und lag im Sterben. Es gab nichts, was die Ärzte für ihn tun konnten außer zu hoffen, dass sein Leiden nicht lange dauerte.

So kam es, dass Marie von Bismarck, statt am Altar zu stehen, sich kurz darauf am Grab ihres Bräutigams wiederfand, unfähig, zu weinen, ja, sich überhaupt von der Stelle zu bewegen. Ihr Vater trat schweigend an den Sarg, nahm die Ordensspange mit den Medaillen des Toten, die diesem in den Kriegen von 1866 und 1870 verliehen worden waren, und ließ sie nachdenklich durch die Finger gleiten.

Was nützte jetzt noch der Ruhm von gestern? Diese Orden würde der Tote nicht mit ins Himmelreich nehmen, und den Hinterbliebenen waren sie auch kein Trost. Im Gegenteil, sie waren nur eine höhnische Erinnerung daran, wie vergänglich das Leben und wie nutzlos alles willentliche Töten doch war.

Die Weihnachtszeit verbrachte die Familie in stiller Trauer und, zumindest Marie, in grenzenloser Verzweiflung.

»Die schöne Weihnachtszeit, wo alle sich doch freuen sollten!«, rief Johanna, als Marie beim gemeinsamen Abendessen plötzlich und unvermittelt aufgestanden war und fluchtartig den Raum verlassen hatte, weil irgendjemand wieder einmal irgendetwas Falsches gesagt hatte. Marie war so empfindsam in diesen Tagen, dass es nicht möglich schien, irgendetwas richtig zu machen. Selbst Johanna, von der Marie das empfindsame Gemüt schließlich hatte, war ratlos.

»Was sollen wir nur mit ihr tun?«, fragte Johanna ihren Mann. »Sie weint nur immer und klagt so still –«

»Wenn sie nicht gerade laut lamentiert, so wie gerade eben«, bemerkte Bismarck, die Hand auf dem Kopf seiner Dogge liegend. »Was für ein

Schauspiel! Man könnte meinen, wir wären in einem Irrenhaus. Wenn das noch lange so weitergeht, können wir sie gleich ins Kloster geben.«

»Otto!!!«, schalt Johanna, entsetzt über eine solch lieblose Äußerung.

»Schon gut, schon gut, ich habe es nicht so gemeint«, lenkte Bismarck ein. »Aber irgendwann muss sie schon einmal wieder essen, lachen und ausgehen und sich amüsieren. Wen laden wir zum Silvesterball? Ist da nicht jemand Passendes dabei, der sie vielleicht trösten könnte?«

»Nun«, erwiderte Johanna leise und nahm ihre Stickerei wieder auf – ein Trostpsalm für Marie, den sie ihr zu Weihnachten schenken wollte, »immerhin zeigt unser Miechen, dass sie zu lieben wirklich fähig ist und Eulenburg ihre Zuneigung verdient hätte. Wir müssen ihr helfen, Otto, ihr in dieser schweren Zeit beistehen! Aber alles, was ich entsinnen und tun möchte, kann ihr das unermesslich grenzenlose Glück ja doch nicht wieder schenken, das sie so kurze Wochen besessen und nach Gottes unerforschlichem Rat ewig verloren hat.«

»Meine liebe Nanne, ich kenne dich – mit dem ›ewig verloren‹ meinst du doch, dass du hoffst, dein Miechen nun noch für einige Jahre im Haus behalten zu können. Es macht dir ja gar nicht so viel aus, dass aus der Hochzeit nichts geworden ist. Nicht, dass es nicht tragisch wäre, das wohl, aber die Folge ist ja, dass Marie nun noch hier ist. Du kannst doch nicht wirklich abstreiten, dass dir das gefällt. Gerade jetzt vor Weihnachten.«

»Nun«, entgegnete Johanna, nicht ohne ein wenig zu erröten, »du kennst mich wirklich durch und durch, wie es scheint, und hast auch nicht ganz unrecht. Aber sieh, ich bin eben eine alte Glucke, die nur glücklich ist, wenn sie alle Kinder dicht bei sich haben kann!«

»Was den Ball anbelangt«, fügte sie nach kurzem Schweigen hinzu, »so habe ich die Liste bis heute noch nicht gesehen. Wen gedenkst du denn einzuladen?«

Der Silvesterball blieb zwar ohne den gewünschten Erfolg – Marie war nicht einmal zum Tanzen zu bewegen gewesen und hatte auch den Champagner nicht angerührt –, doch selbst Bismarck musste zugeben, dass sein Vorhaben wohl auch ein wenig verfrüht gewesen war. Nichtsdestotrotz wagten es im neuen Jahr einige beherzte junge Männer, unter ihnen Graf

Cuno von Rantzau, um die trauernde junge Gräfin zu werben. An dem Grafen schien Marie schließlich auch Gefallen zu finden.

Bismarck und seine Frau ahnten nicht, dass in den Kasinos und Klubs reichlich dumme Witze unter den Bewerbern im Umlauf waren, von dem »Heldenvater« bis zur »mitzuheiratenden Schwiegermutter«. Aber sie beobachteten ihre Tochter in liebevoller Anteilnahme, wie sie im Frühjahr langsam, aber sicher den Weg aus der Trauer fand und ihre alte Fröhlichkeit zurückerlangte.

Im Herbst entschieden sich Marie und ihre Eltern schließlich für den Grafen Cuno zu Rantzau und eine baldige Vermählung.

Aufgeregt und überglücklich lief Marie jetzt im Haus umher, probierte wieder und wieder das Kleid an, das seit dem letzten Winter unter Schichten von Seidenpapier und Säckchen von duftendem Lavendel in einer Truhe gelegen hatte, und war am Tag der Hochzeit ein fröhlich plapperndes Nervenbündel. Ganz, wie es sich für eine junge Braut gehörte.

Doch auch der Vater der Braut zeigte sich an diesem Morgen ungewohnt nervös. Während die Hochzeitsgesellschaft sich schon am hübsch geschmückten Frühstückstisch versammelt hatte, kämpfte Bismarck im Ankleidezimmer noch mit seiner Garderobe.

Johanna, selbst in Tränen aufgelöst, steckte ihm gerade das Brustband des Roten Adlerordens fest. »Nun halt still, Ottochen, sonst steche ich dich mit der Nadel!«, schimpfte sie.

Ungeduldig stampfte er mit dem Fuß auf, dass die Sporen an seinen Stiefeln nur so klirrten. »Die Gäste warten, Nanne! Verflixt, dass das Ding aber auch nicht halten will. Aber vielleicht muss man zu den Fürsten von Geblüt gehören, die wohl in der Haut eine angeborene Saugkraft für solche Dinger besitzen.«

Johanna unterdrückte ein Lachen und schob ihren Mann liebevoll, aber energisch aus dem Zimmer. »Komm, Ottochen, nun wird es ernst. Alle warten auf dich. Lass uns diesen Tag und die schwerste Stunde gemeinsam hinter uns bringen.«

»Die schwerste Stunde!«, lachte er. »Dass du gleich wieder so dramatisch sein musst, Nanne. Marie ist erwachsen, sie hat sich ihren Bräutigam auch dieses Mal selbst ausgesucht. Sie wird glücklich werden. Nun komm, sonst wird am Ende der Champagner warm.«

Der Kaiser, der sich aus gesundheitlichen Gründen vorübergehend aus den Staatsgeschäften zurückgezogen hatte, hatte seinem Kanzler eine besondere Freude machen wollen, indem er dem Bräutigam den Roten Adlerorden dritter Klasse verlieh. Allerdings hatte er diese Ehrung vorher nicht mit seinem Sohn, dem Kronprinzen, abgesprochen, der ihn heute vertrat. So musste Bismarck diesen nachträglich um Genehmigung bitten.

Der Kronprinz meisterte die peinliche Situation mit bewundernswerter Gelassenheit. »Oh bitte sehr, Durchlaucht, das macht gar nichts! Ich habe selbst Seiner Majestät die Ordensverleihung vorgeschlagen, weil die Auszeichnung von der Hand meines Vaters einen ganz anderen Wert haben wird.«

Eine hübsche, taktvolle Unwahrheit, dachte Bismarck, aber er sagte nichts, sondern nickte nur dankbar. Dann sah er dem Kronprinzen dabei zu, wie er die Brautmutter zu Tisch führte – eine undankbare Aufgabe, weil Johanna immerzu weinte und kaum in der Lage war, sich selbst, geschweige denn das Gespräch aufrechtzuerhalten. Nach jeder Rede und jedem Toast, der auf die jungen Leute ausgesprochen wurde, zog sie erneut ihr weißes, spitzenbesetztes Taschentuch hervor, um sich heimlich zu schnäuzen. Dabei wechselte sie vielsagende Blicke mit ihrem Mann, der mit ihr zusammen an einem Ende der Tafel saß, dem Brautpaar gegenüber.

Bald nach dem Frühstück verließen die beiden Jungvermählten das Haus und ein glückliches, von Herzen dankbares, aber auch sehr einsames Fürstenpaar blieb zurück.

»Nun, Ottochen«, seufzte Johanna und hakte sich bei ihrem Mann unter, »sind es nur noch zwei. Wie lange, bis wir auch sie hergeben müssen?«

»Ach, Niedchen«, sagte Bismarck leichthin, »ich weiß es nicht. Das liegt nicht allein in unserer Hand, und ist auch gut so. Ich weiß aber, dass wir nach dem Drama des letzten Winters für Marie froh und dankbar über solchen Ausgang sein dürfen. Und nun komm, ich muss packen.«

Der Kaiser musste zur Kur und wünschte die Begleitung seines Kanzlers. Johanna blieb allein in der Wilhelmstraße zurück und beschloss, jetzt, wo es unvermeidlich schien, Pläne für die Verheiratung ihrer beiden Jungs zu schmieden.

»Das muss jetzt sein«, erklärte sie ihrem Mann, »sonst gibt es keine Nachkommen und nur eine alte Ahnfrau!«

»… und deine Rechte stärket mich« – Bismarcks 70. Geburtstag

Ach, wie bin ich froh und Gott unserem Herrn von Herzen dankbar, dass ich in meinem Otto einen so guten Mann gefunden habe und dass er ihn mir bis auf den heutigen Tag erhalten hat. Gesund, nein, das ist er nicht – ich bin's ja auch nicht, was sollt ich klagen? –, aber Gott sei Dank zäh und stark. Und das ist schon viel wert, vor allem, wenn man vom Kaiser ein so verantwortungsvolles Amt anvertraut bekommen hat wie das des Reichskanzlers.

Johanna legte die Feder nieder und hielt beim Tagebuchschreiben kurz inne. Sie sah zum Fenster hinüber, wo sich eine vorwitzige kleine Amsel auf dem Fensterbrett niedergelassen hatte und laut zwitscherte, als wolle sie um Einlass bitten. Doch der Wind war noch frisch und Johanna würde die Fenster tunlichst geschlossen halten, um sich nicht zu verkühlen. In zwei Tagen feierte ihr Mann seinen siebzigsten Geburtstag; die Gästeliste war lang und die Einladungen waren schon vor Wochen hinausgegangen. Sie konnte es sich nicht leisten, jetzt krank zu werden.

Reichskanzler Fürst Otto Eduard Leopold von Bismarck – das klingt doch nach etwas. Ich weiß, ich soll nicht stolz sein, und trotzdem bin ich es. Gott vergib mir, aber ich kann nicht anders. Das Herz will mir schier zerspringen vor Freude und vor Stolz, wenn ich nur an all die Blumen, die Kränze, die Karten und Geschenke denke, die sich unten in der Großen Halle stapeln – und es werden immer mehr. Je näher der große Tag rückt, desto mehr werden es, bald wird man den Salon und auch die Bibliothek mit all den Geschenken und Aufmerksamkeiten zu füllen wissen, wie gut, dass wir überhaupt so viel Platz haben, sagte ich ja heute zu Marie, die schon gestern mit dem Zug ankam. Die Kinder sind ganz aufgeregt und wollen mich keine Minute in Ruhe lassen, und dabei gibt es doch so viel zu tun. Ständig muss man die Dienerschaft beaufsichtigen, dass sie auch ja die

Blumen anschneiden, ehe sie ins Wasser kommen, und den Löffel Zucker nicht vergessen, wie ich es ihnen bestimmt schon hundert Mal gesagt habe. Die Blumen halten dann länger frisch. Ach, ich bin ganz aufgeregt! So viele Ehrungen, der Kaiser wird persönlich kommen, um zu gratulieren, und ich mag gar nicht daran denken, wer sonst noch alles …

Ich gönne es ihm ja von Herzen, aber wirklich froh bin ich erst, wenn es vorüber ist und ich ihn wieder ganz für mich habe. Ihn und die Kinder. Was für eine große Überraschung das wohl ist, von der Bill sprach?

Das Palais in der Wilhelmstraße schien bald bis unter das Dach mit Blumen und Geschenken aller Art gefüllt zu sein und Johanna achtete sorgsam darauf, dass jedes einzelne Geschenk, jede Karte sorgsam registriert wurde, damit man sich hinterher auch anständig dafür bedanken konnte.

»Es ist eine undankbare Welt da draußen«, bemerkte sie am Abend vor dem 1. April und ließ sich erschöpft auf das Sofa fallen. »Man muss heutzutage mehr denn je den Kindern ein gutes Beispiel sein, was das gute Benehmen im Allgemeinen und das Danken im Besonderen angeht. Sonst geht die Menschheit ganz und gar den Bach hinunter, das hat mein Vater auch immer gesagt. Hör zu, Ottochen, ich habe den Predigttext für morgen fertig, willst du ihn hören?«

Der Reichskanzler zögerte, bevor er ergeben nickte. Er wollte es nicht und musste es doch – wenn Johanna es sich nun einmal in den Kopf gesetzt hatte, für morgen eine kleine Hausfeier mit Andacht zu veranstalten, bevor die ersten offiziellen Gratulanten kamen, dann musste er ihr auch das Recht einräumen, es nach ihren Vorstellungen zu tun. Sie meinte es ja gut, das wusste er. Dass er jetzt lieber mit ihr ein Glas Champagner trinken und auf die gemeinsamen Jahre zurückblicken würde, stand auf einem anderen Blatt. Aber vielleicht würden sie das ja später noch tun, bevor sie schlafen gingen.

Der Lärm, der von der Straße unten in den Salon hinaufdrang, ließ ihn jedoch befürchten, dass es noch etliche Stunden dauern würde, bevor er mit seiner Frau ein paar ruhige Minuten und das besagte Glas Champagner genießen würde. Seit Tagen schon füllte sich die Stadt mit Besuchern, die, wie er vermutete, eigens angereist waren, um ihn zu sehen und ihm an seinem Ehrentag zuzujubeln. – Ja, die ersten Rufe und Pfiffe erklangen schon jetzt, und es war noch nicht einmal neun Uhr! Noch drei Stunden bis zu seinem Geburtstag. Und war es nicht letztendlich nur das – ein Geburtstag? Wurden nicht jeden Tag Millionen von Menschen überall auf der Welt siebzig, ohne dass jemand Notiz davon nahm?

»Ist das ein Ja oder ein Nein?«, unterbrach Johanna seine Gedanken. »Oder ist es dir gleich, ob ich lese oder nicht?«

Ihre Stimme klang gereizt, was gar nicht zu ihr passte. Bismarck wandte sich ihr zu und sah, dass sie wieder einmal sehr müde aussah – müde, erschöpft und auch ein wenig nervös. Er wusste, dass seine Frau die Kaiserin Auguste nicht besonders mochte, sie hatte sie noch nie gemocht, und den Kronprinzen ebenso wenig. Sicherlich war sie angespannt wegen des Empfangs morgen. Eine Woge von Mitleid erfasste Bismarck und er stand auf, eilte zu ihr, nahm ihre Hand und küsste sie zärtlich. Sanft fiel das Mondlicht auf ihr dunkles Haar und wie so oft in den Jahren ihrer Ehe fragte er sich, weshalb er ihre Schönheit damals nicht auf den ersten Blick erkannt hatte.

Weil dein Herz noch an einer anderen hing, sagte eine innere Stimme ihm. *Weil du noch nicht frei warst, sie zu lieben.*

»Sei unbesorgt, mein liebstes Niedchen«, sagte er. »Alles wird gut gehen, wirst schon sehen. Den morgigen Tag überstehen wir gemeinsam und dann werden wir uns endlich einmal ein paar Tage ausruhen, dein Geburtstag ist ja auch bald. Sollen wir nach Varzin fahren oder lieber nach Friedrichsruh? Wo gefällt es dir besser? Sag!«

»Ach!«, sagte Johanna leise und machte eine abwehrende Handbewegung, doch in ihren traurigen, dunklen Augen sah er das Leuchten, das immer dann dort erschien, wenn er von einem dieser Orte sprach. »Das ist mir einerlei. Wirklich, Ottochen, morgen ist dein Tag – *dein* großer Tag, an dem dich alle lieben und ehren werden. Da werde ich doch jetzt noch nicht an meinen kleinen Tag denken. Nein!« Sie stand auf und ging zum Kamin hinüber, um noch ein paar Scheite nachzulegen – eine Gewohnheit aus Reinfelder Zeiten, als es im Haus ihrer Eltern nicht genug Diener gegeben hatte, die sich auch am Abend noch darum gekümmert hätten. »Das wäre doch nicht gerecht. Ich denke, ich werde mich bald schlafen legen, damit ich dich morgen nicht im Stich lasse. Oder denkst du, dass man dich um Mitternacht bejubeln wird? Musst du dann auf den Balkon hinaus?«

Bismarck lachte. »Das fürchte ich allerdings, Nanne. Hörst du sie nicht jetzt schon rufen? Es ist lächerlich, ich weiß. Es ist ja gerade erst neun Uhr, aber sie werden keine Ruhe geben, ehe ich mich nicht um Mitternacht zeige. Geh du ruhig schon schlafen, wenn es dir guttut. Ich komme später noch zu dir, um dir Gute Nacht zu sagen. Aber vorher zeig mir noch die Stelle in der Bibel, die du für mich ausgesucht hast.«

Johannas Gesicht entspannte sich. Sie schlug die abgewetzte, in Leder gebundene Bibel an der Stelle auf, an der sie ihr Lesebändchen hineingelegt hatte – ebenso wie ihre Notizen, die sie sich am Vormittag gemacht hatte – und las aus dem 18. Psalm:

»Du reichst mir den Schild deines Heils und deine Rechte stärket mich, und wenn du mich demütigst, machst du mich groß!«

»Das ist schön, Niedchen«, meinte Bismarck und tätschelte ihre Hand, »das ist wirklich schön. Und nun geh nach oben und ruh dich aus. Der morgige Tag wird lang und hält bestimmt eine ganze Menge Überraschungen bereit, für die du alle deine Kräfte brauchen wirst.«

Johanna klappte die Bibel zu und lehnte ihr Gesicht an seine Schulter. »Lass mich noch ein wenig hier sitzen und deine Nähe spüren«, flüsterte sie. »Ich kann mich auch so ausruhen.« Dann richtete sie sich abrupt auf und wandte ihm ihr Gesicht wieder zu. »Oder glaubst du, ich lasse dich nachher ganz alleine auf den Balkon gehen? Wer weiß, wem es am Ende wieder einfällt, auf dich zu schießen!«

In den letzten Minuten vor Mitternacht schwoll der Lärm von der Straße immer mehr an; jetzt erklang auch Musik, zu der die herbeiströmenden Menschen sangen und jubelten. »Hoch soll er leben!«, riefen sie und: »Lang lebe unser Reichskanzler Fürst von Bismarck!«, lange bevor sich oben auf dem Balkon etwas tat.

Bismarck stand lächelnd hinter der Gardine und beobachtete, wie das Pech in den Pfannen auf den Gitterpforten angezündet wurde. Hell erstrahlte das Reichskanzlerpalais, als die Glocken einer nahe gelegenen Kirche zwölf Mal schlugen. Pünktlich mit dem Klang des letzten Schlags trat Bismarck auf den Balkon hinaus, gefolgt von Herbert, der eine Laterne hielt – jeder sollte seinen Vater sehen und gut erkennen können. Auch Bill war dabei, hielt sich jedoch im Hintergrund. Er hatte einen Arm um die Schulter seiner Mutter gelegt und flüsterte: »Hörst du, wie sie jubeln? Du musst so stolz sein auf unseren Vater!«

»Das bin ich auch«, gab Johanna zurück, »und heute ganz besonders. Gott sei gedankt, dass er diesen Tag bei so guter Gesundheit erleben darf – hoffentlich verkühlt er sich nicht da draußen. Wie lange muss er denn da stehen, eine Stunde oder zwei? Hat man schon den Sekt geöffnet?«

Bill lachte und drückte seine Mutter vorsichtig an sich. Sie war so zart, fast zerbrechlich, dass er nicht fester zupacken mochte. »Wie besorgt du immer bist, Mamachen! Der Sekt steht schon unten im Salon bereit. Wir werden gleich ein Glas auf das Wohl unseres Vaters trinken. Er wird keine *Stunden* da stehen müssen, sei ohne Sorge, und er hat ja auch seinen Schal umgebunden, der ihn vor der kalten Nachtluft schützt. Aber ein paar Minuten wird es wohl noch dauern, eine halbe Stunde vielleicht, bis alle am Haus vorbei sind und wenigstens einen kurzen Blick auf ihn geworfen haben. Nun komm, Mamachen, jetzt sind wir beiden an der Reihe hinauszugehen. Die Leute sollen nicht nur den Reichskanzler in ihm sehen, sondern auch den Familienmenschen.«

Johanna nickte ihre Zustimmung und ließ sich auf den Balkon hinausführen, wobei sie das dicke Wolltuch noch ein wenig fester um die Schultern zog. Es war eine kalte, sternenklare Nacht, wunderschön, aber vielleicht gerade deswegen umso gefährlicher. Ein Vers aus dem 121. Psalm kam ihr in den Sinn, als sie an Bismarcks Seite trat und er einen Arm um ihre Schulter legte, die andere Hand beständig dem Volk zuwinkend.

»Der Herr behütet dich, der Herr ist dein Schatten über deiner rechten Hand, dass dich des Tags die Sonne nicht steche noch der Mond des Nachts.«

»Und der Herr behüte dich vor allem Übel, er behüte deine Seele«, murmelte sie, »der Herr behüte deinen Ausgang und deinen Eingang von nun an bis in Ewigkeit.«

Am nächsten Morgen war Johanna schon früh auf, um höchstpersönlich den Geburtstagstisch zu decken. Sie stellte die schönsten Blumensträuße, die in den letzten Tagen eingetroffen waren, auf den Tisch und in die Mitte eine Kristallvase voller roter Rosen – ihr eigenes Geschenk an ihren Mann. Johanna schob Messerchen und Teller so lange hin und her, bis endlich alles an seinem geordneten Platz lag und sie zufrieden einen Schritt zurücktrat, um ihr Werk zu betrachten. Zum Schluss legte sie noch ein ganz kleines Geschenk auf Bismarcks Teller, atmete tief durch und eilte nach oben, um ihn zu wecken.

»Und dass ihr mir nicht an das Obst geht!«, rief sie im Vorbeigehen noch den Hunden zu, die schwanzwedelnd in der Tür standen und sie erwartungsvoll ansahen. Besonders Tyras hatte eine Vorliebe für Pfirsiche, und Johanna konnte sich nichts Entsetzlicheres vorstellen als eine von großen, sabbernden Doggenmäulern geplünderte Obstschale. Also nahm sie kurzerhand die beiden Hunde am Halsband und schob sie in den Garten hinaus.

»Lauft, tobt euch aus – ihr müsst nicht mit an der Tafel sitzen, wenn nachher der Kaiser und der Prinz und wer weiß noch alles da ist. Seid froh, dass ihr solche gesellschaftlichen Qualen nicht über euch ergehen lassen müsst. Ich bringe euch nachher noch Obst und auch kalten Braten, es wird schon noch genug übrig bleiben.«

Als Johanna den Predigttext für ihre kleine Hausandacht vorgelesen hatte, zwinkerte Bismarck seinem Ältesten, der neben ihm stand, zu und flüsterte: »Hervorragend. Wirklich exzellent. Eure Mutter hätte keinen besseren Vers finden können. Alles, was sie tut, tut sie mit und aus Liebe. Und alles, was ich heute bin, das merkt euch wohl – ich werde es später bei Tisch noch einmal sagen, auch wenn ich weiß, dass es eurer Mutter unangenehm sein wird –, alles, was ich bin, das bin ich durch sie. Wäre sie nicht gewesen, hätte ich diesen Tag vielleicht nicht mehr erlebt.«

Wie viel Wahrheit in dem lag, was er sagte, wussten auch die Kinder sehr gut. Keiner hätte sich mit mehr Liebe und Hingabe um Bismarck kümmern können, wenn er krank war – und er war oft und auch manches Mal schwer krank gewesen. Ohne Johannas aufopfernde Liebe und Fürsorge wäre ihr Vater nicht der vor Gesundheit und Kraft strotzende Mann, der sich gestern Nacht der jubelnden Menge gezeigt hatte und heute schon früh um sieben ein halbes Dutzend Eier, ebenso viele dick mit Butter bestrichene Scheiben Weißbrot gegessen und eine ganze Kanne heißen, starken Kaffees getrunken hatte. Dazu hätte es auch noch Sekt gegeben, wenn »Schwester Johanna«, wie Bismarck sie im Spaß manchmal nannte, sich nicht vehement dagegen ausgesprochen hätte.

»Morgens früh um sieben schon Sekt und Champagner, ja, das könnte dir so passen«, hatte sie sich empört. »Und das vor der Morgenandacht. Pfui, Ottochen, schäme dich! Schäme dich gar sehr. So, und nun nimm lieber noch eine Scheibe Brot, wenn es denn sein muss, dass du was im Magen hast, bevor nachher der Champagner fließt – aber erst nach der Andacht.«

Jawohl, Herr General, hatte Herbert bei sich gedacht, der das kleine eheliche Zwischenspiel mit einer Mischung aus Bewunderung und Belustigung beobachtet hatte. Was seine Eltern verband, war eine so einzigartige, wunderbare Liebe, wie er sie noch zwischen keinen zwei anderen Menschen je gesehen hatte. Wenn er eine Frau finden würde, die er nur annähernd so lieben und respektieren konnte wie sein Vater seine Mutter liebte und respektierte – und das tat er, bei all seinem strengen Gebaren –, dann konnte er sich glücklich schätzen. Sehr, sehr glücklich. Verstohlen sah Herbert zu Bill hinüber, der heute dem Vater eine besondere Geburtstagsüberraschung bereiten würde. Ob der etwas ahnte?

Wilhelm von Bismarck und Sybille von Arnim aus dem Hause Kröchlendorff waren schon seit Längerem ein Paar. Natürlich erwarteten die Eltern, dass sie bald heiraten würden. Trotzdem war Johanna zu Tränen gerührt – kaum, dass diese angesichts der herzlichen Umarmung zwischen Kaiser und Reichskanzler getrocknet waren –, als ihr Jüngster seine Verlobung bei der Familientafel offiziell bekannt gab. Wilhelm war dazu aufgestanden, hatte sich etwas umständlich geräuspert und eine kleine Rede gehalten – zuerst auf seinen Vater, wie es sich gehörte, dann auf seine Braut, über deren blasses, hübsches Gesicht sich sofort ein zarter Rotschimmer ausbreitete. Die frische Farbe ließ sie noch hübscher wirken und der Bräutigam sah sie mit unverhohlener Bewunderung an.

Auch Johanna entging dieser Blick nicht. Erneut begannen die Tränen zu fließen. – »Mein altes Herz kann es doch vor Freude nicht lassen«, brachte sie schluchzend und lachend zugleich hervor und schnäuzte sich dezent in ihr weißes Spitzentaschentuch. »Es ist zu viel – einfach zu viel!«

Die Hochzeit fand am 6. Juli 1874 im engsten Familienkreis statt. Johanna war wieder einmal hin- und hergerissen zwischen Freude und Trauer, musste sie doch nun das zweite von ihren drei Kindern hergeben. Aber mit Sybille von Arnim war sie ganz und gar zufrieden. Auch wenn böse Zungen behaupteten, es gehöre sich nicht, eine so nahe stehende Verwandte zu heiraten. Otto von Bismarck und Malwine von Arnim, die Mutter der Braut, waren Geschwister. Doch Johanna gab ebenso wenig auf solch dummes Gerede wie ihr Mann. Ihrer Meinung nach hätte sich Bill keine bessere Braut aussuchen können.

»Nur mit den Namen der beiden wird es ein heilloses Durcheinander geben«, erklärte sie am Abend ihrem Mann, nachdem das junge Paar davongefahren war. Als sie vor dem Frühstück ihren Sohn gerufen hatte, war nicht nur er, sondern auch seine Braut angelaufen gekommen. »Bille und Bill – wenn das mal gut geht. Wahrscheinlich werden wir sie ständig verwechseln.« – »Oder sie sich, je nachdem, von welcher Seite aus man es betrachtet«, bemerkte Bismarck, als seine Frau ihm davon erzählte.

»Das ist doch eigentlich sehr praktisch«, versicherte Johanna, den Blick nicht von der Bibel hebend, in der sie eifrig las, »jetzt haben wir einen Er-Bill und eine Sie-Bill!«

Auf ihrem Gesicht lag ein stilles, zufriedenes Lächeln. Johanna war, trotz allem, glücklich an diesem Abend. Was konnte es Schöneres für eine Mutter geben, als ihre Kinder in den besten Händen zu wissen? Sie hatte ja schließlich noch Herbert – und natürlich ihren geliebten Bismarck.

»Komm, Tyras«, rief dieser und erhob sich aus seinem Sessel, »komm du auch, Flora. Genug gefaulenzt, jetzt geht ihr noch einmal hinaus. – Kommst du mit, mein Niedchen? Eine kleine Runde durch den Park würde dir sicher guttun. Dann kannst du auch nicht so viel grübeln. Ich sehe doch, dass du schon wieder nachsinnst.«

Bismarck hielt seiner Frau lächelnd eine Hand hin, die sie ohne zu zögern nahm. Heute ging es ihr gut, sie wollte den Abend genießen, ganz gleich, was ihr Mann dachte. Grübeln – ja, grübeln tat sie wohl, aber es waren gute Gedanken, die ihr durch den Kopf gingen, Gedanken voller Liebe und Dankbarkeit.

»Nun, meine Liebe – hast du denn schon eine Braut für unseren ältesten Sohn ins Auge gefasst? Oder ist für Herbert keine gut genug, dass sie vor dir bestehen könnte?«, fragte er, kaum, dass sie ein paar Schritte den Weg hinuntergegangen waren.

Johanna blieb stehen und sah zu ihm auf. »Wie kannst du so etwas sagen, Ottochen! Natürlich möchte ich unseren Herbert auch glücklich sehen. Aber zwei so große Ereignisse im Jahr reichen doch, findest du nicht? Du siebzig und Bill verheiratet, das ist doch mehr als genug Grund, um Dankbar zu sein.«

Bismarck drückte ihre Hand. »Das ist wohl wahr.« Dann pfiff er die Hunde heran. Es war frisch geworden, Johanna durfte sich nicht erkälten, und so kehrten sie bald zum Haus zurück.

Doktor Schweninger

»Nun«, sagte Bismarck, nachdem der kleine Mann mit der runden Brille und dem schwarzen Rauschebart sich einige Male geräuspert hatte, ohne etwas zu sagen, und drehte sich zu dem Mediziner um. In der einen Hand hielt er noch den Hosenträger, den er gleich wieder an Ort und Stelle befestigen wollte. Etwas in dem Blick des Arztes ließ ihn innehalten.

»Was ist? Was meinen Sie, Herr Doktor?«

»Nun«, antwortete dieser vorsichtig, »ich denke, dass Sie von bemerkenswert robuster Natur sind, Durchlaucht. Der haben Sie es im Übrigen auch zu verdanken, dass sich alle Ihre Organe noch in gesundem Zustand befinden.«

»Na bravo!«, rief Bismarck erfreut und schickte sich an, den Hosenträger am Gürtel zu befestigen.

»Allerdings müssen Sie mir erlauben zu bemerken, dass diese robuste Natur wohl noch so einiges wird aushalten können. Sie wird dem ungesunden Leben, das Durchlaucht führen, auf Dauer aber nicht standhalten. Will sagen: wenn Sie weiterleben wie bisher, wird ein Zusammenbruch unvermeidlich sein. Die Natur wird ihr Recht verlangen und auch die Antwort geben!«

Peng! Der Hosenträger rutschte Bismarck aus der Hand und schnellte in hohem Bogen über seine Schulter zurück, wo er dann wie ein schlaffes Seil leise baumelte.

»Aber – aber Sie können etwas dagegen tun, nicht wahr? Sie können diese Antwort der Natur, wie Sie es nennen, ausschalten oder doch zumindest ändern – das können Sie doch, oder?«

»Gewiss, Durchlaucht, aber nur, wenn es mir erlaubt ist, die Dinge beim Namen zu nennen und wenn Sie mir versprechen, sich an meine Verordnungen zu halten. Ein Patient, der seinem Arzt nicht vertraut und nicht bereit ist, mit diesem zusammenzuarbeiten, ist in meinen Augen ein hoffnungsloser Fall. Aber halbe Sachen mache ich nicht, das kann ich nicht verantworten.«

Bismarck schluckte hörbar. So deutlich hatte noch nie ein Arzt mit ihm gesprochen. Aber er hatte von Bill, der wegen seiner zunehmenden Fettleibigkeit von Schweninger behandelt wurde, schon gehört, dass mit diesem bayerischen Doktor nicht zu spaßen war.

Schließlich sah Bismarck dem Arzt geradewegs ins Gesicht und fragte: »Was also heißt das genau? Ich muss mein Leben ändern, mich nur noch von Hafergrütze, weich gekochtem Gemüse und Kuhmilch ernähren und dem Wein entsagen? Ist es das, was Sie mir sagen wollen?«

»Nun«, entgegnete der Arzt und schloss seine schwarze Tasche dabei, »es kommt nicht immer darauf an, was einer trinkt, sondern wie viel er davon vertragen kann. Das ist bei den Menschen recht unterschiedlich. Was für den einen noch gemäßigt ist, kann für den anderen schon zu viel sein. Alles, was zu viel ist, schadet – sage ich immer. Egal, ob es sich um Alkohol, fettes Fleisch oder Zigarren handelt. Rauchen Durchlaucht?«

»Wenig«, schwindelte Bismarck. »Hin und wieder eine Zigarre, wenn Besuch da ist. Man muss den Herren ja etwas anbieten, verstehen Sie? Und was den Wein anbelangt ...«

»Gut, wenigstens etwas. Wenn wir uns also darüber einig sind, dass Sie immer ehrlich mit mir sind und ich ebenso ehrlich mit Ihnen, dann steht einer Zusammenarbeit von meiner Seite aus nichts im Wege.«

Mit einem Schnappen schloss sich die Tasche und der Arzt richtete sich auf, um dem Patienten die Hand zu reichen. »Durchlaucht?«

Noch immer skeptisch, nahm der Reichskanzler die ihm angebotene Hand und schüttelte sie. »Auf eine gute Zusammenarbeit. Ich hoffe, dass es Ihnen recht bald besser geht und die Beschwerden abnehmen«, sagte der Arzt. *Und der Bauch auch,* mochte er wohl noch gedacht haben, war jedoch klug genug, es nicht zu sagen.

»Auf eine gute Zusammenarbeit«, antwortete Bismarck und nickte dabei langsam. »Mögen Sie Ihren Entschluss nicht bereuen.« *Und ich auch nicht.*

Dann klingelte er nach der Haushälterin, die, als hätte sie vor der Tür gewartet, Sekunden später die Treppen hinauf und ins Zimmer gestürmt kam – gefolgt von Herbert und einer sehr aufgeregten Johanna.

»Was ist passiert?«, rief Johanna keuchend, die Hand noch auf der Türklinke. Erstaunt betrachtete sie dann das Bild, das sich ihnen bot: Da saß ihr

Mann fröhlich lachend mit dem bärtigen Arzt auf der Bettkante und zwinkerte ihr zu. *Wozu hat er denn geklingelt?*, fragte sie sich verwundert und bekam im selben Augenblick die Antwort:

»Mein Liebes, gut, dass du da bist. Der Doktor wird dich sicherlich auch gleich untersuchen wollen. Und Herbert, lass doch bitte das Gepäck des Herrn Doktor von der Bahn holen. Er bleibt hier. Gib ihm ein hübsches Zimmer, Johanna, dass er sich recht wohlfühlen möge in diesem scheußlichen alten Kasten.«

Johanna lächelte. Sie war froh, dass ihr Mann mit dem Doktor, den Bill ihnen empfohlen hatte, gut auskam. Jetzt würde ihm vielleicht endlich einmal jemand die Meinung sagen und ihm die vielen ungesunden Leckereien, die er nicht vertrug, von Rechts wegen verbieten. Wenn er sie sich verbieten lässt, dachte sie im Hinuntergehen. Aber das sollte dann nicht mehr ihre Sorge sein, sondern Schweningers.

»Der bayerische Herr Doktor sagt, dass ich mich nur noch von Heringen ernähren soll – zum Frühstück ... nein, Frühstück gibt es ja gar nicht mehr, stattdessen Krafttraining, was nicht ganz dasselbe ist und auch nicht so gut schmeckt. Aber mittags und abends Hering und dazu nichts als Wasser – kein Wein, kein Bier, nichts! Kein noch so kleines Vergnügen mehr. Als ich ihn fragte, ob ich denn nicht wenigstens vor dem Schlafengehen einen Portwein trinken dürfe, hat er, ohne mit der Wimper zu zucken, geantwortet: ›Milch, Durchlaucht. Heiße Milch mit einem halben Löffel Honig.‹ Und davon soll man dann schlafen können. Ach, Nanne, so ist das mit dem Altwerden – das gute Leben ist vorbei und das, was noch davon übrig ist, wollen sie einem auch noch schlechtmachen. Wie gut, dass wenigstens du mir hin und wieder abends einen kleinen Schlummertrunk bringen wirst – nicht wahr, Nanne, das wirst du doch, oder? Der Herr Doktor braucht 's ja nicht zu wissen.«

Johanna starrte ihn wortlos an und er begriff: In Johanna hatte Schweninger bereits eine Verbündete gefunden.

»Aber, Nanne!« Bismarck kam zu ihr herüber und kniete vor ihrem Sessel. »Das kannst du doch nicht zulassen. Ich werde ganz mager werden und immerzu müde und matt sein. Wie sehe ich dann aus? Wie ein Nachtgespenst, nicht wie ein Fürst! Und schon gar nicht wie ein Reichskanzler.«

Wider Willen musste Johanna lachen. »Du wirst immer noch stattlich genug aussehen, mein Ottochen. Die Leute werden dich noch erkennen und sie werden dich genauso lieben und schätzen. Dass du statt Wein nur noch Wasser trinkst, weiß doch keiner. Sieh dir unseren Bill an, wie ihm die Verordnungen durch den Herrn Doktor gutgetan haben. Fast fünfzig Pfund hat er schon abgenommen und er sieht immer noch stattlich und schön aus. Nein, mein Liebling, hier muss ich hart mit dir sein. Kein Port, kein Bier, kein –«

Resigniert hob Bismarck die Hände. »Schon gut, ich habe verstanden. Du wirst mir also nicht helfen. Nach all den Jahren – sind es nicht bald vierzig? – lässt meine treue Seele mich nun im Stich. Ich bin zutiefst erschüttert, aber ich liebe dich darum kein bisschen weniger. Du meinst es ja gut und willst nur das Beste für mich. Nun gut, wenn es denn sein muss, dann muss es eben sein. Wir haben so viel anderes probiert und diese ewige Kurerei bin ich auch schon leid. Nun wollen wir mal den Schweninger machen lassen. Vielleicht bekommt er uns Alte am Ende noch wieder hin, was meinst du?«

Johanna lächelte und nahm seine Hände. »Das meine ich bestimmt. Und wenn du ein braver Patient zu werden versprichst, dann will ich über das Gläschen Port vor dem Schlafengehen noch einmal nachdenken.«

Anfangs sah es so aus, als ob Bismarck sich geradezu zum Musterpatienten entwickeln würde. Doch kaum, dass Doktor Schweninger einmal für ein paar Tage verreist war, fiel der Fürst in seine alten Gewohnheiten zurück: Er bestellte sich bei der Köchin – einer dicken, gutmütigen Seele, die Mitleid mit ihrem Dienstherren hatte – Kartoffelpuffer mit Preiselbeeren und Eis und trank dazu eisgekühlte Waldmeisterbowle in solchen Mengen, dass Johanna schon beim Zusehen Bauchschmerzen bekam.

»Du wirst dir den Magen verderben, mein armer Liebling. Und lass doch die Bowle sein. Wenn du schon ein Dutzend Kartoffelpuffer essen musst, dann sei doch nicht so unvernünftig und …«

Doch weiter kam Johanna nicht, denn Bismarck war schon zusammengebrochen, die Augen gelb und trüb, das Gesicht grünlich-weiß verfärbt. Sein Atem kam stoßweise, eine Hand lag auf dem vollen Bauch, die andere suchte an der Tischkante Halt.

»Mein Magen – Nanne, hilf mir – mein armer Magen!«

Johanna reagierte wie immer blitzschnell. Sie ließ den Diener kommen, der Bismarck half aufzustehen und ihn in sein Bett brachte, und telegrafierte sofort dem Arzt: »Der Fürst hat Magenkrämpfe, es geht ihm sehr schlecht, bin in großer Sorge, bitte sofort kommen!«

Schweninger kam von seiner Reise zurück, so schnell er konnte, und fand den Patienten im Bett und bei Zwieback und Tee schon in deutlich besserem Zustand. Als er jedoch am Abend die Fürstin im Salon antraf, blieb er wie angewurzelt auf der Türschwelle stehen.

»Was haben Durchlaucht denn da in der Hand? Das ist doch wohl nicht etwa für den Fürsten, oder?«

Er trat näher, nahm Johanna das Glas aus der Hand und roch daran. »Portwein! Habe ich's mir doch gleich gedacht. Wollen Sie ihn umbringen?«

Ohne Johannas Antwort abzuwarten, goss er den Inhalt des Glases aus dem offenstehenden Fenster. Dann wandte er sich wieder zur Fürstin um, die ihn stolz, aber zugleich auch etwas beschämt ansah.

»Durchlaucht, wissen Sie denn nicht, dass Alkohol Gift für Ihren Mann ist? Ganz besonders jetzt, wenn er sich gerade erst erholt hat und noch im Bett liegt – bei Tee und Zwieback! Was für ein Theater! Durchlaucht, Sie tun Ihrem Herrn Gemahl damit keinen Gefallen. Im Gegenteil. Seien Sie vernünftig. Bringen Sie ihm ein frisches Glas Wasser und setzen Sie sich ein wenig zu ihm. Morgen kann er aufstehen und vorsichtig wieder zu essen anfangen – aber keine Kartoffelpuffer und kein Eis!«

Im Laufe der Zeit lernte auch Johanna, Schweninger zu schätzen und ihm zu vertrauen. Sie ließ sich ebenfalls von ihm untersuchen und erlebte zum ersten Mal, dass ein Arzt ihre Beschwerden richtig einzuschätzen vermochte.

Der Unterschied zwischen ihm und den anderen Ärzten ist der, dass Otto immer die anderen behandelte, während jetzt Schweninger ihn behandelt!, schrieb sie nach Frankfurt. *Ich habe tatsächlich gute Hoffnung, dass er uns zu helfen imstande ist, da, wo die anderen jämmerlich versagt haben.*

Trotzdem ging es Johanna nicht gut, sie hatte stark abgenommen und hustete oft. Der Arzt beobachtete das Dahinschwinden ihrer Körperkräfte mit wachsender Sorge.

»Es ist ein Wunder, dass eine so zarte und kranke Frau eine solche Energie aufbringt, um für ihre Familie zu sorgen. Ich weiß nicht, ob ich es bewundern oder den Kopf darüber schütteln soll. Sie muss schon einen unbeugsamen Willen haben, anders kann ich es mir nicht erklären, wie sie das so lange durchgehalten hat«, murmelte er im Selbstgespräch, als er, wie so oft am Abend oder in den frühen Morgenstunden, wenn die Luft noch schön kühl und frisch war, auf seinem Balkon stand und rauchte. Dass die Fürstin es nicht gerne sah, wenn er seine dicken Zigarren rauchte, störte ihn dabei wenig. Er war hier, um sich um seine Patienten zu kümmern, und nicht umgekehrt.

Schweninger war ein eigenartiger, aber freundlicher Mann, wenn man ihn einmal näher kennenlernte. Er lebte allein – erst Jahre später heiratete er die Witwe des Malers Franz von Lenbach – und ging in seiner Rolle als Leibarzt vollkommen auf. Hier hatte er die Ruhe gefunden, die er suchte, und die Herausforderung, die er brauchte. Wenn das Paar spazieren ging, war er oft dabei und schirmte sie vor der Menge Schaulustiger ab, die den Reichskanzler sehen wollten.

»Nicht überfallen, meine Herren!«, rief er dann den Leuten zu, die Bismarck zu nahe kamen. »Nur nicht überfallen!«

»Nur über meine Leiche!« – Herbert und die schöne Fürstin

Herbert war als ältester Sohn und zukünftiger Erbe schon immer Johannas besonderer Stolz gewesen, auch wenn sie an dem fröhlichen, unkomplizierten Bill mehr Freude hatte. Alles, was Bill tat, war gut, und die Tatsache, dass er – im Gegensatz zu seinem älteren Bruder – keine höhere politische Karriere verfolgte und damit zufrieden war, preußischer Beamter und Familienvater zu sein, störte Johanna nicht im Mindesten. Schließlich hatte sie zu Beginn ihrer Ehe auch noch gehofft, dass Bismarck sich damit zufriedengeben und sie in Ruhe irgendwo mit ihm auf dem Land leben könnte.

Herbert hingegen würde später nicht nur den Besitz und als ältester Sohn auch den Fürstentitel übernehmen, sondern vor allem auch das politische Erbe seines Vaters antreten. Ehrgeizig verfolgte Herbert seine eigene politische Karriere und bekleidete schon mit Mitte dreißig das Amt des Unterstaatssekretärs des Reichskanzlers; die Stelle als Staatssekretär im Auswärtigen Amt stand bereits in Aussicht. Allerdings versuchte Herbert trotz allem, was ihn mit seinem Vater verband, immer unabhängig zu bleiben, und ging besonders im Privaten gern seine eigenen Wege.

Diese Wege führten den gutaussehenden, insbesondere bei den Damen der Gesellschaft sehr begehrten Mann, der wie selbstverständlich in den Kreisen der Minister, Prinzen und Kaiser verkehrte, eines Tages in die Arme der schönen, aber exzentrischen Fürstin Elisabeth von Carolath-Beuthen. Die Fürstin, die eine unglückliche Ehe hinter sich hatte, lebte seit ihrer Scheidung 1881 in Venedig, wo Herbert von Bismarck sie besuchte.

Seine Eltern ahnten wohl schon seit Längerem etwas von dieser Verbindung, jedoch war es bis dahin nicht offensichtlich geworden, dass ihr Ältester aus dieser »dummen Affäre« etwas Ernsthaftes zu machen gedachte. Doch für die Heirat brauchte ein preußischer Beamter die Zustimmung seines obersten Dienstherren – in Herberts Fall sein eigener Vater.

Was für eine Tragödie!, schrieb Johanna unter Tränen in ihr Tagebuch. *Herbert will nicht klein beigeben, Ottochen natürlich auch nicht und nun stehen sie einander gegenüber wie die berühmten Ziegen auf dem Baumstamm, der über den reißenden Strom führt. Wer von ihnen wird wohl als erster den Schritt zurück machen, um den anderen vorbeizulassen? Ich fürchte fast, keiner!*

Unter Tränen hatte Bismarck seinem Sohn gegenüber beteuert, er würde sich eher umbringen, als dieser Heirat zuzustimmen. Solche drastischen Gedanken hatte Bismarck in all den Jahren, die Johanna ihn kannte, noch nie geäußert, und sie hatte schon manche Seltsamkeit aus seinem Munde gehört.

»Was soll nur werden? Heiraten muss er ja, und das möglichst bald. Er wird achtunddreißig in diesem Jahr, da kann er nicht mehr lange warten. Mariechen hat schon drei Kinder! Ach, ach, ich weiß nicht ... Wenn das nur kein böses Ende nimmt«, jammerte Johanna und rang in ihrer Verzweiflung die Hände. Vor ihr lag noch immer das Tagebuch, doch sie verspürte keinerlei Muße, noch mehr hineinzuschreiben. Es fielen ihr keine Worte ein, die groß genug waren, ihre Verzweiflung zu beschreiben.

»Aber eine Katholikin zu heiraten«, fuhr sie fort mit sich selbst zu sprechen und stieß den Stuhl, auf dem sie saß, zurück, um aufzustehen. »Eine *geschiedene* Katholikin noch dazu! Das kann man nicht verantworten. Wer weiß, wann sie *ihn* stehen lässt. Und dann ihre Verbindungen zu den Loes und den Schleinitzen ... das kann er seinem Vater nicht antun. Alexander von Schleinitz ist Bismarcks ärgster Feind, nicht nur politisch, sondern auch als Mensch. Oh, wie ich diesen Mann verabscheue! Er ist aber der Schwager der Fürstin und wäre dann, möge Gott es verhindern, auch mit uns verwandt. Nicht auszudenken, was Bismarck dann tut! Nicht nur, dass er unseren Herbert enterbt und der womöglich am Ende von dem Geld des geschiedenen Ehemannes leben muss. Auch Herberts schöne politische Karriere wäre dahin. Man kann nach einem solchen Verrat nicht einmal mehr seinen Sohn im Ministerium lassen, das muss selbst Herbert einsehen. Wahrscheinlich sieht er es ja ein – ach, ach, der arme Herbert! Was wird er nur tun?«

Die Schwester der unglückseligen Fürstin war mit Freiherr Walter von Loe verheiratet, einem der in den letzten Jahren doch recht zahlreich gewordenen politischen Gegner Bismarcks im Kulturkampf gegen den Einfluss der katholischen Kirche. Der Kulturkampf war zwar offiziell beendet und die von Bismarck und seinen Anhängern so gehasste Zentrumspartei hatte ihren Platz im Parlament des Deutschen Kaiserreiches gefunden, dennoch gab es immer noch und immer wieder Spannungen. Die Halbschwester wiederum war mit Alexander von Schleinitz, dem Hausminister des Kaisers, verheiratet, den Johanna mindestens ebenso glühend hasste und verachtete.

Die Voraussetzungen waren also denkbar schlecht, ja, sie machten die Wahrscheinlichkeit einer gütlichen Einigung nahezu unmöglich. Mit anderen Worten: Wenn Herbert die Fürstin heiraten würde, würde er seine Familie auf ewig verlieren.

Johanna kannte ihren Mann zu gut, um zu wissen, wann es ihm ernst war. Und in dieser Sache würde Bismarck nicht nachgeben. Selbst wenn sie selbst weich werden sollte – und das hatte sie nicht vor, dafür hasste sie Schleinitz und dessen Anhänger zu sehr –, würde er nur umso härter werden.

»Wenn es eine Chance gibt, dann die, dass sie seiner bald überdrüssig wird und von sich aus auf die Ehe verzichtet. Aber dieser hochmütigen Person traue ich es zu, dass sie Herbert erst dazu zwingt, alles aufzugeben, was ihm lieb und heilig ist, und ihn dann fallen lässt, so, wie sie ihren ersten Mann fallen gelassen hat. Oder er sie, ich weiß es ja nicht, und es interessiert mich auch nicht!«

Rastlos ging Johanna in ihrem Zimmer auf und ab. »Wenn mein Haar nicht schon ganz grau wäre, so würde es *jetzt* ganz bestimmt grau werden – schlohweiß eher, und das in einer einzigen Nacht. Ach, dieser Kummer! Dieser Kummer!«

Johanna wollte sich hinknien und beten, aber es fielen ihr immer noch mehr gute Gründe ein, die Fürstin von Carolath-Beuthen zu hassen. »Und bei all ihrer Schönheit ist sie auch zehn Jahre älter als unser Herbert, sie wird ihm gewiss keine Kinder mehr schenken können. Und dann? Was soll dann aus unserem Namen werden? Wir werden alles Bill hinterlassen müssen. Nicht, dass er's nicht auch verdient hätte, aber er ist eben doch nicht der Erstgeborene und auch bei Weitem nicht so begabt wie sein älterer Bruder. Ach, Herr!«, entfuhr es ihr endlich, als sie nicht mehr konnte und schluchzend vor ihrem Bett zusammenbrach. »Schenke du dem Jungen doch Einsicht! Lass es nicht zur Katastrophe kommen, ich flehe dich an!«

Herbert hingegen war kaum weniger verzweifelt. Er liebte und verehrte seinen Vater und bewunderte seine Mutter. Nichts lag ihm ferner, als den beiden Kummer zu bereiten. Dennoch fühlte er sich so unwiderstehlich zu Elisabeth hingezogen, dass er es nicht übers Herz brachte, die Verbindung zu lösen.

»Ich liebe sie, was kann ich tun? Die Liebe fragt nicht, ob es recht ist, ob es passt, ob es gesellschafts- oder parteiwidrig ist. Ich diene doch selbst meinem Vaterland und bin stolz darauf. Wie kann ich absichtlich durch ein solch eigensüchtiges, von Emotionen geleitetes Handeln einen Affront heraufbeschwören, den man mir vielleicht nie verzeiht? Er ist nicht nur mein Vater, verstehst du, er ist auch mein oberster Vorgesetzter. Wenn ich seine Zustimmung nicht erlangen kann – und danach sieht es im Augenblick aus –, dann weiß ich mir keinen anderen Rat mehr als mein Versprechen gegenüber Elisabeth zu brechen.«

»Die Verlobung zu lösen, meinst du?«

Sein Freund Eulenburg rührte nachdenklich in seiner Mokkatasse. »Ich weiß nicht, ob du dir damit wirklich hilfst, Herbert. Abgesehen davon, dass die Fürstin dir die Augen auskratzen wird. Sie ist eine stolze, extravagante Person. Ich muss es wissen, schließlich habe ich ihr in meiner Jugend selbst den Hof gemacht. Keine einfache Person, das kann ich dir sagen! Aber«, er lachte, »wer will die Frauen schon als *einfach* bezeichnen?«

Herbert hörte auf, im Raum auf- und abzugehen und sah den Freund mit gerunzelter Stirn an. »Solche allgemeinen Weisheiten helfen mir jetzt auch nicht weiter. Ich wäre dir dankbar, wenn du mir einen Rat in dieser Angelegenheit erteilen könntest, den ich auch zu befolgen in der Lage sein werde. Übrigens weiß ich selbst, dass Elisabeth keine einfache Person ist, ich kenne sie nun doch schon seit einigen Jahren. Sie hat allerdings auch kein einfaches Leben gehabt – eine von Beginn an unglückliche Ehe, aus der sie keinen anderen Ausweg wusste als die Scheidung …«

»… an der du nicht ganz unbeteiligt bist, wenn ich das anmerken darf«, warf Eulenburg ein und zeigte mit dem Mokkalöffel auf seinen Freund.

Die schöne, elegante Frau hatte den jungen Bismarck in der Tat so lange umgarnt, bis er schließlich bereit gewesen war, eine Affäre mit ihr zu beginnen – aber erst, nachdem sie ihren Mann verlassen und die Scheidung eingereicht hatte. Ob das alles von Anfang an zu ihrem Plan gehört hatte, konnte man natürlich nicht sagen. Von derlei »Plänen« oder »Absichten« wollte der verliebte Kanzlersohn auch nichts hören.

»Ich weiß«, gab er zu, »aber wie schon gesagt: Die Liebe fragt nicht immer, ob es passt. Wenn Elisabeth glücklich gewesen wäre, hätte sie mich doch gewiss keines Blickes gewürdigt. Die Sache ist, wie sie ist, und es muss eine Lösung her – schnell. Mutter weint Tag und Nacht und grämt sich, sie ist jetzt schon ganz krank vor Kummer, und jeden Tag wird es schlimmer mit ihr. Ich möchte nicht schuld an ihrem Ende sein, wenn ich es verhindern kann! Was an Vaters Drohungen wahr ist, vermag ich nicht zu sagen, aber er ist ein eigensinniger, in allem konsequenter Mann, dem auch das noch zuzutrauen wäre. Ich weiß ja selbst nicht, was ich an seiner Stelle täte! Ich glaube fast, dass er nicht anders kann.«

»Das befürchte ich allerdings auch«, stimmte Eulenburg zu und begann, den Zucker vom Boden seiner leeren Mokkatasse zu kratzen. »Und wie du schon richtig sagst, deine Mutter ist krank vor Kummer. Sie wird sich, wenn es zum Äußersten kommen sollte, nicht mehr erholen. Willst du dir dein Leben lang Vorwürfe machen?«

Herbert fuhr sich mit beiden Händen durch das Haar, bis es zu allen Seiten abstand und er mehr aussah wie ein verwirrter Professor als wie ein Beamter des Reichstags. »Nein. Nein, natürlich nicht.«

Er blieb vor dem Kamin stehen, seinem Freund den Rücken zuwendend. »Ich fürchte, ich habe keine andere Wahl als Elisabeth gehen zu lassen.«

Langsam wandte er sich um. »Stimmt 's?«

Dem vermochte Eulenburg weder zuzustimmen noch zu widersprechen. Er hob ratlos die Hände und ließ sie gleich darauf wieder sinken, kopfschüttelnd. Diese schwere Entscheidung musste Herbert von Bismarck ganz allein treffen und er beneidete ihn nicht darum.

»Herbert will nach Venedig fahren, um sich mit der Fürstin auszusprechen. Was sagst du dazu?«

Bismarck sah kurz von seiner Zeitung auf, um sich gleich darauf wieder hinter derselben zu verschanzen. »Nichts. Was soll ich dazu sagen?«

Voller Empörung knallte Johanna ihre Teetasse auf die Untertasse zurück. »Aber das kannst du ihm nicht erlauben! Du musst ihn daran hindern, du musst ...«

»Johanna.«

Bismarck legte seine Zeitung beiseite und sah seine Frau ernst an. »Das kann ich nicht. Ich kann ihm verbieten, sie zu heiraten. Aber ich kann ihm nicht verbieten, nach Venedig oder sonst wohin zu fahren. Im Übrigen kann ich ihm verbieten, was ich will, auch das Heiraten, aber daran *hindern* kann ich ihn nicht. Er ist ein erwachsener Mann, Johanna, er kann tun und lassen, was er will. Er kennt unsere Einstellung, ist sich der möglichen Konsequenzen bewusst, aber die Entscheidung trifft er am Ende selbst. Lass ihn fahren.«

»Das werde ich nicht tun!«, widersprach Johanna und funkelte ihren Mann wütend an. »Ich werde es ihm verbieten – ich! Wenn er jetzt zu ihr fährt, wird sie ihn nur wieder bestricken und zu Dingen überreden, die er gar nicht tun möchte. Also muss man ihn nur daran hindern, zu fahren.«

»So«, meinte Bismarck, »und du glaubst, dass du ihm das so einfach verbieten kannst?«

Johanna stand auf, glättete ihren Rock und holte tief Luft. »Ja, das glaube ich. Warte nur ab!«

Und die aufgebrachte Fürstin hielt Wort. Sie schaffte es – auf welche Weise auch immer –, ihren Ältesten im letzten Moment davon abzuhalten, nach Venedig zu reisen. Nicht nur die Reise wurde abgesagt, auch die Verlobung – wenn es denn jemals eine solche gegeben hatte. So genau wusste das keiner außer den Liebenden selbst. Es musste Herbert das Herz gebrochen haben, aber sein Kampfgeist schwand angesichts der leidenden – und wütenden! – Mutter zusehends dahin, bis er schließlich aufgab und tat, was sie von ihm verlangte.

»Es ist das Schwerste, was ich je in meinem Leben getan habe«, sagte er später zu Eulenburg, »aber ich konnte es ihr einfach nicht antun. Mein

Leben ist zerbrochen, mein Herz auch. Ob ich ein solches Glück jemals wieder finde, wage ich nicht zu hoffen, aber nun ist es, wie es ist, und man muss das Beste daraus machen. Von dieser Tortur werde ich mich nie erholen – nie! Und weißt du, was Elisabeth dazu schreibt? Hier«, er hielt dem Freund einen blassblauen Briefbogen unter die Nase, »lies selbst: *Nichts als Verachtung kann ich noch für dich aufbringen.* Verachtung, Eulenburg! Das ist das Schlimmste. Ich fühle mich elend genug, aber so gedemütigt zu werden von der Frau, von der ich annahm, dass sie mich liebte, das ist zu viel. Als feige bezeichnet zu werden, das ist das Schlimmste. Das kann ein Mann nicht ertragen.«

Herbert, wieder ungebunden, stürzte sich jetzt mehr als zuvor in seine Arbeit. Er vermied es, seine Eltern zu sehen, da er ihnen noch immer die Schuld an seinem Unglück gab, konnte aber wenigstens seiner Mutter nicht auf ewig böse sein.

Bis Weihnachten, dachte er bei sich, wenn er an den dunklen Herbstabenden die Straßen von Berlin entlangwanderte, die Hände tief in den Taschen seines grauen Wollmantels vergraben, *dann werde ich ihnen sagen, dass ich ihnen verzeihe. So lange müssen sie mein Schweigen schon ertragen. Für mich bedeutet es schließlich, ein ganzes Leben lang auf mein Glück zu verzichten. Was machen da ein paar Wochen Schweigen?*

Mit zitternden Händen öffnete er deshalb eines Abends einen Brief von seinen Eltern, in dem sein Vater mit seiner unverkennbar glatten, schnörkelfreien Handschrift die folgenden Worte an seinen Ältesten richtete: *Glaube mir, mein Junge, sie [Elisabeth Carolath] war und ist eine galante Frau. Ihre Ehre zu verteidigen lohnt sich nicht. Wenn hier Ehre gegen Ehre steht, so geht Deine vor!*

Seine Mutter hatte hinzugesetzt: *Und ich denke auch so! Deine Dich liebende Mutter.*

Schweigend, mit immer noch zitternden Händen, ließ Herbert den Brief sinken. *Ehre.* Manchmal hasste er dieses Wort. Es schien so untrennbar mit den Menschen seines Standes, und mit der Zeit, in der er lebte, verbunden. Was war nicht alles in der Vergangenheit schon der Ehre wegen getan worden? Wie viele Kriege waren um der Ehre willen geführt, wie viele Menschen getötet worden?

Was, fragte er sich dann allerdings, *ist dagegen schon ein vorübergehend gebrochenes Herz?* Es ging ihm ja schon viel besser, er dachte weniger an sie, viel mehr aber an seine arme Mutter. Und als er an diesem Abend schlafen ging, fasste er einen Entschluss.

»Es ist doch alles zu deinem Besten«, versuchte Johanna ihren Sohn zu überzeugen, als er sie kurz darauf in Friedrichsruh besuchte. Es war noch einige Wochen bis Weihnachten, er hatte es nicht länger aushalten können. Zu groß war die Liebe zu seinen Eltern, besonders zu seiner Mutter, um die er sich außerdem immer ernsthaftere Sorgen machte. Die Asthmaanfälle traten häufiger auf und verliefen schwerer, sagte sein Vater. Ohne Schweninger wäre sie vielleicht schon nicht mehr am Leben. Wie gut, dass die beiden wenigstens einen Arzt gefunden hatten, dem sie vertrauen konnten.

»Versuche einfach, nicht mehr so oft daran zu denken. Sieh, die schöne Fürstin denkt auch nicht mehr an dich. Erst gestern las ich in der Zeitung von einem neuen Mann in ihrem Leben – ob's stimmt, weiß ich natürlich nicht, aber wenigstens scheint es ihr nicht langweilig zu sein. Du findest noch eine Bessere – eine viel Bessere! Eine, die dich verdient.«

»Ja, Mutter«, murmelte Herbert geistesabwesend und tätschelte ihre dünne, blasse Hand. »Ich weiß, du möchtest nur mein Bestes. Das hast du immer gewollt. Nun lass uns nicht mehr davon sprechen – wann kommt Marie mit den Kindern? Wollte sie nicht über Weihnachten herkommen?«

Der Lotse geht von Bord

»Mir liegt die traurige Pflicht ob, Ihnen die amtliche Mitteilung von dem zu machen, was Sie bereits tatsächlich wissen werden: dass Seine Majestät Kaiser Wilhelm heute Vormittag um halb zehn Uhr zu seinen Vätern entschlafen ist.«

Es fiel Bismarck schwer, die Fassung zu bewahren, um nicht vor allen Leuten im Reichstag in Tränen auszubrechen. Er war am Morgen dieses 9. März 1888 ins Palais gerufen worden mit der Nachricht, es gehe nun »rapide zu Ende« und Seine Majestät würde »diesen Tag nicht mehr bis zum Sonnenuntergang« erleben. Sofort hatte Bismarck alles stehen und liegen gelassen und war ins Palais geeilt. Der greise Kaiser – er war mittlerweile über neunzig – war schwer krank und des Lebens müde geworden, er wollte zum Schluss einfach auch selbst nicht mehr. Das Aufziehen der Wachen hatte er vor vier Tagen zum letzten Mal beobachten können und auch das nur vom Eckfenster seines Zimmers aus, aus welchem er sich seit Wochen nicht mehr hatte hinausbewegen können. Die letzten Tage hatte der Kaiser im Fieber verbracht und wirres Zeug gesprochen. Am Ende hatte er sogar den Kanzler mit seinem Enkel verwechselt. Spätestens in dem Moment war Bismarck klar geworden, dass es zu Ende ging und keine Hoffnung auf Genesung mehr bestand. Es fiel ihm, und das wusste er auch, beinahe schwerer loszulassen als dem Kaiser selbst. Denn Bismarck liebte und verehrte seinen Kaiser nicht nur, er wusste auch, dass es mit dem neuen Kaiser nicht einfach werden würde. – Vielleicht ahnte Bismarck sogar, dass seine Zeit als Reichskanzler abgelaufen war, dass das Ende dieser Ära genauso unvermeidlich war wie der Tod Wilhelms I.

Als dieser am Morgen des 9. März 1888 für immer die Augen schloss, stützte Bismarck sich auf einen Türpfosten und weinte bitterlich.

Jetzt schaffte er es gerade noch, sich zu sammeln, bevor die Trauer um den geliebten Kaiser ihn erneut zu überwältigen drohte und setzte seine Ansprache fort: »Infolge dieses Ereignisses ist die preußische Krone und auch die deutsche Kaiserwürde auf seine Majestät Friedrich III., König von Preußen, übergegangen. Nach den mir zugegangenen telegrafischen Nachrichten darf ich annehmen, dass Seine Majestät der regierende Kaiser und König morgen von San Remo abreisen und in der gegebenen Zeit hier in Berlin eintreffen wird.«

Bismarck holte tief Luft, bevor er fortfuhr, und seinen neben ihm stehenden Söhnen – Herbert war erst kürzlich vom Kaiser zum Geheimrat ernannt worden – fiel auf, dass seine Hände zitterten. Die Aufregung war dem Kanzler deutlich abzuspüren.

»Es steht mir nicht zu, meine Herren, von dieser amtlichen Stelle aus den persönlichen Gefühlen Ausdruck zu geben, mit welchen das Hinscheiden meines Herrn mich erfüllt, das Ausscheiden des ersten deutschen Kaisers aus unserer Mitte. Es ist dafür auch kein Bedürfnis, denn die Gefühle, die mich bewegen, sie leben in dem Herzen eines jeden Deutschen; es hat deshalb keinen Zweck, sie auszusprechen …«

An dieser Stelle bat er mit leiser Stimme um Entschuldigung, zog ein Taschentuch aus seinem Mantel hervor und wandte seinen Zuhörern den Rücken zu. Gleich darauf setzte er seine Rede fort und schloss sie mit den Worten: »Meine Herren – die heldenmütige Tapferkeit, das nationale Ehrgefühl und vor allen Dingen die treue, arbeitsame Pflichterfüllung im Dienste des Vaterlandes und die Liebe zum Vaterlande, die in unserem dahingeschiedenen Herrn verkörpert waren, mögen sie ein unzerstörbares Erbteil unserer Nation sein, welches der aus unserer Mitte geschiedene Kaiser uns hinterlassen hat! Das hoffe ich zu Gott, dass dieses Erbteil von allen, die wir an den Geschäften unseres Vaterlandes mitzuwirken haben, in Krieg und Frieden, in Heldenmut, in Hingebung, in Arbeitsamkeit und in Pflichttreue bewahrt bleibe.«

Am Abend saß Bismarck still in seinem Arbeitszimmer im Reichskanzlerpalais und starrte trübsinnig auf den Stapel Papier auf seinem Schreibtisch. Das Abendessen, zu dem er geladen gewesen war, hatte ihm nicht geschmeckt. Nicht einmal der Wein – von dem er jetzt doch zu bestimmten Anlässen wieder trank, wenigstens, wenn Schweninger nicht in der Nähe war und auch durch seine Frau nicht die Gefahr des Verrats drohte – war ihm ein Trost gewesen und er hatte das zweite Glas nicht einmal angerührt. Stattdessen hatte Bismarck sich dabei ertappt, immer wieder nach der Uhr zu sehen, weil er es nicht erwarten konnte, endlich allein zu sein. Allein mit seiner Trauer und mit dem unguten Gefühl in der Brust, das ihn immer dann beschlich, wenn er den neuen Kaiser vor sich sah, sei es nun im Geiste oder real. Unter ihm würde es nicht leicht sein zu dienen – vielleicht, und dieses Gefühl erwies sich als ein sehr hartnäckiges – sogar unmöglich.

Auf der anderen Seite war Friedrich III. selbst schon ein alter Mann und todkrank. Es stand also zu befürchten, dass es innerhalb der nächsten Jahre erneut einen Thronwechsel geben würde. Und Wilhelm II., Sohn des jetzigen Kaisers, war unbedingt mit Vorsicht zu genießen, denn er war machtbesessen – ebenso wie seine Mutter, die aus England stammende Kaiserin Viktoria. Sicherlich konnte Wilhelm II. es kaum erwarten, dass sein Vater dahinschied. Was dann aus dem Deutschen Reich werden sollte, das wusste allein Gott.

»Die Hofdamen lassen sagen, sie möchte keinen sehen«, berichtete Johanna, als sie einige Tage später von einem Besuch im Palais zurückkehrte – unverrichteter Dinge. Sie hatte der Kaiserinwitwe Auguste einen Kondolenzbesuch abstatten wollen, doch die Hofdamen, bei denen sie ihren Besuch anmelden musste, hatten sie abgewiesen. »Nicht heute, nicht morgen, lange noch nicht. Ich soll auf diese Möglichkeit nicht warten, sondern deshalb heute reisen.«

»Dann ist es ja gut, dass deine Koffer bereits gepackt und verschickt sind«, erwiderte Bismarck, ohne von seiner Zeitung aufzusehen. »Ein paar Wochen in Varzin werden dir guttun, mein Liebes. Ich stoße zu dir, sobald es meine Zeit erlaubt. Wir sitzen hier ja ohnehin und warten, dass die Kaiserinwitwe nun auch noch ihren Sohn verliert. Er konnte ja nicht einmal zur Trauerfeier kommen, wie du weißt, und sprechen kann er schon seit Monaten nicht mehr. Wie soll er da regieren? – Es ist ein Warten, weiter nichts, und ein Harren der Dinge, die da kommen mögen.«

Viel Gutes kann es ohnehin nicht sein, fügte er im Geiste hinzu, aber er sprach es lieber nicht aus. Johanna war erregt genug über die vergangenen und noch bevorstehenden Ereignisse, er wollte sie nicht zusätzlich beunruhigen. Was immer jetzt aus ihnen werden mochte, es lag ja doch in Gottes Hand.

Die Zusammenarbeit mit dem neuen Kaiser verlief bis jetzt – so man angesichts des besorgniserregenden Gesundheitszustandes des schwer krebskranken Mannes von Arbeit sprechen konnte – erstaunlich gut, obgleich sie oft sehr unterschiedlicher Meinung waren. Friedrich III. würde, erlaubte es ihm seine Gesundheit, das Land zwar anders regieren als sein Vater es getan hatte, aber er respektierte und achtete Bismarck und hatte offenbar nicht die Absicht, ohne ihn zu regieren. Bei Wilhelm II. war sich Bismarck da nicht so sicher.

Nach einer historisch kurzen Regentenzeit von nur 99 Tagen starb Friedrich III. im Juni 1888 und sein Sohn, Wilhelm II., wurde zum Kaiser des Deutschen Reiches gekrönt. Dieser Thronwechsel bedeutete einen tiefen Einschnitt im Leben der Bismarcks. Nichts würde je wieder so sein wie vorher, das war ihnen beiden klar. Ein so inniges Vertrauensverhältnis, wie es zwischen dem alten Kaiser und dem Reichskanzler existiert hatte, gab es nun nicht mehr.

Der neue Kaiser, zu Beginn seiner Regentschaft kaum dreißig Jahre alt, wollte seine eigenen machtpolitischen Wege gehen und zeigte sich von Anfang an nicht bereit, auf den Rat des Kanzlers zu hören. Vielleicht lag es an dem immensen Altersunterschied, vielleicht an der Tatsache, dass Bismarck schon so lange unter seinem Großvater gedient hatte. Oder aber es war einfach Zeit, das Vergangene loszulassen und neue Wege zu gehen. – Tatsache war, dass Bismarck ebenso wenig bereit war, mit dem jungen Kaiser zu gehen wie umgekehrt, sondern ihm nur aus Pflicht- und Ehrgefühl und aus Liebe zum Vaterland weiterhin treu diente. Sein Amt als Reichskanzler niederzulegen, wäre Bismarck aber zu diesem Zeitpunkt noch nicht in den Sinn gekommen.

Stattdessen zog der Kanzler sich immer häufiger nach Friedrichsruh zurück, um die politische Arbeit seinem ältesten Sohn zu überlassen. Auch Johanna tat es gut, mehr Zeit mit ihrem Mann zu verbringen, doch immer wurde er nach wenigen Tagen von einer Rastlosigkeit ergriffen, die ihn schließlich wieder zurück nach Berlin brachte. Die sensible Johanna aber spürte genau, was in ihm vorging und veranlasste so manches Mal, dass seine Koffer gepackt und die Pferde angeschirrt wurden, noch ehe er den konkreten Wunsch zu fahren überhaupt geäußert hatte.

Da es ihr selbst gesundheitlich in diesem Sommer aber wieder schlechter ging, verordnete der gestrenge Doktor Schweninger ihr einen weiteren Aufenthalt in Bad Homburg zur Kur. Bill bot an, seine Mutter zu begleiten. Bismarck blieb in Friedrichsruh, wo er hoffte, einen ruhigen Sommer mit Spazierengehen, Reiten und Jagen zu verbringen.

Frruh, 16. Juli 1888

Mein geliebtes Herz,

Ich begrüße Deine glückliche Ankunft in Bad Homburg eigenhändig mit einigen Zeilen, damit Du sicheren Beweis meines Wohlbefindens in Händen habest ... Seit heute früh ist warmes Wetter, auch Sonne, bis dahin 8 bis 10 Grad und Regen, heute früh, als Cuno jagte (ohne Erfolg!), hat er 3 Grad gesehen, als ich um 9 aufstand, waren 16. Der Wald ist so schön wie er sein kann, die Felder dürftig, Kartoffeln und Hafer ausgenommen, das Heu verregnet, soweit es nicht noch dickblumig und der Sense wartend die Wiese ziert. An Sommergästen fehlt es trotz Kälte nicht, in allen kleinen Häusern. Sie machen den Wald unsicher. Ich bin den ganzen Tag im Freien, gehend, reitend, fahrend, und habe wenigstens sechs Stunden freie Luft täglich gegen eine in Berlin. Ich werde hier auch zu Pferde und zu Fuß nicht so schnell müde. Arbeiten tue ich grundsätzlich nichts, bin ich zu Hause, lese ich Romane, liegend am Kamin. Wenn das nicht hilft –

Gott sei mit Dir und stärke Dich, dass Du robust und lustig wiederkehrst.

vB.

In dieses ländliche Idyll platzte gewissermaßen der junge Kaiser, der auf dem Rückweg von einer Kreuzfahrt durch die Ostsee in Kiel von Bord gegangen und dem Reichskanzler seinen Besuch im Sachsenwald angekündigt hatte.

Wenige Tage später schrieb Bismarck an Bill:

Der Kaiser kommt um halb elf und bleibt bis morgen Abend um sechs. Das Haus ist voll wie ein Ei, hauptsächlich von fremden Dienern – 9 ohne unsere! –, Köchen, Gendarmen und Polizisten. Der quartierfähige Raum hier im Walde reicht nicht, zumal alle anderen Häuser voll von Sommerfrischlingen stecken. Der Kaiser hat alle Gäste verbeten, er hat genug Menschen gesehen und will sich hier ausruhen. Er hat sogar befohlen, ich sollte im Bett sein, wenn er kommt; das geht doch aber der Menschen wegen nicht. Gewisse Formen der Krone gegenüber müssen öffentlich so unvermeidlich erscheinen wie Naturgesetze.

Johanna schrieb prompt zurück:

Ich bin ganz gewaltig aufgeregt über Euren Kaisertag, und tief, tief gekränkt darüber, dass ich ihn nicht miterleben, Dir nicht sehr dabei helfen darf, mein Einzigster!

Nun gerade, wo ich mich einmal nützlich machen und Dir beistehen könnte, muss ich hier in dem alten Regenloch sitzen, wo ich nichts zu tun habe als in den grauen Himmel zu starren oder dämliche Leihbücher zu schmökern. Oh, ich bin so wütend und verärgert! Einziger Trost, dass genügend Zimmer vorhanden. Wo werdet Ihr nur die 17 Kaiserlichen unterbringen und werden die fusligen Mädchen auch alles ordentlich machen? In Gedanken und Aufregung werde ich immer bei Euch sein. Gott helfe, dass alles herrlich geht.

Es ging alles »herrlich«. Der Kaiser blieb, wie geplant, nur kurz, amüsierte sich in dieser Zeit gut und verstand sich auch erstaunlich gut mit seinem Gastgeber. Ehe Johanna in Bad Homburg sich von ihrem Schreck erholen konnte, war der kaiserliche Spuk im Sachsenwald schon wieder vorbei. Doch ihre Sehnsucht nach Bismarck und nach Friedrichsruh war den Sommer über so groß geworden, dass sie ihm am 1. September aus Bad Homburg schrieb:

Nun grüße ich Dich zum letzten Mal von hier und freue mich ganz unsäglich, übermenschlich, zum Wiedersehen übermorgen Abend!

Obwohl Bismarck bemüht war, seinem neuen Kaiser mit demselben alten Eifer zu dienen, gestaltete sich die Zusammenarbeit immer schwieriger. Wilhelm II. schien tatsächlich alles daranzusetzen, den alten Kanzler seines

Großvaters möglichst bald – aber möglichst auf elegante, unauffällige Weise, da er beim Volk nach wie vor sehr beliebt war, zumindest bei den Konservativen – loszuwerden und beobachtete ihn sehr genau, als ob er darauf wartete, dass Bismarck einen Fehler machte. Die Eitelkeit und das Machtstreben Wilhelm II. ließen es nicht zu, hinter dem Kanzler zurückzustehen und selbst beim Volk letztendlich nur die zweite Rolle zu spielen.

Die Fürstin verfolgte diese Entwicklung ebenfalls mit Sorge und Argwohn. Sie äußerte auch ihrem Mann gegenüber ihre Bedenken, ob denn der junge Herr die Bevorzugung Bismarcks auf lange Sicht wohl so hinnehmen würde.

»Das gewiss nicht«, gab Bismarck zurück, »aber ich kann den Menschen schließlich nicht verbieten, mich zu achten. Vergiss nicht, sie sehen in mir auch den Kaisermacher, den Begründer des Deutschen Reiches – die Geschichte lässt sich nicht leugnen, und das weiß auch der junge Kaiser. Es ärgert ihn, das weiß ich wohl, aber wenn er es nur zuließe, dann könnten wir – ich, der Alte mit der Erfahrung und dem Weitblick, und er, der Junge mit der Kraft und Energie und der Voraussicht – noch einiges zusammen erreichen, bevor ich abdanke und mich aufs Land zurückziehe.«

Johanna hob den Blick und sah ihren Mann zweifelnd an. »Wann das sein wird, das weiß der Herr! Dich werden sie wohl noch auf der Bahre aus dem Reichstag heraustragen müssen, wie ich dich kenne, Ottochen. Du kannst doch gar nicht ohne deine Politik – und die anscheinend auch nicht ohne dich. Außerdem bist du im Augenblick gesund und kraftvoll wie schon seit Jahren nicht mehr, Gott sei Dank – und Schweninger natürlich. Wenn er vernünftig wäre, der dumme Junge«, und damit meinte sie den Kaiser, »dann wüsste er das zu schätzen und würde es dir und sich selbst nicht so schwer machen.«

»Nun, ich würde sagen, das bleibt abzuwarten – vielleicht hilft der Kaiser ja nach. Beim Tragen, meine ich!«

Am 7. Januar 1890 starb Kaiserin Auguste. Auch wenn Johanna sie nie gemocht hatte und auch Bismarck immer wieder mit ihr in Konflikt geraten war, so war sie doch das letzte Bindeglied zwischen Bismarck und dem Kaiser gewesen. Das Ende, so wusste man, war jetzt absehbar. Einen Weg zurück gab es nicht. Der Streit um das Sozialistengesetz war daher nur der oberflächliche Auslöser, der nur deshalb zum großen Eklat zwischen Kaiser und Kanzler führte, weil er zunehmend auch in der Öffentlichkeit ausgetragen wurde.

Am 18. März 1890 reichte Bismarck sein Entlassungsgesuch ein. Nicht schnell genug konnte der Kaiser ihn nun aus dem Reichstag und aus dem Reichskanzlerpalais vertreiben. Der neue Kanzler, General von Caprivi, stand bereits mit seinem Hab und Gut auf der Türschwelle.

»Es ist eine Schande!«, schimpfte Johanna, »nicht einmal in Ruhe Abschied nehmen kann man. Was bildet sich dieser dumme Junge eigentlich ein, uns hier so einfach hinauszuwerfen? Wie Hausdiebe wird man hier auf die Straße gesetzt. Das ist nun der Dank für deine jahrelangen treuen Dienste. Pfui, dass die sich nicht schämen!«

Johanna versuchte, Fassung und Stolz zu bewahren, und überwachte das Einpacken sehr genau. In der Eile wurde so manche Kiste falsch adressiert, was nicht schlimm war, da sie entweder in Schönhausen oder in Varzin landeten. Aber es ging auch einiges zu Bruch, was Johanna zusätzlich verärgerte.

Als Bismarck sein Privatarchiv ausräumte, standen die Diener des Kaisers an der Zimmertür und beobachteten sehr genau, was in den großen Kisten verschwand. »Das sind des Kaisers Spione, lieber Bucher«, flüsterte Bismarck, an seinen Vortragenden Legionatsrat gewandt, der mit ihm nach Friedrichsruh gehen würde. »So weit sind wir nun gekommen!«

Den letzten Abend in der Wilhelmstraße verbrachte das Fürstenpaar mit Marie und Herbert. Gemeinsam ging man ein letztes Mal durch die langen Gänge und die leeren Räume mit den nackten Wänden. Johanna weinte leise, als sie einen Abschiedsblick in den Salon warf, in dem sie so oft gesessen und auf ihren Mann gewartet hatte, doch Bismarck nahm ihre Hand und streichelte sie.

»Ich habe viel Gutes genossen und mit 75 Jahren keine Frau und kein Kind begraben. Das ist eine große Gnade Gottes, für die wir von Herzen dankbar sein wollen. Und nun kommt, lasst uns etwas essen und dann schlafen gehen. Morgen früh kommen die Wagen, uns von hier fortzuholen – und dann, meine liebe Nanne, fängt das ruhige Leben endlich an, von dem du immer geträumt und auf das du so lange hast warten müssen, weil ich alter Esel geglaubt habe, nur ich könne eine richtige Politik für Preußen und das Kaiserreich machen.«

Das hast du auch wirklich geglaubt und glaubst es wahrscheinlich noch immer, dachte Herbert bei sich, sagte aber nichts dazu, sondern nahm den Arm seiner Schwester und folgte den Eltern in das Esszimmer, in dem außer dem großen, ovalen Tisch und den Stühlen nichts mehr stand.

Fortgejagt, dachte Herbert. *Einfach fortgejagt.*

Aber als sie erst einmal in Friedrichsruh angekommen waren, fiel ein großer Teil des Ärgers und des Zorns schon von ihnen ab. Die Ruhe, die sie hier empfing, und den zarten Duft von Frühling, der schon in der kalten Märzluft lag, empfand Johanna als so unvorstellbar köstlich, dass sie Bismarck das tränennasse Gesicht zuwandte, als sie in die lange Auffahrt einbogen.

»Und, Ottochen, wie fühlst du dich in diesem Augenblick? Ist es nicht auch ein Stück weit Gnade, dass wir nun in den Ruhestand treten und den Rest unserer Tage hier an diesem schönen, ruhigen Ort verbringen dürfen? Oder vermisst du Berlin schon jetzt?«

Er drückte ihre Hand und schüttelte den Kopf. »Nein, Nanne, das tue ich nicht. Ganz bestimmt nicht. So, wie sie uns von dort fortgejagt haben, kann ich mir kaum wünschen, unsere Zeit dort hätte noch angedauert. Es ist gut so. Es wird eine Weile brauchen, bis ich mich an die Stille hier gewöhnt habe, aber dann werde auch ich es genießen. Gib deinem Ollen nur etwas Zeit, dann kommt die Freude und die Dankbarkeit von ganz allein.«

Dann wischte er ihr sanft die Tränen fort und schloss sie in seine Arme. So erreichten sie kurz darauf das Eingangsportal, unter dem sich die gesamte Dienerschaft versammelt hatte, um das Fürstenpaar zu begrüßen.

Wiener Hochzeit

»Ich bin gar kein Einsiedler, sondern ein Zweisiedler«, sagte Bismarck, nachdem er den Brief von seiner Schwester Malwine gelesen und niedergelegt hatte. »Was sie nur wieder glaubt! Nicht wahr, Niedchen, wir beiden gehören zusammen und haben es uns hier so richtig schön behaglich eingerichtet. Da kann einer sagen, was er will. Herumgereist sind wir nun genug, haben immer wieder in fremden Betten geschlafen – und das zumeist nicht besonders gut. Hier hingegen schlafen wir beide prächtig, nicht wahr? Ich brauche fast gar kein Morphium mehr, die Schmerzen sind wie weggeblasen, seit wir hier sind. Nur den Portwein vor dem Schlafengehen, aber über den sieht ja inzwischen sogar unser lieber Schweninger hinweg. Was sagt er eigentlich von seiner letzten Untersuchung? Wie geht es dir wirklich, mein Lieb? Wirst du nach Wien reisen können?«

Entgegen aller Erwartungen hatte sich Herbert noch einmal verliebt – und verlobt. Die Braut war die Comtesse Marguerite Hoyos, eine hübsche, elegante Frau, die Johanna trotz der sehr unterschiedlichen Welten, in denen sie verkehrten, auf Anhieb in ihr Herz schloss. Marguerite stammte aus dem Kreis der Wiener Hocharistokratie, in der sie sich mit geradezu spielerischer Gelassenheit und Unbefangenheit bewegte. Trotzdem war sie herzlich und natürlich, und – so Johanna zu Bismarck, nachdem sie die Auserwählte ihres Sohnes kennengelernt hatte – man »musste sie einfach gern haben«.

An ihre Freundin Merlchen in Frankfurt schrieb sie: *Sie hat so reizende Augen und solche bezaubernde Herzenswärme, dass wir ihr gleich mit offenen Armen entgegenflogen. Alle hatten wir sie sofort furchtbar lieb und täglich lieber. Ich bin gewiss, sie werden beide sehr, sehr glücklich miteinander sein und freue mich ohne Maßen daran.*

So hatte also auch das letzte der drei Kinder seinen Platz im Leben gefunden. Alles, was man vorher durchgestanden hatte, verblasste im Schein des strahlenden Glücks dieser beiden jungen Leute.

Blumen zu überreichen. Johanna war erschöpft, aber dankbar und überglücklich, als sie am Abend in ihr Hotel kamen und sich endlich von den Strapazen der Reise erholen konnten.

»Und nun freue ich mich auf eine wunderschöne Hochzeit – was dann noch kommen mag, bleibt nur noch ein Gnadengeschenk des Himmels!«, sagte Johanna an diesem Abend, bevor sie schlafen ging.

Die Hochzeit fand in der prachtvoll geschmückten Dorotheenkirche statt, mit jedem Prunk und allem, was für eine so große Hochzeit eben dazugehörte. Johanna weinte fast die ganze Zeit über, vor allem, als der Pfarrer das Paar segnete und sagte: »Möge eure Ehe auch so glücklich werden wie die des Fürsten von Bismarck und seiner lieben Frau, die nach fünfundvierzig Jahren auf ein gemeinschaftlich verbrachtes, erfülltes Leben zurückblicken können.«

Bismarck drückte leise Johannas Hand, und sie wandte ihm ihr tränenüberströmtes Gesicht zu und nickte langsam. Ja, ein erfülltes Leben, das hatten sie gehabt – das hatten sie wirklich. Und was dann noch kam …

»Das Beste vom Tage«

Das Fürstenpaar hatte sich in aller Stille nach Friedrichsruh zurückgezogen. Herbert und seine Frau waren nach der Hochzeit in Schönhausen eingezogen. Johanna war glücklich, dass nach so vielen Jahren, in denen das Schloss oft monatelang leer gestanden hatte, dort nun wieder Leben herrschte. Im Jahr nach der Hochzeit wurde das erste Kind geboren, ein Mädchen, das sie Hannah nannten. Da sie das Enkelkind war, mit dem Johanna nicht mehr gerechnet hatte – Herbert war bei seiner Hochzeit immerhin schon dreiundvierzig Jahre alt gewesen –, war sie über Hannahs Geburt natürlich besonders glücklich und bewegt.

»Wenn ich nun noch nicht endgültig zufrieden und glücklich sein soll, dann werde ich's wohl nicht mehr lernen, dankbar zu sein«, seufzte Johanna. Sie saßen, wie so oft an warmen Sommertagen, auf der Bank unter der großen Eiche und sahen den Hunden beim Toben zu. Lange gehen konnte Johanna nicht mehr, das Asthma machte ihr inzwischen Tag und Nacht zu schaffen. Wenn sie selbst scherzhaft bemerkte, dass man sie schneller kommen hörte, als dass man sie sah, dann meinte sie damit das Keuchen, das jeden ihrer Schritte begleitete.

»Ich bin meilenweit zu hören, ich weiß, ich klinge wie ein müdes, altes Dampfross.«

Bismarck war sehr besorgt um sie und ahnte wohl auch, dass das stille Glück, das sie hier in Friedrichsruh erlebten, nun nicht mehr lange währen konnte. Gestern hatte er Schweninger befragt, wie er die Situation einschätze, doch der hatte ihm nicht einmal geantwortet. Er hatte nur an seiner Pfeife gezogen und in den Garten hinausgesehen, so, als hätte er die Frage des Fürsten nicht gehört. Bismarck aber kannte die Antwort sowieso: ernst. Die Situation war ernst und es gab nichts mehr, was der Arzt noch für Johanna tun konnte. Deswegen hatte er nicht geantwortet – er konnte ihm keinerlei Hoffnung mehr machen und wollte die bittere Wahrheit doch nicht aussprechen.

Johanna versuchte immer noch, ihre Krankheit in Demut anzunehmen und hatte über die Jahre einen Humor entwickelt, mit dem sie sich selbst und andere zu beruhigen versuchte.

Wir Altchen sind etwas krank und schusselig geworden …, schrieb sie an Marie, die mit ihrem Mann und den Kindern in München lebte.

Das war natürlich stark untertrieben, aber das wusste Marie auch. Sie war, so oft sie konnte, zu Gast in Friedrichsruh ebenso wie der als Regierungspräsident in Hannover lebende Bill, damit ihre Eltern – die sich inzwischen selbst »Mamachen und Papachen« nannten – recht viel von den Enkelkindern sahen und ihre Mutter darüber hinaus abgelenkt war.

Die Enkelkinder waren Johannas größte Freude und sie verwöhnte sie, wann immer sie zu Besuch waren. Bismarck schrieb inzwischen, mithilfe seines treuen Freundes und Ratgebers Lothar Bucher, an seinen »Gedanken und Erinnerungen«, die wenige Monate nach seinem Tod veröffentlicht wurden.

Oft blieb er für ganze Tage in seinem Arbeitszimmer, sodass Johanna Zeit und Muße hatte, sich ihren Kindern und Enkelkindern zu widmen. Wenn keiner zu Besuch war, saß Johanna oft lange unter der Eiche oder, an Regentagen, in ihrem Zimmer, die alte, zerfledderte Bibel auf dem Schoß, und dachte voller Dankbarkeit an die glücklichen Jahre mit ihrem Otto zurück. Keinen einzigen Tag hätte sie missen mögen, nicht einmal die schweren Zeiten, denn die, so pflegte sie oft zu sagen, seien nur dazu da gewesen, sie zu prüfen und zu stärken.

»Wir haben so viel miteinander erlebt und so viel gemeinsam durchgestanden«, sagte sie dann, »und immer hat der gnädige Herr seine segnende, schützende Hand über uns und unsere Lieben gehalten. Wir haben wahrhaftig keinen Grund, uns zu beklagen, auch wenn das, was die in Berlin sich immer wieder herausnehmen, schon eine Unverschämtheit ist und man den ganzen Verein am liebsten bei Wasser und Brot einsperren möchte! Gott sei Dank hast du ja nicht mehr allzu viel mit ihnen zu tun und hierher nach Friedrichsruh kommt keiner von denen – würde sie auch nicht willkommen heißen …«

»Aber Johanna!«, schalt Bismarck sie dann, jedoch nicht ohne lachend eine Hand auf ihre Schulter zu legen. Sie hatten wirklich viel miteinander erlebt und durchgestanden. Er kannte seine Frau zu gut, als dass er ihr böse sein konnte. Schließlich ärgerte er sich selbst oft genug über seine Reichstagsgenossen und den Kaiser. Der Unterschied war, dass er es jetzt, im Gegensatz zu seinen Kanzlerzeiten, nicht mehr so nah an sich heranließ. Er war ruhiger geworden, ruhiger und zufriedener. Vieles hatte er in seinem Leben erreicht: »Aber nichts davon hätte ich erreicht oder wäre ich geworden, hätte ich meine Johanna nicht gehabt. Alles, was ich bin, bin ich nur durch sie, ihr gebührt mein größter Dank, ihr gilt all meine Liebe.« Bismarck war weise genug gewesen, zu erkennen, dass seine aktive Zeit in der großen Politik abgelaufen war. Jetzt galt seine Liebe und Aufmerksamkeit einzig und allein Johanna.

Das Beste vom Tage, schrieb Johanna an ihre Freundinnen in Frankfurt, mit denen sie noch immer im regen Kontakt stand, auch wenn sie einander seit Jahren nicht mehr gesehen hatten, *sind die Spaziergänge oder die Ausfahrten im Park. Auch für Bismarck ist der Park ein Zufluchtsort. Hier stört uns niemand, hier sind wir endlich einmal für uns und können uns an des Herrn Schöpfung erfreuen …*

Johanna weinte um jeden Tag, den sie nicht mit ihrem Mann draußen im Park sein konnte. So oft das Wetter und ihre Gesundheit es zuließen, öffnete Bismarck schon bald nach dem Frühstück den Hunden die Tür und ließ sie mit einem »Raus!« oder »Los!« nach draußen. Dann zog sich auch das Fürstenpaar der Witterung entsprechend an und folgte den Hunden nach: Bismarck mit seinem alten, viel geliebten, breitrandigen Schlapphut und dem Krückstock mit dem silbernen Knauf. Johanna mit ihrem Eichenstock und den Handschuhen, die sie besonders an kühleren Tagen immer trug. Arm in Arm ging es dann durch den Park, oder, wenn das Wetter oder Johannas Asthma es nicht erlaubte, eng aneinandergeschmiegt in der Kutsche.

»Sieh doch nur das reizende Eichkätzchen!«, rief Johanna eines Morgens, als sie miteinander im Park spazierten und Tyras vergeblich an einer Fichte hochzuspringen versuchte, um das flinke, rote Tierchen mit dem dicken Puschelschwanz zu fangen. »Wie possierlich!«

»Possierlich? Ein Räuber ist das! Weißt du denn nicht, was für schlimme Gesellen das sind, diese Eichkätzchen? Sie fressen den Vögeln die Eier weg und behaupten hinterher, es wären Haselnüsse gewesen.«

»Wirklich?«

Lachend legte er ihr den Arm um die Schulter. »Nun ja, so ähnlich denke ich es mir jedenfalls. Komm, Tyras, lass gut sein, du bekommst es sowieso nicht!«

Dann erreichten sie die Höhe oberhalb der Bahnstation, wo Bismarcks Lieblingsbank stand. »Wenn ich von hier aus das Land so weit und frühlingsgrün vor mir liegen sehe, dann graut mir – dann graut mir davor, einmal in der engen Schachtel da unten liegen zu müssen. Hier oben zwischen den beiden Tannen in der freien Luft möchte ich ruhen, wo das Sonnenlicht hinkommt und der frische Hauch des Windes mich erreichen kann. Die alten Germanen und die Indianer haben ihre Toten in die Wipfel der Bäume gehangen. – Das wäre was!«

Johanna, die ihm geduldig zugehört hatte, sah ihn nun zweifelnd an. »Ich weiß nicht, Ottochen, ob wir beide in den Wipfeln einen besonders schönen Anblick bieten würden!«

Im Juni 1894 drängte Johanna, nach Friedrichsruh zurückzukehren, nachdem sie einige Wochen bei Herbert und seiner Familie in Schönhausen verbracht hatten. Johanna war ganz vernarrt in die kleine Hannah und sehr unglücklich darüber, dass sie sie nicht mehr so viel mit sich herumschleppen konnte, wie sie es mit den anderen Enkelkindern getan hatte …

»Es könnte mein letzter Sommer sein, Ottochen«, sagte sie leise, als er ihr in Friedrichsruh aus der Kutsche half und sie die breiten Treppen zum Haus erklomm, langsam einen Schritt vor den anderen setzend. »Und du musst ja noch einmal nach Berlin, weil der Kaiser es wünscht. Wegen mir müsstest du nicht fahren! Aber einem Kaiser widerspricht man nicht, ich weiß. Nicht einmal dann, wenn man Fürst ist und neunundsiebzig Jahre zählt …«

Bismarck schluckte. Er wollte ihr widersprechen, doch als sie ein Hustenanfall schüttelte und er sah, wie ihr der kalte Schweiß auf der Stirn stand, blieben ihm die Worte im Hals stecken. Stattdessen reichte er ihr den Arm und half ihr die Treppen hinauf.

»Wir werden sehen, mein Liebes. Wir werden sehen.«

Am Abend vor seiner Abreise kam er noch einmal in ihr Zimmer, um ihr Gute Nacht und gleichzeitig Lebwohl zu sagen. Doch Johanna regte sich nicht, als er, mit einer Kerze in der Tür stehend, leise ihren Namen rief. Er eilte, von einer dunklen Ahnung erfüllt, zu ihr ans Bett. Als er ängstlich ihre Hand ergriff, erwartete er fast, dass sie kalt sei, doch zu seiner übergroßen Erleichterung fühlte sie sich weich und warm an. Auch konnte er ihren Puls an dem dünn gewordenen Handgelenk spüren.

»Schlaf schön, mein geliebtes Herz«, flüsterte er und beugte sich über sie, um sie zu küssen. Langsam und gleichmäßig hob und senkte sich ihr Brustkorb – alles war in Ordnung, sie bekam offensichtlich Luft und schlief ganz und gar friedlich.

»Schlafe schön und träume süß. Von Schönhausen und Brunette und dem Tag, an dem du im Dorf mir die Flagge hissen halfest – wie eine Teutonin auf der Wagenburg hast du da oben gestanden! Oh, wie habe ich dich in dem Augenblick geliebt und bewundert. Nun musst du nicht mehr auf Dächer klettern, nicht mehr kämpfen, nicht mehr streiten. Nun hat deine liebe, tapfere Seele Ruh und du darfst dich fallen lassen in Seine und in meine Liebe. Gott segne dich, mein Herz.«

Noch einmal küsste er sie auf die Stirn, dann richtete er sich auf, nahm die Kerze vom Tisch und verließ leise den Raum.

Epilog
Ein Herz findet Ruhe

Am 27. November 1894 starb Johanna friedlich im Schlaf. Ihr Mann fand sie in den frühen Morgenstunden tot in ihrem Bett in Varzin liegend – wohin er sie auf ihren Wunsch hin noch einmal gebracht hatte – und brach weinend zusammen. Den ganzen Tag lang verharrte er in stiller, verzweifelter Trauer, aß und trank nicht und wollte auch in den nächsten Tagen und Wochen keinen Menschen sehen. Stundenlang durchstreifte er den Park mit seinen treuen Hunden, ohne recht zu wissen, wohin er ging und was er sah. Ob es regnete oder schneite, ihm war alles gleichgültig geworden. Mit Johanna war für ihn ein Teil seiner selbst gestorben, sie war, wie er immer zu sagen pflegte, eben nicht nur seine bessere Hälfte, sondern sein Ein und Alles gewesen.

Kurz nach ihrem Tod kehrte Bismarck nach Friedrichsruh zurück, wo er hoffte, den Verlust besser verwinden zu können. Aber auch hier erinnerte ihn alles schmerzlich an Johanna. Die pure Verzweiflung, die er seit deren Tod in seiner Seele mit sich trug, klang aus seinem Brief an seine Schwester Malwine, der er schrieb: *Was mir blieb, war Johanna, die tägliche Frage ihres Behagens, die Betätigung der Dankbarkeit, mit der ich auf 48 Jahre zurückblicke. Und heute alles öd und leer!*

In der Stille und Einsamkeit von Friedrichsruh starb Otto von Bismarck am 30. Juli 1898, im Alter von 83 Jahren. Sein Tod kam für niemanden überraschend. Noch auf dem Sterbebett hatte er dafür gebetet, mit »seiner Johanna« in der Ewigkeit vereint zu sein. Sein unruhiges Herz wollte endlich zur Ruhe kommen.

Gott ist die Liebe
und wer in der Liebe bleibt,
der bleibt in Gott und Gott in ihm.
1. Johannes 4,16
Inschrift auf Johanna von Bismarcks Sarkophag

Nachwort
Dichtung und Wahrheit

Es ist mir eine große Ehre gewesen, über einen so berühmten Mann wie Otto von Bismarck, über den schon so viel geschrieben worden ist, und seine Frau Johanna, über die leider nur wenige Menschen etwas wissen, ein Buch zu schreiben. Der »eiserne Kanzler«, der die Einheit Deutschlands durch »Blut und Eisen« herbeiführen wollte – was für ein Mensch stand eigentlich dahinter? Was hat er als Privatmensch gedacht, gefühlt, wen hat er geliebt und was war ihm wichtig – außer der Politik? Einiges, wie ich bald herausfand: seine Freiheit, seine Hunde, das gute Essen und der Wein. Am wichtigsten und am liebsten war ihm jedoch seine Frau, Johanna von Bismarck. Sie war sein Ein und Alles, sein Anker an der guten Seite des Lebens. »Wenn der reißt, dann gnade mir Gott«, soll er einmal gesagt haben. Ein Satz, der Bände spricht für das, was Johanna ihrem Bismarck bedeutet haben muss.

Johannas Einfluss auf Bismarck war nicht gering: Von Anfang an hatte sie deutlich gemacht, wie wichtig ihr der Glaube an Jesus Christus war, und wenn Bismarck diesen Glauben – zumindest anfangs – schon nicht teilen konnte, dann musste er wenigstens zulassen, dass sie für ihn betete. Im Laufe der Jahre ist Bismarck diesem Glauben, dank seiner Frau, ein ganzes Stück nähergekommen – ich hoffe, das zeigt auch dieser Roman.

Dass die sonst so fromme, sanfte und empfindsame Johanna solch harsche Ansichten über den Krieg haben konnte, mag uns befremdlich erscheinen – ich war über einige ihrer Äußerungen regelrecht schockiert –, aber ich denke, auch das war ein Teil ihrer Persönlichkeit. Sie liebte und hasste gleichermaßen leidenschaftlich. Ich möchte glauben, dass sie einiges von dem, was sie geschrieben hat, nicht ernst gemeint hat, aber sicher bin ich nicht. Johanna war, genau wie Bismarck, ein Mensch mit zwei sehr unterschiedlichen Seiten, was sie in meinen Augen nur umso interessanter macht. Zudem war sie – wie wir es ja auch sind – Kind ihrer Zeit und damit sicherlich nicht frei von manchen Irrtümern des herrschenden Zeitgeistes.

Ich habe nach bestem Wissen und Gewissen mit den mir zur Verfügung stehenden Quellen recherchiert und bitte insbesondere die historisch versierten Leser um Verzeihung, wenn mir an der einen oder anderen Stelle ein wenig die Fantasie durchgegangen ist. So habe ich mir erlaubt, die Verlobung von Wilhelm von Bismarck und Sybille von Arnim um zwei Tage vorzuverlegen, um die Dramatik von Bismarcks 70. Geburtstag zu steigern. Des Weiteren habe ich Marie von Bismarck um einiges lebhafter dargestellt, als sie den Quellen nach zu urteilen vermutlich war – auch diesen Kunstgriff möge man mir bitte nachsehen.

»Heutzutage haben die meisten Schüler bedauerlicherweise viel zu wenig Fantasie. Du gehörst zu den seltenen Exemplaren, die eindeutig zu viel davon abbekommen haben!«

So sagte mir vor vielen Jahren mein Deutsch- und Geschichtslehrer bei der Rückgabe eines Aufsatzes, für den leider überhaupt keine Fantasie gefragt war … Ich hoffe, dass es mir mit diesem Buch gelungen ist zu zeigen, dass man beides braucht: Fantasie *und* Tatsachen. Oder, anders ausgedrückt: Dichtung *und* Wahrheit.

Danksagung

Wie immer danke ich ganz besonders und allen voran meinem innigst geliebten Wolfgang und unseren beiden wundervollen Kindern, Lukas und Rahel, für all ihre Liebe und Geduld in einer sehr bewegten Zeit, die uns alle viel Kraft gekostet hat.

Außerdem danke ich all den lieben Menschen, die mich während der Entstehungsphase dieses Buches auf vielfache Weise unterstützt und begleitet haben: Ragna, Inka, Caren und Carola für die vielen lieben Besuche und die wohltuenden Gespräche (und Gebete!) während meiner Krankheit, Carmen für die praktische Hilfe (Küche und Kopf zurechtrücken!), Conny für die liebevolle Nachbehandlung sowie dem »orthopädischen Dream-Team« Schmidt/Wenzel.

Ich danke meinen Eltern, die mir – und uns allen – wirklich viel geholfen haben in dieser Zeit, und meinem wunderbaren Hauskreis. Mein Dank gilt außerdem Harald für die technische Unterstützung und Birgit, die mir für meine Arbeit eine wunderschöne, uralte Ausgabe von Bismarcks *Gedanken und Erinnerungen* zur Verfügung gestellt hat.

Schließlich danke ich noch dem Team von SCM Hänssler für das mir entgegengebrachte Vertrauen, insbesondere meinem Lektor Lutz Ackermann für die gute, oftmals lustige nordsüddeutsche Zusammenarbeit.

Mein letzter, dafür aber ganz besonderer Dank gilt meinem Herrn und Gott, dem ich von Herzen alle Ehre geben will.

Was bei den Menschen unmöglich ist, das ist bei Gott möglich.
Lukas 18,27 (Jahreslosung 2009)

Zeittafel

In dieser Zeittafel sind nur diejenigen Daten aufgeführt, die für den vorliegenden Roman von Bedeutung sind. Diese Übersicht versteht sich nicht als historisch vollständig.

1815	
1. April	Geburt Otto von Bismarcks in Schönhausen an der Unterelbe
1824	
11. April	Geburt Johanna von Puttkamers in Reinfeld/Pommern
1844	Bismarck lernt Johanna von Puttkamer auf der Hochzeit seines Freundes Moritz von Blanckenburg kennen.
1846	Bismarck zieht von Kniephof nach Schönhausen.
Juli	Harzreise mit Marie und Moritz von Blanckenburg, Johanna von Puttkamer und anderen
Dezember	Werbebrief an Johannas Vater
1847	
12. Januar	Verlobung in Reinfeld
8. Mai	Eintritt Bismarcks in den Preußischen Landtag
28. Juli	Hochzeit
1848	Februarrevolution in Paris, Volksaufstand in Berlin
21. August	Geburt der Tochter Marie

1849	
Februar	Bismarck wird in die Zweite Kammer des Preußischen Landtags gewählt.
September	Umzug nach Berlin
28. Dezember	Geburt des Sohnes Herbert
1851	
8. Mai	Bismarck wird zum Geheimen Legationsrat/Preußischen Gesandten ernannt.
15. Juli	Ernennung zum Bundestagsgesandten in Frankfurt
1852	
18. August	Geburt des Sohnes Wilhelm
1859	Bismarck geht als Preußischer Gesandter an den Zarenhof nach St. Petersburg, Johanna folgt ihm ein Jahr später mit den Kindern.
1862	Bismarck wird als Preußischer Gesandter nach Paris abgeordnet, Johanna bleibt mit den Kindern in Reinfeld bei den Eltern.
8. Oktober	Ernennung zum preußischen Ministerpräsidenten und zum Minister des Auswärtigen Amtes
1866	Deutscher Krieg mit Österreich Schlacht bei Königgrätz; Preußen siegt über Österreich-Ungarn.
1867	Bismarck erwirbt die Gutsherrschaft Varzin in Pommern.
1870	
Juli	Emser Depesche; mit der Folge der Kriegserklärung Frankreichs gegen Preußen

September	Entscheidungsschlacht von Sedan, Gefangennahme Napoleons III., Kapitulation Frankreichs und Ausrufung der Französischen Republik in Paris
1871	
18. Januar	Kaiserproklamation in Versailles
21. März	Preußisch-deutsche Reichsgründung: Bismarck wird zum ersten Reichskanzler unter Wilhelm I. ernannt und in den Fürstenstand erhoben.
24. Juni	Bismarck erhält vom Kaiser Friedrichsruh und den Sachsenwald geschenkt.
1888	
9. März	Tod Kaiser Wilhelms I.
9. März – 15. Juni	Regierungszeit Friedrichs III.
15. Juni	Tod Friedrichs III. und Thronbesteigung Wilhelms II.
1890	Bismarck wird im März 1890 auf Gesuch entlassen, zugleich erhält er den Herzogstitel (von Lauenburg).
1890–1898	Friedrichsruh, Varzin, Berlin
1894	
27. November	Johanna stirbt in Varzin.
1898	
30. Juli	Otto von Bismarck stirbt in Friedrichsruh.

Literatur- und Bildnachweis

Ich sehe so viel Schönes, leider ohne Dich – Otto von Bismarcks Briefe an Johanna. Auswahl und Nachwort von Jürgen Teller. Frankfurt am Main/ Leipzig: Insel Verlag, 1998.

Joachim von Kürenberg. *Johanna von Bismarck.* Bonn: Athenäum-Verlag, 1952.

Ingelore M. Winter. *Mein geliebter Bismarck – Der Reichskanzler und die Fürstin Johanna. Ein Lebensbild mit unveröffentlichten Briefen.* Düsseldorf: Droste Verlag, 1988.

Otto Fürst von Bismarck. *Gedanken und Erinnerungen.* Stuttgart/Berlin: Cotta'sche Verlagsbuchhandlung Nachfolger, 1922.

Reich, Republik, Diktatur – Buchners Kolleg Geschichte, Ausgabe B. bearbeitet von H. Hirschfelder, L. Maier, W. Nutzinger, B. Pfändtner, R. Schell. Bamberg: C. C. Buchners Verlag, 1993.

Bild auf Seite 2: Otto und Johanna von Bismarck in Frankfurt am Main, Historisches Bildarchiv, Berneck.

Anke Weidinger

Ein Meer voller Träume

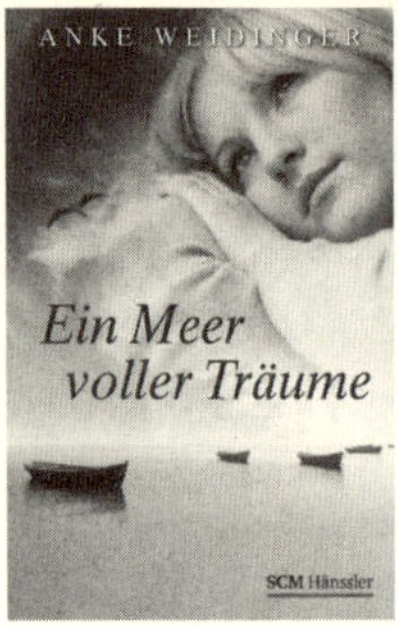

Paperback, 13,5 x 20,5 cm, 384 S.
Nr. 395.190, ISBN 978-3-7751-5190-0

Annika, Eva und Katja sind Freundinnen und auf der Suche nach ihrem Platz im Leben. So unterschiedlich sie sind, so weit sie ihre Wege auseinanderführen, so sehr gleichen sich ihre Träume. Ihre Geschichten verbinden sich und machen ihre Freundschaft einzigartig.

Anke Weidinger

Insel der Zuflucht

Paperback, 13,5 x 20,5 cm, 420 S.
Nr. 394.987, ISBN 978-3-7751-4987-7

Mit dem Tod ihres Mannes bricht für Elizabeth eine Welt zusammen. Mit ihren Töchtern zieht sie zurück in ihre Heimat England. Als sie den charmanten William kennenlernt, machen ihre Mädchen ihm das Leben schwer. Kann die aufkeimende Liebe diese Probe bestehen?

Bitte fragen Sie in Ihrer Buchhandlung nach diesen Büchern!
Oder schreiben Sie an: SCM Hänssler, D-71087 Holzgerlingen;
E-Mail: info@scm-haenssler.de